以能力培养为核心的国际贸易专业“教”“学”研究

2016—2017

张明贤　郑春芳　崔　玮　主编

对外经济贸易大学出版社
中国·北京

图书在版编目（CIP）数据

以能力培养为核心的国际贸易专业“教”“学”研究/张明贤，郑春芳，崔玮主编. —北京：对外经济贸易大学出版社，2017.8

ISBN 978-7-5663-1806-0

Ⅰ. ①以… Ⅱ. ①张… ②郑… ③崔… Ⅲ. ①国际贸易-教学研究 Ⅳ. ①F74

中国版本图书馆 CIP 数据核字（2017）第 181257 号

以能力培养为核心的国际贸易专业
“教”“学”研究
2016—2017

张明贤 郑春芳 崔 玮 **主编**

责任编辑：张俊娟

对 外 经 济 贸 易 大 学 出 版 社
北京市朝阳区惠新东街 10 号 邮政编码：100029
邮购电话：010－64492338 发行部电话：010－64492342
网址：http://www.uibep.com E-mail：uibep@126.com

北京建宏印刷有限公司印装 新华书店经销
成品尺寸：170mm×240mm 15 印张 227 千字
2017 年 8 月北京第 1 版 2017 年 8 月第 1 次印刷

ISBN 978-7-5663-1806-0
定价：49.00 元

前　　言

1998年，教育部将国际贸易、世界经济和工业外贸3个本科专业整合成国际经济与贸易本科专业。国际经济与贸易本科专业是适应20世纪90年代我国进出口贸易高速发展的大形势和背景而产生的。经过近二十年的努力，全国各高校国际经济与贸易专业为我国进出口贸易培养了大批骨干业务人才，极大促进了我国进出口贸易的发展。

进入“十三五”建设时期，我国高校国际经济与贸易专业人才培养面临着诸多新形势和新挑战。

首先，国家提出“一带一路”倡议，鼓励我国企业“走出去”，积极开展对外投资。新的时期，我国对外贸易进出口增速放缓，国内产能过剩要求调整国内经济结构，在全球范围内重新配置生产能力。2013年9月和10月，习近平总书记在访问中亚四国和东盟期间，先后提出了共同建设“丝绸之路经济带”和“21世纪海上丝绸之路”的战略构想。2013年12月，党的十八届三中全会通过的《中共中央关于全面深化改革若干重大问题的决定》关于“构建开放型经济新体制”中进一步明确提出：“加快同周边国家和区域基础设施互联互通建设，推进丝绸之路经济带、海上丝绸之路建设，形成全方位开放新格局。”2014年，“一带一路”建设倡议被写入《政府工作报告》，成为国家应对全球形势深刻变化、统筹国际国内两个大局的重要发展战略。“一带一路”倡议也为我国对外投资开启了新阶段。我国对外直接投资存量从2003年的332亿美元增长到2015年的10 978.6亿美元，突破了万亿美元关口。我国对外直接投资流量占全球对外直接投资流量的比重从2003年的0.45%上升到2015年年末的9.9%，流量首次位列按全球国家（地区）排名的第2位。2015年，我国对外投资额首超吸引的外资额，我国开始步入资本净输出阶段。

其次，跨境电子商务模式正在成为我国对外贸易增长的新引擎。我国跨境电子商务交易规模持续高速增长，2014—2016年，我国跨境电子商务整体交易规模分别为3.9万亿元、5.1万亿元和6.3万亿元，增速分别为34.5%、30.8%和23.5%。

我国跨境消费用户规模也由2014年的0.15亿快速增加到2015年的0.23亿、2016年的0.41亿。相应地，2017年，我国跨境电子商务综合试验区已经推广到广州、青岛、大连等全国13个城市。下一步，国家还要再选择一批基础条件好、发展潜力大的城市建设新的综合试验区，推动跨境电子商务实现更大范围的发展。

2014年11月5日，北京联合大学商务学院获得国际高等商学院协会（AACSB）认证资格，正式进入初始认证环节，这标志着商务学院开启了迈向国际化的新起点。2016年8月，商务学院一次性通过初试自评估报告。商务学院以最具权威性的国际商科认证机构AACSB的认证体系为质量标准，培养国际商务人才，建设国际化商学院。在商务学院AACSB认证中，学习质量保障（Assurance of Learning，AoL）的课程检测体系构建与实践是其核心所在。目前，商务学院确立了以专业为项目单位的课程检测体系，但在现有的通过AACSB认证的院校中，可供参考的实践和资料却比较缺乏。

面对诸多新形势和新挑战，探索我国国际经济与贸易专业人才培养方案的修订、人才培养能力的调整、基于能力培养为核心的“教”与“学”等成为我国高校国际经济与贸易专业必须要思考和解决的新课题。

在此背景下，北京联合大学国际经济与贸易专业出版了这本教研论文集，它也是本专业出版的第四本系列教研论文集，分为上篇和下篇。上篇为教师篇，呈现了本专业教师关于人才培养、教学理论、教学方法等教学研究与教学改革方面的研究和思考；下篇是本专业学生的优秀毕业论文、参加全国“挑战杯”高校校外学术科技作品大赛获奖作品以及参加全国高校商业精英挑战赛获奖作品。

经过十几年的不懈深耕、执着探索，2016年，武汉大学中国教育质量评估中心的评估结果显示，在全国549所参评大学中，北京联合大学国际经济与贸易专业排名77位，是四星级专业。

以生为本、敬业教学，北京联合大学国际经济与贸易专业教师将为培养适合国家需要的国际贸易骨干业务人才，不断探索，砥砺前行。

2017年8月

目　录

上篇　教师篇

下篇　学生篇

上篇 教师篇

“一带一路”倡议与国际贸易创新型人才培养

任　靓[1]

摘　要：“一带一路”倡议自提出以来，多数国家表示欢迎，认为它将有助于区域经济一体化的发展，这也将成为未来一定时期内，我国经贸发展的主要方向。本文以此为背景，主要探讨在这个倡议下，国际贸易创新型人才的培养问题。本文在分析“一带一路”倡议对创新型国际贸易人才需求的基础上，运用先进的国际贸易创新型人才培养理念，从国际贸易创新型人才培养平台构建、国际贸易人才培养战略调整以及国际贸易课程体系改革等方面重点阐述了“一带一路”背景下国际贸易创新型人才培养的对策。

关键词：“一带一路”；国际贸易；创新型人才

一、“一带一路”倡议对创新型国际贸易人才的需求

（一）经贸合作的扩大增加了对创新型国际贸易人才的需求

创新型国际贸易人才主要是指具有创新拓展意识、知识创新能力、创新管理能力、技术创新能力、创造商机能力以及开拓新市场等能力的人才。近年来，我国与“一带一路”沿线国家的贸易额不断增加，2016 年我国与沿线国家贸易总额约为 9 535.9 亿美元，占我国对外贸易总额的比重达 25.7%，比 2015 年上升

① 任靓（1979—），女，博士，教授，北京联合大学商务学院国际商务系。研究方向：服务贸易，国际贸易理论与政策。

了 0.4%。[①]我国向沿线国家的出口额自 2011 年以来整体呈现上升态势，2016 年对沿线国家出口额 5 874.8 亿美元，达到近年来的高位。[②]不难发现，我国同沿线国家之间的合作正在改变我国的对外贸易格局，“一带一路”倡议的提出将使得我国与“一带一路”沿线国家的经贸合作继续扩大，进而使得外贸人才的需求量进一步增加。与此同时，随着“一带一路”倡议的不断深入，将有更多的产品不断涌现，以满足“一带一路”沿线国家的市场需求。从现有情况来看，创新型产品推出不足，市场竞争力不强。为了提升产品的国际竞争力，企业对创新型人才的需求会日益增多。

（二）完成产能转移需要创新型国际贸易人才

加强产能合作，实现共赢是“一带一路”倡议的重要组成部分，2013 年 10 月国务院颁布的《关于化解产能严重过剩矛盾的指导意见》和 2015 年 5 月颁布的《关于推进国际产能和装备制造合作的指导意见》，鼓励有条件的企业借助“一带一路”倡议，积极开展国际产能合作，尤其是与“一带一路”沿线国家之间进行产能合作，实现互利共赢。产能合作对国际贸易创新型人才的需求主要体现在两方面：其一，产能的国际合作要求国际贸易人才能根据“一带一路”沿线国家的发展特征寻找合作的契机甚至创造合作的机会；其二，国内产业结构的升级，使得国内产品高端化成为未来的发展趋势，高附加值和强竞争力的国内产品会推动我国国际贸易向更高阶段发展，进而扩大对创新型高级贸易人才的需求。

（三）国际贸易新模式对创新型人才需求巨大

电子商务的兴起使得传统的国际贸易发生了巨大变化，“一带一路”沿线国家自由贸易体系的不断深入使得越来越多的国家积极开展国际贸易活动。但从目前发展的情况来看，这些国家在国际贸易方面的合作还不够深入，而且对电子商务等新模式的使用还十分有限，这将是同“一带一路”沿线国家未来的重点合作领域，同时也将使得跨境电子商务（以下简称“跨境电商”）人才的需求剧增，而目

① 数据来源：《“一带一路”贸易合作大数据报告（2017）》。
② 数据来源：《“一带一路”贸易合作大数据报告（2017）》。

前，我国跨境电商人才缺口巨大，尽管每年大量的国际贸易、商务英语以及国际商务专业的毕业生都从事了跨境电商工作，但企业仍认为我国跨境电商人才缺口较大，且该领域的高端创新型人才十分匮乏。

二、国际贸易创新型人才培养的理念

（一）整体知识观理念

整体知识观是指全部知识相互关联并能将其整合为统一知识体系，它主张本科教育是完整的教育体系，应保持本科课程体系中知识系统间的本质联系，使本科教育融为一体。整体知识观是由美国高等教育家克拉克·克尔（Clark Kerr）等人提出的，主要倡导在本科教育中树立整体知识观，并以此为基础改革本科教育的课程体系以避免过度专业化和职业化。克拉克·克尔等人认为，当下知识是零散的，应对其进行全新的整合，尤其在本科教育体系中，更应坚持整体知识观的思想，将这些表面零散的知识整合成融会贯通的知识体系，让学生系统地掌握这些知识，以便能够更好地认识和了解事物本质，进而指导未来的工作。

（二）技术应用理念

随着信息科学技术的飞速发展，互联网已经渗透到生产生活的方方面面，国际贸易领域也不例外。互联网在国际贸易领域的应用，即电子商务的发展，为传统的国际贸易注入了新内容，它对商业活动的影响巨大，同时，这也是国际贸易领域的重要变革。因此，在未来的人才培养中，首先要强调信息科学技术的作用，只有这样才能培养出符合时代发展要求的人才，如在国际贸易课程体系中要加大技术在商业决策中运用的课程设置比重，国际贸易课程体系可将互联网和电子商务等相关课程纳入其中；其次，要积极加强课程设置的灵活性以适应社会发展的需求，如通过网络定期举办论坛等讨论活动；最后，要提升学生的电子商务意识，加强对国际贸易专业学生电子商务能力的培养。同时，要加强课程设置和教学过程中信息科学技术的使用，要充分借助现代化网络资源，提高学习和教学效率，如充分利用网络资源、分享网络资料和知识等。

三、“一带一路”倡议下国际贸易创新型人才培养的对策

（一）积极构建国际贸易创新型人才培养平台

互通有无是解决人才不足的有效途径，因此，“一带一路”沿线国家在教育领域要积极合作，构建国际贸易创新型人才培养平台显得尤为必要。从国家层面来看，国家发展改革委、外交部和商务部于 2015 年 3 月联合发布的《推动共建丝绸之路经济带和 21 世纪海上丝绸之路的愿景与行动》（以下简称《愿景与行动》）鼓励“一带一路”沿线国家之间扩大留学规模，积极开展合作办学。具体而言，可从以下几个方面着手。

第一，形成“一带一路”高校联盟。“一带一路”沿线国家在经贸领域的高等教育方面要进行全面的合作，包括人才培养、出国留学、师资互换等。在人才培养方面，要尽快培养既精通语言又熟知业务的经贸人才、投资人才、技术人才以及管理人才；在出国留学方面，要简化学生出国留学的审批流程，包括签证等，同时要推动“一带一路”沿线国家间的学历互认，以及放宽留学生在当地的就业政策等；在师资互换方面，要努力增加“一带一路”沿线国家间师资互换的频率、覆盖程度以及互换方式等，除了传统的访学形式外，还可以通过将短期讲授纳入国际贸易课程体系课程的方式加大交流力度。

第二，搭建远程教育平台。互联网技术在教育领域运用的最明显体现就是远程教育，这也是教育服务的跨境交付模式。通过运用现代信息技术构建远程教育平台可以加强国际贸易学科的建设，形成符合各自需求的办学特色。通过远程教育平台，一方面，可以实现资源共享，完成课程共建，既可以扩大学生的知识视野，又能提高学生的语言能力，让软件以及硬件资源在最大范围内实现高效使用；另一方面，可以通过远程教育平台实现双学位或多学位办学，通过制定鼓励政策，使学生通过线上学习的方式实现优势互补，完善高校联盟的国际贸易课程体系，不仅可以让学生形成更完整的知识体系，而且能够使学生满足“一带一路”沿线国家对国际贸易创新型人才的要求。

（二）调整国际贸易创新型人才培养战略

国际贸易创新型人才的培养不仅可以为企业输送和储备人才，而且可以为创业提供人才。《愿景与行动》中鼓励加强科技合作，积极开拓并推进与“一带一路”沿线国家在青年就业、创业培训等领域的合作。因此，高等院校和科研院所在制定国际贸易人才培养战略时要将培养模式和就业模式紧密结合，不能局限于一种培养模式，要注意创业型人才的培养。通过增加实地交流和调研的方式，让学生更多地了解“一带一路”沿线国家的市场需求和商机；通过开展培训和讲座等方式，让学生了解“一带一路”沿线国家的经营政策、法律环境、创业环境等。

在积极培养创新型和创业型人才的基础上，还要积极培养“一带一路”沿线国家贸易所需的复合型国际贸易人才。“一带一路”倡议涉及的国家和领域众多，合作中不可避免地会出现复杂问题和矛盾，因此，需要大量具备解决复杂问题能力的国际化经贸人才，即复合型国际贸易人才。对于此类型人才的培养，可采取校企联合以及国际联合等形式，形成校企联动机制，这种培养模式不仅能满足高校的发展要求，而且能满足企业的要求；不仅校企之间要联合，而且要跨越国界实现“一带一路”沿线国家的高校、企业和行业联合，为学生提供实践和实战的机会，为复合型人才的培养提供模拟平台；高校培养的人才只有经过实战的磨炼和培训才能真正成为提升企业竞争力的人才。

此外，从师资队伍建设的角度考虑，形成校企联动机制也是十分必要的。高校青年教师多数缺乏实践经验，因此，在人才培养过程中难免出现重理论、轻实践的教学模式，而这又是人才培养的短板。通过校企联动机制，青年教师有机会长时间地深入企业进行考察和调研，了解实战情形，不仅能提高自身的实践能力，而且能为教学活动提供大量的素材。对于企业而言，青年教师在实践的同时，如果发现企业经营中的难题，可以从理论层面帮助企业解决这些难题。高校具有大量的专家和教授，可以为企业进行系统的人才培训，更新企业人才的知识内容，完善其知识结构，从而开创企业、高校、教师以及学生多方共赢的局面。

（三）调整国际贸易课程体系

创新型人才在经济活动中的主要作用是从事创新活动，而创新活动是凌驾于一般经济活动之上的更高级的经济活动，因此，对创新型人才的培养就不能仅仅局限于传授和积累基础知识，而是要建立在对知识的继承和积累之上。这就要求国际贸易专业的课程体系要形成“宽口径、深层次”的知识结构，即在具有扎实国际贸易知识的基础上，广泛地开设国际贸易以外的课程。国际贸易课程体系建设应紧密结合创新能力发展的三个阶段，整个课程体系的构成应以人才培养为主线，通过学科综合、学科交叉以及学科深化等办法建立课程模块。模块由大模块和小模块共同构成，小模块主要用来支撑大模块，而每个大模块在与小模块相连的同时又要链接与创新有关的培训课程。此外，为了加强创新教育在整体教学中的地位，可以专门设置创新类课程和创新学分，在理论教学和实践教学中都贯穿创新教育，使学生通过课程的学习形成创新型思维。

参 考 文 献

[1] 文君，蒋先玲. 用系统思维创新高校“一带一路”国际化人才培养路径 [J]. 国际商务（对外经济贸易大学学报），2015（5）：153–160.

[2] 杨晓慧. 我国高校创业教育与创新型人才培养研究 [J]. 中国高教研究，2015（1）：39–44.

[3] 王盛水. 从美国高等教育的特点看创新型人才培养 [J]. 高等教育管理，2012（2）：65–71.

[4] 梁小伊，赵振增，许纯蕖. 高校创新型人才培养的制约因素及对策 [J]. 教育理论与实践，2013（27）：12–14.

[5] 王应密，程梦云，温馨，等. 人才、学科、科研三位一体培养创新人才——华南理工大学高层次创新型人才培养模式的实践探索 [J]. 中国高校科技，2013（4）：13–16.

[6] 张海龙，杨世汝. “一带一路”战略背景下高校人才培养问题研究 [J]. 关东学刊，2016（4）：156–160.

“互联网+”模式下高等院校课程质量提升与创新研究

田　园[①]

摘　要：本文将研讨并探索应用“互联网+”模式促进高等院校课程质量提升与创新问题。实现现代信息技术与教学能力的深度融合，针对科学技术和社会发展对高等教育提出的要求，抓住“互联网+”快速发展背景下的大学生 E-learning 网络学习方式行为特征，将现代教育技术深入、全面地融入教学内容中，改革和发展传统的教学内容和教学方式，以此为切入点和突破口，着力促进课程质量提升与创新研究。

关键词：“互联网+”模式；课程质量提升；创新

2015 年 3 月，李克强总理在政府工作报告中首次提出，政府制定“互联网+”行动，即利用互联网的平台，利用信息通信技术，能够把互联网和包括传统行业在内的各行各业结合起来，能够在新的领域创造一种新的业态，并且产生“1+1＞2”的效果。这意味着“互联网+”开始成为国家经济社会发展的重要战略。互联网由于具有打破信息不对称、降低交易成本、促进分工深化和提升劳动生产率的特点，为各行各业进行转型升级提供了重要平台和机遇。互联网成为改变我们生活的巨大推力，同时也是变革教育的一大契机。“互联网+”教育，也是业界人士认为的“互联网+”时代到来的重要应用！大数据、云计算、互联网……逐渐与教

① 田园（1982—），女，博士，副教授，北京联合大学商务学院国际商务系。研究方向：国际贸易理论与政策。

育紧密相连，它正在用"智能"的力量重塑教育的形态。正如中国教育报《奔跑吧，智慧教育》所言，"95 后""00 后"是在网络环境下成长起来的，他们更喜欢技术，更依赖网络，更习惯于碎片化的学习。那么，究竟应该创造一个什么样的教学环境？提供什么样的教学方式？教师究竟要"+"点什么？教学手段如何与"互联网+"结合并进行创新？课堂质量如何深化和提升？

本文将研讨并探索应用"互联网+"模式促进高等院校课程质量提升与创新的问题。实现现代信息技术与教学能力的深度融合，针对科学技术和社会发展对高等教育提出的要求，抓住"互联网+"快速发展背景下的大学生 E–learning 网络学习方式行为特征，将现代教育技术深入、全面地融入教学内容中，改革和发展传统的教学内容和教学方式，以此为切入点和突破口，着力促进课程质量提升与创新研究。

一、"互联网+"模式促进课程质量提升与创新的内涵

自 2012 年起，中国"互联网+"教育开始进入人们的视野，逐渐风靡整个教育领域。"互联网+"教育区别于早期的教育信息化。早期教育信息化是典型"教育+互联网"模式，是立足教育内部去审视教育信息化，是在传统教育基础上嫁接互联网渠道，是一种平移化的知识传播，传统思维占据主导位置，无论从技术、人才，还是运营管理来看，都与互联网免费共享的特点相去甚远，因此，"教育+互联网"并未促使教育形态发生实质性改变，教学质量并未明显提升，反而给师生增添了一定的负担，但也在一定程度上普及了数字化校园，这是我国教育信息化发展所必经的一个初期阶段。而"互联网+"教育不再是单纯的"技术+教育"，也不再是对信息技术发展的不断追逐，而是让教育去不断地适应互联网，用互联网思维来看待教育，更重要的是它让师生共同参与使用互联网资源，从而让整个学校课程，从教学组织结构到课程基本内容都发生了巨大变化。

二、“互联网+”模式对高等教育课堂教学的影响路径

（一）解决传统相对呆板的教学形式与现代大学生习惯于接受流媒体信息之间的矛盾

教师的创新能力是互联网时代课堂质量深化的核心力量。例如，上海的一位语文教师在自己的微信公众号开设了“三百字团”栏目，发表学生的作品。出乎他的意料，学生都很爱读同伴的作品。不仅如此，校长、其他教师、家长都能看到这些作品，并会把学生的作品分享到朋友圈。慢慢地，孩子们以能在微信上发文章为荣。一个老师，结合新技术，创新了他的教学。在“互联网+”时代，教师熟悉新技术、应用新技术，这还不够，更重要的是要有创新精神，是否能使创意与技术“真结合”。现代大学教学对象（“90后”）习惯于接受视频、网络流媒体，枯燥的文字和教材不再能满足和适应“90后”接受信息的习惯。学校和教师通过现代教育技术，探求多方位教学手段，利用微课、慕课等形式，采用学生乐于接受的视频、图片等形式和手段，使教学更加生动、形象。

（二）探索从“输送”到“代入”，实现智慧教育的课堂质量深化的途径

在传统教育中，教师只是知识的传播者、代言人。在学生眼中，老师们被贴上了“数学”“语文”“英语”的标签，因为老师们往往只见“知识”不见“人”，学生看不到教师最真实的那一面，师生之间的所有交往都发生在“知识”的传送带上。

然而在“互联网+”教育时代，获取知识的通道变得平等而开放，教师不再拥有知识霸权。当教师与学生以相同的学习者身份出现时，教师必然需要回归真实本性，实现一个有情感、有态度、不一定完美的教师与一群同样有情感、有态度、不一定完美的学生之间的学习交往。这要求教师呈现更多的真性情、呈现更多的鲜明态度，让教育更生动，从而成为无法被技术取代的教师。

教师要熟练运用现代教育技术，利用各种助教课件、网络课程、试题库等开展辅助教学，集主材料、教辅资源、测试评估以及教学管理于一体，体现现代教

学理念，强调学生在学习过程中的主体作用和教师在学生学习过程中的组织和协调作用，使得教学从传统的教师传授知识向培养和提升学生自主学习方法和能力转变，使得教师从传统课堂的主体角色向现代的引导角色、学生从被动接受知识向主动学习的角色转变，从而激发学生的学习热情。

（三）解决传统相对固定的、受任课教师个人视野局限的教学内容与网络学习背景下大学生需要更加开放、更加优质的教学内容之间的矛盾

互联网教育时代，网络资源的便捷性与丰富性不言而喻，而这些优点最终都成为学习中强大的力量。本项教学研究与实践采用现代教育技术，教师认真筛选、广泛吸纳国内外优秀的教学软件和教材等教学辅助材料，不断丰富教学内容，挖掘专业知识前沿，将最先进的知识第一时间带入课堂，采用慕课、微课、网络学堂等网络教学系统，给学生提供优质的、开放的网上教学内容，提高教学内容“供给”的“质”和“量”。比如，老师可以通过学生各科的电子作业，进行快速的数据分析，立即生成学生的各学科学习能力图。老师还可以在课堂上，通过学生在平板电脑上的答题进展，随时知道哪些问题成了学生的难点。在线教育、慕课、电子书包……也都会得到更广泛的应用。例如，美国推出一个比较有技术含量的个性化学习平台，可以生成 27 亿条个性化学习路径。

（四）探索用户思维，促进课堂质量深化：以学生为中心，理解学生的需求

用户思维，是指在价值链的各个环节都要“以用户为中心”去思考问题。学校必须要建立起“以学生为中心”的学校文化，要理解学生的需求，要做到以学生为中心。没有学生的认同，单向的教育是不完美的。翻转课堂其实就是用户思维的一种体现，其基本思路是：把传统的学习过程（教师讲、学生听）翻转过来，让学习者在课外时间完成针对知识点和概念的自主学习，课堂则变成了教师与学生之间互动的场所，主要用于解答疑惑、汇报讨论，从而达到更好的教学效果。同时，教师要根据学生用户的学习情况随时调整教育教学内容和目标。实施多媒体教室授课、仿真实验室集中训练、校园网网上自主学习相结合的三维教学模式，

使学生能灵活安排学习时间和学习内容，课上不懂的内容可在课下利用网络反复观看教师提供的课件和推荐的优质资源。这同时也解决了针对不同能力学生的分层教学问题。

（五）探索数据思维，提升执教能力：从数据中认识学生，实现量化教育

以前我们也有很多数据，比如平均分、优秀率等，而利用信息技术，利用大数据挖掘，教师很有可能有能力去关注每一个学生的微观表现，如：他在什么时候翻开书，在听到什么话的时候微笑点头，在一道题上逗留了多久，在不同学科课堂上开小差的次数分别为多少，会向多少同班同学发起主动交流，等等。例如北京十一学校的一位老师，就在研发弹幕教学，即实现课堂联网，学生手持平板电脑，随时通过网络发表感想和疑问，同步显示在课件上。课上，老师可以及时调整课程，课后，老师可以根据对数据的统计和挖掘，对课堂难点和学生特点进行精确分析，实现教育的量化与精准分析。在大数据的背景下，老师能够更好地理解每一个学生，学校能够更好地进行决策，教育将变得更加科学。所以教师在执教能力培养中可以增加数据思维，让自己能够借助量化的手段，通过数据更加科学地认识自己的教学和学生。

三、“互联网+”模式下高等教育课堂教学质量提升的基本目标和特点

（一）实现有效提高学生能力的教学模式的创新

把现代教育技术理念引入大学专业教学，摆脱了传统的教学模式，建立了网络技术与课堂教学相结合的教学模式，培养了学生的自主学习能力和独立解决问题能力。

（二）开发能有效激发学生学习热情的教学手段

利用现代教育技术探求多方位教学手段，利用微课、慕课等形式，使课堂教学与课外教学相结合，激发学生的学习热情，从而对课堂教学起到很好的辅助作用。学生在这种网络与课堂教学相结合的全新教学模式中受益匪浅，其自主学习

能力将得到明显提高。让学生在课上、课下都养成获取知识、掌握知识的习惯，专业学习的热情也得以提高，分析问题、解决问题的能力也相应提高。

（三）提供能满足不同层次学生需求的教学内容

运用现代教育技术，不断丰富教学内容，挖掘专业知识前沿。另外，根据学生不同的认知程度和个性需求来制作课程软件，确保针对性强、适用性广、教学效果好。

（四）突破时间空间限制，形成对课内教学的有益补充

实现与一流大学接轨，让授课脱离时间与空间的限制。借助精品课堂，不仅能满足本校学生学习的需要，也为其他学校学生提供了一个交流互动的平台。

四、“互联网+”背景下高等院校课堂教学质量提升与创新对策

（一）更新“互联网+”背景下教师的教学观念

信息社会使教师的权威不再建立在学生的被动与无知的基础上，而是建立在教师借助学生的积极参与以促进其能动性的基础上。教师的职责将会转变：一是对学生学习的监督和指导作用加强。教师要帮助学生选择那些有价值的信息或课程，要组合各种教学资源，使学生发挥各自优势，把注意力集中于解决问题上。二是教师将成为参与课程开发的主要人员。课程软件的质量及适应性是影响教育质量的关键，直接参与教学实践的教师应是课程开发设计的主要人员。因为教师对学生的程度、层次更了解，通过他们来制作课程软件，针对性强、适用性广、教学效果好。现代教育技术的发展，促使以学生为中心的个性化和个别化教学过程的形成，改变了传统教学中学生的被动地位，使学习成为一种大规模的各取所需的过程。这种建立在学生兴趣与自觉性基础上的学习，将使学生对所获得的知识理解得更加深刻。

（二）创新“互联网+”模式驱动下的教学手段

现代教育技术把授课过程从对黑板的依赖中解脱出来，课堂因为多媒体的应

用而变得更加生动，因为网络信息的丰富而变得更加活泼，因为各种全新的现代化手段而更具吸引力；教师与学生在课堂上有了更多的互动。我们常用的教学方法包括讲授法、演示法、讨论法、示范模仿法、实验法、发现法等，将教育技术融入每一种教学方法中会收到事半功倍的效果。例如，在传统的讲授法中可以插入视频，达到声音与画面同步，给学生以视觉和听觉上的冲击，远比单纯讲授效果要好得多；演示法可以利用电脑动画进行；讨论法与练习法，可以利用网络或专门的软件；示范模仿法和实验法可以结合教育技术中的虚拟实验室；而发现法更能激发学生运用多种教育技术方式进行探索学习。

（三）实现“互联网+”模式下教学内容持续更新的模式

教学内容的更新和发展总是随着社会进步和科技发展而进行的。信息技术已成为培养学生获取和加工信息能力、保证学生主动学习和促进学生终身发展的工具性课程；阅读从工具类文本式转向多媒体电子读物，由抽象的文字扩展为图文并茂、声形并茂的阅读形式。因此，我们着力实现现代教育技术与教学内容的深度融合，通过网络致力于实现教学内容的开放性，融入新知识，扩展信息来源，不断充实和更新教学内容。现代教育技术的出现使我们可以足不出户就能领略到世界名师的风采，学习最先进的理论和技术，吸取其中的精华，与世界一流学府接轨。

（四）总结“互联网+”模式下教师执教能力的新要求

一方面，新技术为教师提供了更多的渠道与信息，也对教师的执教能力赋予了新的内涵。数据思维、用户思维、智慧教育、定制教育、个性教育都是“互联网+”模式下教师执教能力新的体现。例如，教师自身的素质和个性成为新的执教能力的要求。“互联网+”背景下，学校的每一门课程内容都会与这门课程的授课教师“更紧密融合”，成为这一位教师的“个性课程”，并被赋予具有这一位教师鲜明个性风格的情感态度价值观，真正实现教育与教学的“合体”，而学生不仅仅是在选择课程内容，更是在选择一种价值认同。同时，互联网时代让教师的视野不再只是局限于自己的课堂和自己的学校。互联网上大量的资源让我们见识到了更多先进的教学手段和全新的教学内容。另一方面，教师执教能力的高低往往在于其是否注重培养学生的能力，包括培养学生计算机和通信技术的基本应用能力，信息搜索、分析和筛选能力，网络环境下合作共事的能力以及解决半结构化问题的能力等。

参 考 文 献

［1］赵斌. 互联网技术在教育教学中的应用［J］. 西部素质教育，2015（1）：111.

［2］周凤，张兴峰. 巧用多媒体依托互联网搞活课堂教学［J］. 中国现代教育装备，2009（10）：39–40.

“互联网+”方式下课程教学模式辨析

张宇馨①

摘　要：本文分析比较了“互联网+”方式下的慕课、翻转课堂、云课堂三种教学模式的特点及优势。面对这些新模式，教师应该更新教学理念，学习新的信息技术，将更多的精力投入到教学过程的设计和完善中，更好地实现人才培养目标。

关键词：互联网+；云课堂；教学方式

近年来，大学课程中的“教”和“学”理念发生着巨大变化，学生取代教师成为学习过程中的主体，从被动接受知识灌输，到主动探索知识；教师从知识的传授者成为知识学习的引导者，教学的任务不是传授，而是以培养学生独立思考能力、解决问题能力和创新能力为根本目的。在这种理念的引导下，借助互联网的发展和应用，整个大学的知识学习方法与目的、整体教学模式设计、课堂教学的方式与内容、课内外学习的地位和衔接等一系列教学活动发生了巨大变化。

随着网络在大学教学中应用的不断深化，许多借助互联网的教学方式，如微课、翻转课堂、慕课等不断涌现，“互联网+”成为新的教学手段，这些手段试图解决学习过程中“教”与“学”的关系，将传统教学方式和网络化教学优势结合起来。本文将对这些教学模式进行比较分析。

---

① 张宇馨（1972—），教授，博士，北京联合大学商务学院国际商务系。研究方向：国际贸易，外商直接投资（FDI）与跨国公司。

一、慕课

慕课（Massive Open Online Course），直译为“大规模开放的在线课程”，是近年涌现出来的一种在线课程开发模式。与传统课程相比，它有几个显著特点：第一，它是没有围墙的教学，全球范围内，凡是想参与学习的学生都可以通过注册进入课堂；第二，学生通过互联网络进行学习，不受时空限制，可以根据自己的时间安排学习；第三，课程覆盖面极广，包括了自然科学和社会科学；第四，为学生提供了远程参与大师讲堂的机会，可以一睹名师风采，体验世界名校的教师风范，身临其境参与世界名校的学习；第五，授课中，大多数课程都会以研讨课的形式对某个主题进行研讨。

慕课推出后，在全球大学中得到广泛关注，不少名校名师在网上推出大量慕课，来自全球的学生积极参与这种新的教学方式，一些当地院校的教师开始担心自己将失去课堂，只能做教辅和答疑。但在推广过程中，却发现慕课出现了退课率居高不下的问题，学生的学习收获远低于预期。究其原因，慕课只是单方面解决了“教”的问题，名师可以将课程内容讲得很精彩，但学生在整个教学过程中仍处于被动状态，只能通过观看视频参加教学活动，对于自控力强、学习兴趣浓厚的学生来讲，是一种精神享受。但对于目前大多数应试制教育方式培养出来的大学生来讲，很难坚持长久的学习状态，学生在慕课学习过程中，很难与老师和其他学生进行在线交流，缺乏互动和交流，使得学习成为一个人的奋战，逐步丧失了学习兴趣。教师的讲授过程不能根据学生的学习进度和学习状态进行调整，一些学生即便很努力也很难跟得上教学进度，从而不得不放弃。

二、翻转课堂

国外研究表明，最早的翻转课堂来源于美国西点军校，学生在课前学习教师发放的资料，教师的课上时间主要用于开展批判性思考和讨论，并开展小组合作解决问题活动，以提高学生实战能力。2011 年，萨尔曼·汗的免费视频网站在全球掀起了一轮翻转课堂热潮，并在全球范围内迅速推广，成为全球热议的教育改革和创新话题。

大多数学者对翻转课堂（Inverted Classroom or Flipped Classroom）的解释是，教师重新调整课堂内外的时间和学习方式，并通过多种方式将基础知识的传授从课堂转移到课前或课后，课堂内时间主要用于知识重点的讨论和应用，从而帮助学生获得对知识更深层次的理解和应用。这种教学模式不可避免地会引发教师的教学模式、学生的学习模式、教学管理模式和评价模式的深刻变革。

与传统教学手段相比，翻转课堂认识到了学生课堂学习的局限性。传统的课堂教学方式过多注重了知识的传递，在有限的时间内尽可能传递更多信息，将知识的吸收消化、理解应用通过作业、实验、考核等方式变成学生课后任务。然而，由于学生能力所限，其对知识的理解和应用并不是十分到位，无法实现真正的教学目的。而翻转课堂在一定程度上克服了传统教学方式的缺陷。

与慕课相比，翻转课堂开始认识到学生在学习中的主观能动性。翻转课堂的最大变化就是不再以教师为中心，真正强调学生的自主学习。学生在先进信息技术帮助下，在课前利用互联网获取优质教学资源，进行自主学习；然后再充分利用课堂时间，将课堂变为知识讨论、理解和应用的场所，与教师就知识的应用进行有效沟通和交流，以获得知识真谛。

但细究翻转课堂的教学模式，可以发现它仍有着不可逾越的局限性。它的完美实施需要一系列的前提条件，如果这些前提条件并不具备，翻转课堂带来的益处根本无法实现。第一，翻转课堂对学生提出了更高要求，个人课外学习和课内互动小组学习是相互补充，只有这两部分学习可以顺利进行，翻转课堂教学效果才可以实现，这需要学生有较强的自制力，有较好的交流沟通能力，有正确的自我评估，有面对反对意见的包容和自我反思，有灵活的知识和高效解决问题的能力。只是，如果一个学生具有如此好的素质，不论何种教学方式，学生都可以学到知识的真谛。第二，翻转课堂的生存发展高度依存于互联网的普及和计算机技术在教育领域的广泛应用。但并不是所有的学生都有实施翻转课堂的工具和学习基础，并不是所有高校都具有相应的设施。第三，视频无法代替教师讲授，尤其是大学课堂。视频内容只有大约 10 分钟，大学课堂是高度浓缩的教学，10 分钟的视频不可能讲完两个小时的精华。第四，仍存在教与学的不同步，大学要培养的是学生的学习习惯和思维方式，这种习惯和思维方式是不可能通过课堂讨论获取的，课堂讨论需要有思辨，需要有思考，需要有表达，而讨论的内涵必须要自己静下心来，通过自己的思考去获取。

三、云课堂

云计算是推动信息技术发展和数据资源充分利用的新型手段，教育部在《教育信息化十年发展规划（2011—2020 年）》中明确提出建设国家教育云基础平台，希望借助云课堂，促进教学资源共享共建。所谓云课堂，是指基于互联网，采用云计算技术、融入信息化教学手段的创新课堂，教师利用信息化手段，将所有的教学资源包括课本、讲义、电子课件（PPT），习题、配套视频、参考资料等全部储存于云端，由服务平台支持多用户在线交互学习，学生可以通过手机、平板电脑等移动终端随时登录服务平台，通过直播资源和点播资源满足学生随时随地学习的需求。

与上述教学方式相比，云课堂吸收了慕课优势，打破了传统课堂时间及空间上的界限，它结合了翻转课堂优点，但克服了翻转课堂的不足。

首先，它为学生提供了随时随地学习的机会，学生可以根据自己的时间和学习风格自主进行学习，不再局限于传统课堂的空间和时间限制。

其次，它克服了翻转课堂时间的局限性，不再是几分钟的视频，而是所有教学资源都可以从网络上获取，学习资源可以随时进行共享，教师可以随时上传教学资源，学生则根据学习需要下载课件或习题。

再次，教师对学生的学习过程有着全程的监控和了解，更好地实现对学生能力和努力的评价。基于云课堂的教学模式主要包括三部分，即课前学生自学、课中学生学习研讨和课后巩固。课前的学生自学阶段，教师需要上传教学资源，提出自学要求，并查看学生的学习时长，这一部分实现了翻转课堂的功能；课中学习研讨阶段，面对面交流中，教师首先讲授课程重点难点，就课前预习已学过的知识组织学生讨论，对学生在自学过程中存在的问题进行沟通和解答；课后巩固阶段，学生利用云上资源，对于自己尚未了解的知识再进行学习巩固，完成课后作业。教师可以监控整个学习过程，更清晰地了解学生为课程付出的努力，更好地了解学生需求，以便于公平评价学生，也有利于课程的改进。

最后，云课堂提供了师生互动的机会。除了教师可以随时监控学生的学习过程外，学生在云课堂中可以随时提问，教师可以在云课堂中直接回答学生的问题，甚至有热心同学可以在云课堂中代替教师回答问题；学生可以在云课堂中直接分享学习体会和学习心得，各抒己见，热烈讨论，通过发帖回帖方式或者即时聊天方式进行互动交流；学生甚至可以通过云课堂提交课程作业。

云课堂中实现师生互动，学生间互动，这个优点是慕课和翻转学堂无法比拟的。对于一流学生，慕课提供了仰望名师的机会，但对于大多数学生来讲，慕课的学习更为寂寞，自控力较差的学生无法独立自主完成学习过程。但云课堂却为学生提供了线上线下同时进行的课堂讨论和学习，无论在真实的教室，还是在虚拟的空间，可以无数次翻看教师提供的资源，可以随时找到一起学习的伙伴，可以和教师实现即时沟通，学习中的困惑可以随时得到帮助和解决，为学生创造了极佳的学习环境和氛围。

四、“互联网+”方式对教师的挑战

无论上述哪种方式，对教师的教学素质都提出了新的挑战，为了适应新的教学模式，教师需要从多方面提升自己的能力，实现与时俱进。

首先，教师教学理念要有所改变。教师认识到学生应该是学习的主体，所有的课程设计不是为了表现教师的水平如何高，而是要针对学生特点，保证学生能学会、能应用。保证教学过程中给予学生的不再是传统的知识，而是培养学生的自主学习能力和创新思维，提高学生的综合素质。教师与学生在“教”与“学”的过程中，不是主动与被动的关系，而是携手合作、共同前进的关系。教师要根据社会发展状况，不断调整和提高对学生的教育标准和要求，将培养学生能力作为重点工作，充分发挥学生的主体作用，提高教学质量，创造和学生平等、互动的关系。

其次，教师需要有更多的投入。以往的老教师，凭借丰富的教学经验就可以轻松地完成课堂教学，课前预习、课后复习都是学生的事情，与教师并不相关。但新的教学模式下，教师在课前和课后需投入更多的资源进行课程准备。教师要精心安排组织教材内容，重新安排知识结构体系和授课方式及内容，要将 45 分钟的课堂讲授，有效地分解为课前预习、课堂讲解和课后复习。云课堂内容的设计不仅要与教学目的和教学内容吻合，还要考虑学生的兴趣、网络的特点及各种教学手段的充分利用。课堂教学中，既要有精彩的讲授，也要给学生更多的沟通时间，使学生可以针对学习内容进行反复交流讨论，以扩展和加深对知识的认识与理解，从而锻炼学生的小组协作能力、团队意识以及对知识的理解和应用能力，甚至要求学生将所学知识推广应用到新的领域，扩展其适用范围，并获得较为严密的逻辑思维能力。

再次，教师要掌握一定的信息技术。无论教师是何种学科出身，要求教师掌握的信息技术不再仅仅是 PPT 的制作，而是对视频、网页的制作和使用提出了较高要求，要求教师不断学习新的现代化教学方式，不断参加各种培训，了解最新的教学手段和教学理念。因此，学校应该通过技能培训、学习交流、讲授大数据分析基本方法及手段等内容，为教师提供培训和服务，并制定相应的激励机制。

最后，对案例教学提出了更高要求。真正的课堂讨论也可能建立在几个简单的观点论述上，需要教师设计出好的案例供学生探讨。案例不能太难，也不能太简单，需要学生做大量的阅读工作，通过反复讨论，才能得出较为合理的意见，这种案例的设计需要教师花费大量的时间和精力去设计或裁减真实案例，以适应教学需要。

参考文献

［1］周文姬．“云课堂”建设的几点思考［J］．广西广播电视大学学报，2016（9）：21–24.

［2］王鹡，杨倬．基于云课党的混合式教学模式设计——以华师云课堂为例［J］．中国电化教育，2017（4）：85–89，102.

［3］李贵安，等．国际一流大学课堂教学模式对我国高师院校课堂教学模式创新的启示与实践

探索［J］. 中国大学教学，2011（1）：91–94.

［4］余清臣，徐苹. 当代课堂教学模式改革的实践内涵——一种反思的视角［J］. 教育科学研究，2014（1）：15–18.

［5］王芳. 跨境电商背景下国际贸易实务课程体系改革探索［J］. 职业教育，2017（5）：123–124.

基于国际商科认证的专业学习质量检测体系研究与实践
——以国际经济与贸易专业为例

郑春芳[①]

摘　要：学习质量保障体系是国际高等商学院协会（AACSB）认证的一个重要组成部分，是通过检测学生在多大程度上达到项目学习目标来系统地衡量项目质量的方法。专业学习质量检测体系是以 AACSB 国际认证的学习质量保障为参照的专业学习目标检测体系。本文以国际经济与贸易专业为例，构建了基于 AACSB 认证学习质量保障（AoL）的专业学习质量检测体系，并详细阐述了其主要步骤，包括确定专业的学习目标、设定专业学习目标的检测量规及检测点、第一轮学习目标检测及专业改进措施、两轮学习目标检测结果对比分析及专业持续改进措施，实现闭环持续改进、保障学习质量。

关键词：学习质量保障体系；国际经济与贸易；学习目标；持续改进

《国家中长期教育改革和发展规划纲要（2010—2020 年）》指出，“把提高质量作为教育改革发展的核心任务”，并且强调要“制定教育质量国家标准，建立教育质量保障体系”。教育部、财政部在《关于“十二五”期间实施“高等学校本科教

① 郑春芳（1974—），女，北京联合大学商务学院教授，经济学博士，国际经济与贸易专业负责人。研究方向：国际贸易、环境与可持续发展，国际贸易理论与政策。本文是北京联合大学校级教改项目 2016 年度立项资助课题“基于国际商科认证的专业学习质量检测体系研究与实践——以国际经济与贸易专业为例”研究成果。

学质量与教学改革工程”的意见》中提出，要“以质量标准建设为基础，探索建立中国特色的人才培养国家标准”。《北京市教育委员会关于进一步提高北京高等学校人才培养质量的意见》也明确提出，要加强“教学质量保障体系建设计划”，“强化高校质量主体意识，健全校内质量保障制度”。可见，提高教学质量是高等教育改革和发展的永恒主题。

2014 年 11 月 5 日，北京联合大学商务学院获得国际高等商学院协会（AACSB）认证资格，正式进入初始认证环节，标志着商务学院开启了迈向国际化的新起点；2016 年 8 月，商务学院一次性通过初试自评估报告。商务学院以最具权威性的国际商科认证机构 AACSB 的认证体系为质量标准，培养国际商务人才，建设国际化商学院。在商务学院 AACSB 认证中，学习质量保障（Assurance of Learning，AoL）的课程检测体系构建与实践是其核心所在。目前，商务学院确立了以专业为项目单位的课程检测体系，但在现有的通过AACSB 认证的国内院校中，可供参考的实践和资料却比较缺乏。在国际经济与贸易专业层面，如何根据学院认证使命确定专业的学习目标？如何设定专业学习目标的检测量规？如何在获取和分析第一轮检测数据后调整学习目标检测标准或者专业改进措施？如何根据两轮学习目标检测的结果分析存在的问题并提出专业层面可持续改进的措施？上述问题均需要有针对性的深入研究和探索。本文以解决“国际经济与贸易专业人才培养目标普遍缺乏课程层面的学习质量检测的系统性支撑”这个问题为出发点，在专业层面，探索专业学习质量检测体系的构建和实践，促进学习能力的达成和持续改进，实现国际经济与贸易专业人才培养目标，从而全面提高专业人才培养质量。

一、专业学习质量检测体系构建

专业学习质量检测体系，是以 AACSB 国际认证的 AoL（Assurance of Learning，学习质量保障）为参照的专业学习目标检测体系。AoL 是 AACSB 认证的一个重要组成部分，是通过检测学生在多大程度上达到项目学习目标来系统地衡量项目质量的方法。总的来说，AoL 有 5 个步骤：（1）项目能让学生学习到什么，项目的预期学习目标是什么；（2）学生如何学；（3）教师如何检测学生是否达到预期学习目标；（4）如何搜集和分析检测数据资料；（5）如果学生没有达到学习目标，该如何改进。实际上，AACSB 的 AoL 是一种方法。该方法有 3 个核心要素，即项目学习目标（Program Learning Goals，PLGs）、项目学习子目标（Program Learning Objectives，PLOs）和检测评价方式方法。

专业学习质量检测体系的构建遵循了以下路线（见图 1）：根据学院认证使命与 2015 版国际经济与贸易专业人才培养目标确立国际经济与贸易专业学习目标→设计专业学习能力检测量规→设计专业学习能力的检测方式→实施第一轮检测→分析第一轮检测数据，调整检测量规或检测方法，提出专业层面的改进措施→收集第二轮检测数据，对比分析两轮检测数据，提出进一步改进措施→撰写国际经济与贸易专业学习目标检测报告→形成持续改进的闭环系统为主线，构建国际经济与贸易专业学习质量检测体系。

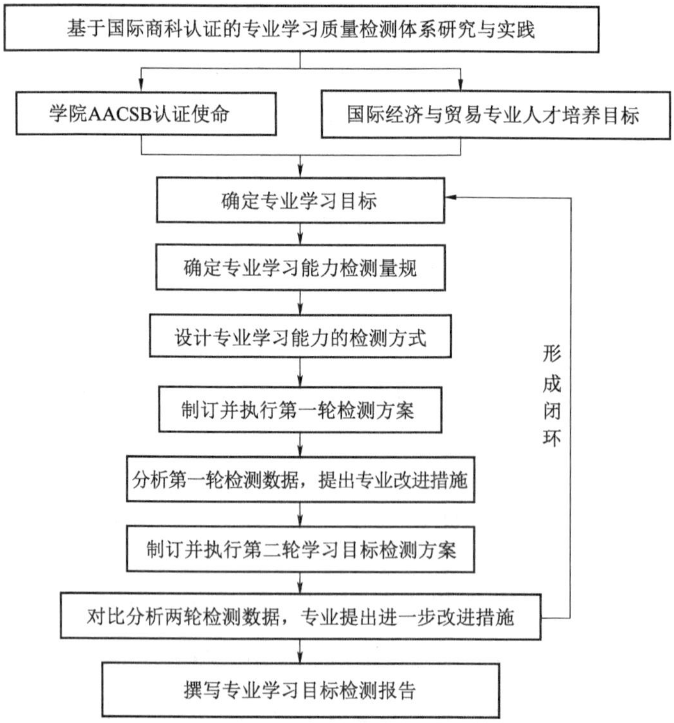

图 1　基于 AACSB 认证学习质量保障的专业学习质量检测体系

二、确定专业的学习目标

根据学院 AACSB 认证使命与 2015 版人才培养目标，国际经济与贸易专业确定 6 个学习目标（Learning Goals），即具有商业伦理观念、具有批判性思维能力、具有有效沟通能力、具有国际视野、具有运用定性定量方法分析实际问题的能力和具有国际贸易业务运营与管理能力。国际经济与贸易专业确定 13 个二级学习目标（Learning Objectives），即：能够理解商业伦理相关理论；能够辨识商业行为与决策的合规性；能够辨识并确定关键问题；能够通过分析论证做出合理判断；能够口头表达观点和传递信息；能够通过书面报告表达观点和传递信息；能够理解和识别影响国际经贸的主要因素；能够分析影响国际经贸的主要因素；掌握定性分析方法，并能分析实际问题；掌握定量分析方法，并能分析实际问题；熟悉国际贸易与国际投资的理论、政策与措施；熟悉国际贸易实务操作的相关规则与惯例；能够建立国际贸易业务关系，并履行国际贸易合同。学习目标和二级学习目标见表 1。

表 1　　国际经济与贸易专业学习目标汇总

学习目标	二级学习目标
1. 具有商业伦理观念	1.1　能够理解商业伦理相关理论
	1.2　能够辨识商业行为与决策的合规性
2. 具有批判性思维能力	2.1　能够辨识并确定关键问题
	2.2　能够通过分析论证做出合理判断
3. 具有有效沟通能力	3.1　能够口头表达观点和传递信息
	3.2　能够通过书面报告表达观点和传递信息
4. 具有国际视野	4.1　能够理解和识别影响国际经贸的主要因素
	4.2　能够分析影响国际经贸的主要因素
5. 具有运用定性定量方法分析实际问题的能力	5.1　掌握定性分析方法，并能分析实际问题
	5.2　掌握定量分析方法，并能分析实际问题
6. 具有国际贸易业务运营与管理能力	6.1　熟悉国际贸易与国际投资的理论、政策与措施
	6.2　熟悉国际贸易实务操作的相关规则与惯例
	6.3　能够建立国际贸易业务关系，并履行国际贸易合同

三、设定专业学习目标的检测量规及检测点

确定了国际经济与贸易专业学习目标后，接下来需要在专业层面上确定每个学习目标的检测量规或者检测点。以学习目标 1.1 能够理解商业伦理相关理论为例，专业层面给出该能力的检测量规包括两点：一是能够分析企业情况，识别利益相关者；二是能够基于经济—社会模型，评价企业履行社会责任情况。再比如，学习目标“3.2 能够通过书面报告表达观点和传递信息”，专业层面给出该能力的检测点包括 5 个方面：写作对象和目的，观点和内容结构的逻辑性，写作内容的深度，论据是否支撑论点、是否充分，语法、拼写、句法是否正确等。专业层面所有学习目标的检测量规或检测点见表 2。

表 2　　国际经济与贸易专业学习目标检测量规或检测点汇总

二级学习目标	检测量规（Rubrics）/检测点（Traits）
1.1　能够理解商业伦理相关理论	（1）能够分析企业情况，识别利益相关者 （2）能够基于经济—社会模型，评价企业履行社会责任情况
1.2　能够辨识商业行为与决策的合规性	（1）分析社会责任观下的商业伦理问题 （2）提出企业社会责任建议
2.1　能够辨识并确定关键问题	（1）对批判性思维相关概念掌握得正确、熟练和有效程度 （2）对问题理解、辨识、确定、解释得正确、清晰和恰当程度
2.2　能够通过分析论证做出合理判断	（1）问题定义及立场陈述 （2）论证分析 （3）反证 （4）评估和结论
3.1　能够口头表达观点和传递信息	（1）语言、语音、语速等口头表达能力 （2）肢体表达能力 （3）借用媒介表达的能力 （4）内容结构和观点表达的逻辑性 （5）核心观点的表达能力
3.2　能够通过书面报告表达观点和传递信息	（1）介绍写作对象和目的 （2）观点和内容结构的逻辑性 （3）写作内容的深度 （4）论据是否支撑论点、是否充分 （5）语法、拼写、句法是否正确

续表

二级学习目标	检测量规（Rubrics）/检测点（Traits）
4.1　能够理解和识别影响国际经贸的主要因素	（1）识别影响国际经贸活动的主要因素 （2）掌握影响国际经贸活动的主要因素的特点及作用
4.2　能够分析影响国际经贸的主要因素	（1）能够理解和分析国际经贸事件背后的主要影响因素 （2）分析主要因素对国际经贸活动影响的主要机理或过程
5.1　掌握定性分析方法，并能分析实际问题	（1）定性分析方法的运用 （2）结论的概括性 （3）与定量分析的结合程度
5.2　掌握定量分析方法，并能分析实际问题	（1）频数分布表 （2）统计图形 （3）统计指标 （4）变量间的交叉汇总分析
6.1　熟悉国际贸易与国际投资的理论、政策与措施	（1）掌握国际贸易与国际投资相关理论、政策与措施 （2）应用理论解释、理解国际贸易和投资事件
6.2　熟悉国际贸易实务操作的相关规则与惯例	（1）掌握国际贸易规则与惯例的概念、知识与方法 （2）能运用规则与惯例正确分析与解决实际问题
6.3　能够建立国际贸易业务关系，并履行国际贸易合同	（1）报价核算 （2）函电撰写 （3）合同订立 （4）履行合同

确定了专业学习目标的检测量规或者检测点后，需要进一步细化可以执行的具体检测评价标准。以学习目标“5.1 掌握定性分析方法，并能分析实际问题”为例，专业层面须确定该能力的检测量规或检测点，以及每个检测点在该项学习目标检测中所占的比重，检测团队须结合专业检测量规/检测点与检测方式，给出具体检测评价标准（见表 3）。本专业确定了学习目标 5.1 的检测量规/检测点，“毕业论文”检测团队给出了学习目标 5.1 的具体评价标准，并确定采用本科毕业论文正文作为检测方式，100%的毕业论文作为样本参加检测，答辩组 3 位教师按照表 3 中的具体评价标准逐项给出小分，取其平均分作为该样本的最后得分，以消除某个人的主观评价对检测结果客观性的影响。其他学习目标的检测都遵循该逻辑顺序，即专业层面确定检测量规或检测点——确定每个检测点在该项学习目标检测中所占的比重——检测执行团队需要结合专业检测量规/检测点确定检测方式，并

给出具体检测评价标准。

表 3　　学习目标 5.1 检测点及具体评价标准

检测点	不合格（小于 60 分）	合格（≥60 分且<85 分）	优良（≥85 分）
（1）定性分析方法的运用（满分 40 分）	不能运用归纳和演绎、分析与综合以及抽象与概括等定性分析方法，对获得的各种材料进行思维加工	能够运用归纳和演绎、分析与综合以及抽象与概括等定性分析方法，对获得的各种材料进行思维加工	能够很好地运用归纳和演绎、分析与综合以及抽象与概括等定性分析方法，对获得的各种材料进行思维加工
（2）结论的概括性（满分 20 分）	结论缺乏概括性	结论较具概括性	结论概括性强
（3）与定量分析的结合程度（满分 40 分）	不能在定量分析的基础上进行定性分析	能够结合一定的定量分析，进行定性分析	能够在大量定量分析的基础上进行深入定性分析

四、第一轮学习目标检测及专业改进措施

确定了国际经济与贸易专业学习目标、检测量规后，专业层面做出两轮的检测规划，以在两年四个学期内完成两轮学习目标检测（见表 4）。

表 4　　国际经济与贸易专业的 AoL 检测规划

学习目标	二级学习目标	2016—2017 学年第 1 学期	2016—2017 学年第 2 学期	2017—2018 学年第 1 学期	2017—2018 学年第 2 学期	2018—2019 学年第 1 学期
1. 具有商业伦理观念	1.1　能够理解商业伦理相关理论	商业伦理（3）		商业伦理（3）		
	1.2　能够辨识商业行为与决策的合规性					
2. 具有批判性思维能力	2.1　能够辨识并确定关键问题		批判性思维（4）		批判性思维（4）	
	2.2　能够通过分析论证做出合理判断					
3. 具有有效沟通能力	3.1　能够口头表达观点和传递信息		毕业论文（8）		毕业论文（8）	
	3.2　能够通过书面报告表达观点和传递信息					

续表

学习目标	二级学习目标	2016—2017 学年第 1 学期	2016—2017 学年第 2 学期	2017—2018 学年第 1 学期	2017—2018 学年第 2 学期	2018—2019 学年第 1 学期
4. 具有国际视野	4.1 能够理解和识别影响国际经贸的主要因素	跨国公司经营与管理（5）	国际贸易理论（4）	跨国公司经营与管理（5）	国际贸易理论（4）	
	4.2 能够分析影响国际经贸的主要因素					
5. 具有运用定性定量方法分析实际问题的能力	5.1 掌握定性分析方法，并能分析实际问题		毕业论文（8）		毕业论文（8）	
	5.1 掌握定量分析方法，并能分析实际问题		统计学（4）		统计学（4）	
6. 具有国际贸易业务运营与管理能力	6.1 熟悉国际与国际投资的理论、政策与措施		国际贸易理论（4）		国际贸易理论（4）	
	6.2 熟悉国际贸易实务操作的相关规则与惯例	国际贸易理论（5）			国际贸易理论（4）	
	6.3 能够建立国际贸易业务关系，并履行国际贸易合同	国际贸易理论（5）		专业综合实践（7）	国际贸易理论（4）	专业综合实践（7）

按照表 4 中的规划，每个学习子目标的检测团队在相应学期期初确定检测方式和具体检测标准，撰写并提交“AoL 学习目标检测方案”给系（部）课委会。该方案需明确说明本轮检测学习目标与课程的关联关系、课程基本信息、检测目标、具体评价标准、预期目标等五项内容。经系（部）课委会审议，提出修改意见，通过后提交院课委会。院课委会审议通过后，该学习目标检测方案可以执行，学期末提交“AoL 学习目标检测报告”。该报告中除包括“AoL 学习目标检测方案”中的五项内容外，还包括学习成果实现情况分析、改进措施和新目标的制定三项内容。其中，学习成果实现情况分析应包括检测成绩总体分布分析、检测成绩详细分布分析和检测课程情况分析三方面内容，要依据成绩分布情况及预期目标，对检测课程达成教学目标的情况进行详细分析。

需要强调的是，第一轮学习目标的检测结果出来后，如果没有达到预期目标，专业负责人需要在专业层面提出行之有效的改进措施。比如，通过毕业论文的展示环节检测学习目标“3.1 学生的口头表达能力”。如果检测结果显示没有达到预期目标，那么专业负责人需要从整个专业整体的角度出发，提出改进学生口头表达能力的措施，如通过商务英语和商务沟通实训等课程加大对口头表达能力的强化训练，以达到提升学生口头表达能力的目标。

五、两轮学习目标检测结果对比分析及专业持续改进措施

依据专业 AoL 检测规划，检测课程进行第二轮检测的流程和方法与第一轮基本相似，都是学期初撰写并提交第二轮“AoL 学习目标检测方案”给系（部）课委会，内容也是要明确本轮检测学习目标与课程的关联关系、课程基本信息、检测目标、具体评价标准、预期目标等五项内容。系（部）课委会审议通过后提交院课委会，通过后就可以执行此方案。学期末检测团队需要撰写并提交第二轮“AoL 学习目标检测报告”给系（部）课委会。该报告与第一轮检测报告不同之处在于，学习成果实现情况除了要依据成绩分布情况及预期目标，对检测课程达成教学目标的情况进行详细分析外，还要对比分析本轮与前一轮的检测结果，分析前一轮改进措施的效果，分析本课程是否支撑预定的学习目标。同样，专业负责人从专业层面整体考虑提出持续改进措施与建议。

在两轮学习目标检测完成后，专业负责人需要撰写专业检测报告。报告中要包括专业图谱、专业检测规划、专业学习子目标检测量规和检测方式方法汇总表、专业学习目标和培养目标的达成情况，以及专业持续改进措施汇总表。其中，在专业学习目标和培养目标的达成情况分析中，应针对每一个专业学习目标逐个分析其检测方法（Assessment Methods）、预期目标（Targets）、检测结果（Results）、讨论分析（Discussion）以及提出改进措施，形成闭环（Closing the Loop），实现持续改进。

总之，通过构建专业学习质量检测体系，有效弥补了在专业层面缺乏学习质量检测体系设计的不足，更好地实现了学院使命和专业人才能力培养目标，有效

提高了在专业课程层面执行的学习质量检测体系的系统性，保证了人才培养质量，同时还加强了教学的过程管理，发现课程教学中存在的问题并提供可持续改进的措施，形成持续改进的闭环，从过程上保证学习目标的达成和学习质量的提高。

参考文献

[1] 郑丽. AACSB 认证视角下商科院校使命的比较分析［J］. 上海教育评估研究，2015（4）：14–17.

[2] 高耀丽，孟洁，范露露. 中外高等商学教育认证标准的比较研究［J］. 上海教育评估研究，2015（1）：18–22.

[3] 刘松鸽，张洁. 商学院内部教育质量保障体系建设的研究——基于 AACSB 认证的视角［J］. 上海管理科学，2014，36（5）：105–108.

基于 AoL 的“国际贸易实务”课程教学与评价研究

崔 玮[①]

摘 要：学习质量保障（AoL）体系的建立与实施是 AACSB 认证的重要内容之一，本文研究了基于 AoL 的“国际贸易实务”的课程设计：根据项目学习目标调整课程教学目标、教学内容，改革与创新教学方式——发挥学生在学习中的主体地位，构建学习效果观测点及评价标准，设计评价方案，收集与分析评价信息，最终制订改进方案，实现持续改进，形成“闭环”。同时指出了实施 AoL 教学与评价的关键点。

关键词：AACSB；学习质量保障（AoL）；国际贸易实务；课程设计

一、研究背景

国际高等商学院协会（The Association to Advance Collegiate Schools of Business International，简称 AACSB）成立于 1916 年，自 1919 年开始推行高等管理教育认证，为全球首屈一指的商学院和会计项目非政府认证机构，其宗旨是促进已获认证和申请认证的学校提高学生入学标准和师资及管理水准。

2013 年 4 月，AACSB 颁布了新的认证标准，该标准包括四个部分：战略管理与创新（Strategic Management and Innovation），学生、师资与职员（Participants-

① 崔玮（1970—），女，河北张家口人，经济学博士，北京联合大学商务学院教授。研究方向：国际服务贸易、国际贸易理论与政策。

Students，Faculty and Professional Staff），教与学（Learning and Teaching）以及学术与实践（Academic and Professional Engagement）。AACSB 认证首先关注的是教育质量，其商学认证标准的大部分规定都与教育质量密切相关，因此，学习质量保障（Assurance of Leaning，简称 AoL）体系的建立与实施是 AACSB 认证的重要内容之一。认证标准中的第 3 部分第 8 项标准即为培养方案管理与学习质量保障体系（Curricula Management and Assurance of Leaning），其内容为：学院制定和修改学位教育项目的学习目标（Learning Goals），并根据培养目标设计、实施、改进各学位教育项目的培养方案，以及这些培养目标在具体教学过程中的实现，都要使用有严格记录的和系统化的程序。因此，每个认证项目应首先明确自己的学习目标，该学习目标应与学院使命相符合，每个学习目标配合一个或者多个具体的能力目标（Learning Object），进而依据学习目标/能力目标设置课程体系，绘制课程图谱，确定项目整体的教学效果评估方案与规划，并予以实施。课程图谱中各课程依据学习目标设计教学及检测方案评估学习效果，确定评价方式及评价标准，进行评价并收集数据，与预期目标比较，分析达成程度及存在的问题，并制定进一步改进的方案。在此基础上开展下一轮的教学、评估，如此循环反复，实现持续不断的改进。

北京联合大学商务学院作为 AACSB 的会员，为了达到认证标准，积极有序地推进 AoL 工作以进行课程的管理。“国际贸易实务”课程作为国际经济与贸易专业（单独认证项目）的核心课程，在实现学习目标中发挥着重要作用。因此，基于学习保障体系，如何在教学中针对学习目标开展教学，如何制定评价方法及措施来评估学习效果，以及如何收集与分析信息，制定改进方案，以形成持续改进的闭环是值得深入探讨的问题。

二、研究现状

自 2007 年 4 月清华大学经济管理学院成为中国（不包含港、澳、台地区）第一家通过 AACSB 认证的学院，截至 2017 年 8 月，中国内地只有 18 所学院通过 AACSB 认证，针对 AACSB 的研究特别是 AoL 的研究还较少。

相关研究较多的是关于 AACSB 认证的。刘阳、马爱民（2016）详细分析了 AACSB 认证新标准产生的背景、框架与特点，指出新标准最大的改革是将认证的重点放在商学院的创新力、影响力和参与度三个方面，更加重视商学院的发展过程及社会影响力，强调伦理道德，强调学术研究要为智力发展和经济发展做出贡献。贾莉莉、苏岐英（2016）从认证程序、认证范围、认证标准等方面介绍了 AACSB 国际认证的基本框架，并着重分析了认证的特点。王彤彤（2016）则探讨了借鉴 AACSB 认证标准，构建商科课程改革的总体思路与具体措施。

针对 AACSB 认证中 AoL 构建与实施的研究仍较少。刘松鸽、张洁（2014）对 AACSB 认证中 AoL 实施的程序进行了研究，认为：项目培养目标应与学院使命相结合；应以学生为中心，重视对学习效果的评估，而不是对教师的评估；AoL 不是对个别教学环节的质量保障，而是对整个教学活动质量的系统性保证；具有重视多个利益相关方参与以及持续改进、不断创新的理念。王华（2015）也对如何按照 AACSB 第 3 部分第 8 项标准构建 AoL 进行了总体论述。另外一些学者则针对具体课程进行了研究。王瑞丰（2015）探讨了以 AoL 理念进行市场营销专业实践课程教学方法与考核方式的创新；郑丽、杨宜（2014）则对基于 AoL 的“大学计算机基础”课程设计进行了详细论述，指出课程设计应包括建立学习目标及能力目标、构建评价标准、搜集证据及分析结果以及提出改进方案，最终形成闭环。

三、基于 AoL 的“国际贸易实务”课程设计

1. 明确课程教学与评估的实施流程

根据 AACSB 认证中 AoL 实施流程的要求，明确本课程教学与效果评估的总体流程，如图 1 所示。

2. 确定本课程在课程体系中的地位，调整教学目标

根据学院使命，国际经济与贸易专业确定的学习目标及能力目标如表 1 所示。国际贸易实务作为专业必修课程，在实现学习目标方面发挥着重要作用。与学习目标“1. 具有商业伦理观念”中能力目标“1.2 能够辨识商业行为与决策的合规性”

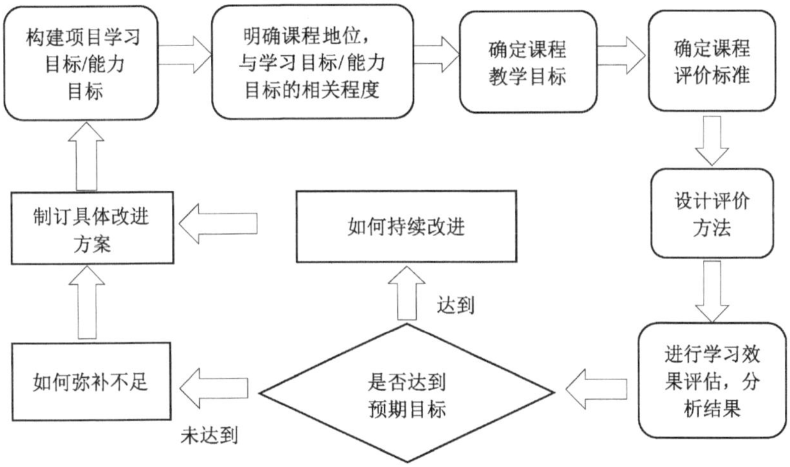

图 1　基于 AoL 的课程教学与评价流程

弱相关，而与学习目标“6. 具有国际贸易业务运营与管理能力”中能力目标“6.2 熟悉国际贸易实务操作的相关规则与惯例”及“6.3 能够建立国际贸易业务关系，并履行国际贸易合同”强相关。依据课程在专业整体学习目标及课程体系中所发挥的作用，重新确定了课程的教学目标：（1）使学生掌握国际贸易实务中国际贸易术语、国际货物运输与保险、国际贸易结算、国际货物买卖合同订立与履行等方面相关的规则与惯例；（2）能够辨识商业行为与决策的合规性；（3）掌握国际贸易合同条款的基本内容及相关知识，能够有效地进行交易磋商，建立国际贸易业务关系并正确地签订国际货物买卖合同；（4）熟悉国际货物买卖合同履行的基本环节与一般做法，具有处理外贸业务问题的能力及进行实际业务操作的技能。

表 1　“国际贸易实务”在专业培养目标中的作用

学习目标（Learning Goals）	能力目标（Learning Objectives）	本课程与目标的相关程度
1. 具有商业伦理观念	1.1　能够理解商业伦理相关理论	
	1.2　能够辨识商业行为与决策的合规性	√
2. 具有批判性思维能力	2.1　能够辨识并确定关键问题	
	2.2　能够通过分析论证做出合理判断	

续表

学习目标（Learning Goals）	能力目标（Learning Objectives）	本课程与目标的相关程度
3. 具有有效沟通能力	3.1 能够口头表达观点和传递信息	
	3.2 能够通过书面报告表达观点和传递信息	
4. 具有国际视野	4.1 能够理解和识别影响国际经贸的主要因素	
	4.2 能够分析影响国际经贸的主要因素	
5. 具有运用定性定量方法分析实际问题的能力	5.1 掌握定性分析方法，并能分析实际问题	
	5.2 掌握定量分析方法，并能分析实际问题	
6. 具有国际贸易业务运营与管理能力	6.1 熟悉国际贸易与国际投资的理论、政策与措施	
	6.2 熟悉国际贸易实务操作的相关规则与惯例	√√
	6.3 能够建立国际贸易业务关系，并履行国际贸易合同	√√

注：√表示“国际贸易实务”课程与该项能力目标相关，√√表示与该项能力目标强相关。

3. 依据教学目标调整课程内容

由于“国际贸易实务”课程教学内容是以国际货物买卖合同为中心，包括进出口业务各个环节的基本知识与技能，涉及国际贸易政策，国际贸易规则与惯例，国际结算，国际贸易运输与保险，国际货物买卖合同磋商、订立及履行等方面的基本原理与基本知识的运用，内容多且涉及面广。在现有 48 学时授课时间内必须对教学内容进行一定的调整，有所取舍，突出重点。一是突出国际贸易术语，合同标的，国际货物运输、保险、国际结算等方面国际贸易规则与惯例的基本知识及其运用；二是在运输、保险、结算、交易磋商等内容讲授中融入提单欺诈、信用证欺诈、保险的基本原则、合同的有效性等内容，使学生能够辨识进出口业务中商业行为与决策的合规性；三是增加交易磋商及合同履行部分的课时量。通过调整，使课程内容的知识、技能目标与学位教育项目的学习目标相一致。

4. 改革与创新教学方式——发挥学生在学习中的主体地位

AACSB 认证标准强调学生在学习中的主体地位，强调师生互动（Faculty-

Students Interactions）及学生动态的学习体验与参与，重视对学生学习效果的评估和过程管理。

因此，在“国际贸易实务”教学上积极开展案例教学、任务驱动教学等方法的改革探索。首先，通过案例教学使学生更多地参与到课堂中，对所学的理论知识有更直观、更深刻的理解。案例教学方法的运用可包括几种情况：第一，引导案例。每一章课程内容讲授之前，教师先向学生展示案例，并有针对性地提出思考问题，要求学生带着问题听讲，运用之后课堂上所讲授的知识自己分析案例、解决问题。引导案例能够激发学生的学习兴趣，引导其有针对性地听讲，培养其独立思考的能力。第二，课堂案例。讲授过程中，针对较为抽象的基本概念、理论、重点内容等适时引入恰当的案例帮助学生加强对知识的理解。引导学生通过对案例的深入分析，运用基本贸易规则、惯例等解决实际问题，使思维不断深化。第三，研讨案例。在结束一定阶段理论知识的学习后，组织学生进行综合性的案例研讨和观点陈述及辩论。通过同学间的交流与碰撞，对案例进行深入分析、判断。并通过进一步的陈述和辩论，强化学生对知识的理解并锻炼其口头表达能力。教师应在其中发挥积极作用，不是简单地判断学生的对错，而是引导学生思考的方向，引导学生寻找多种解决方案。通过这种开放、动态的教学模式培养学生综合运用理论知识和实践经验分析解决问题的能力，同时也培养学生的沟通能力和团队合作精神。其次，探索任务驱动型教学方法的运用。任务驱动教学法强调充分发挥学生在学习中的主体作用和教师在教学中的组织、引导、促进作用，这与 AACSB 的理念是完全一致的。而“国际贸易实务”是一门实践性很强的课程，要求学生不仅要掌握国际贸易实务操作的规则与惯例，还应能够灵活、有效地运用，因此任务驱动教学法非常适用于该课程。教师设定进出口业务背景，要求学生在此虚拟工作情境下完成特定的、真实的工作任务。教师将所要学习的国际贸易实务知识隐含在这些工作任务中，学生对任务进行分析、讨论，并在教师的指导和帮助下找出解决问题的方法，最后通过任务的完成来实现对所学知识的构建。

5. 确定学习效果的观测点

由于学习目标和能力目标都较为抽象，必须首先将其转化为具体的学习效果

（Learning Outcomes）观测点，从而使其满足“可观测、可评估”的要求。本课程主要学习效果的观测点设计如表 2 所示。

表 2　“国际贸易实务”课程对应的学习目标、能力目标及学习效果观测点

学习目标	能力目标	主要观测点
具有国际贸易业务运营与管理能力	熟悉国际贸易实务操作的相关规则与惯例	（1）是否能够掌握国际贸易规则与惯例的概念、知识与方法 （2）是否能够运用国际贸易规则与惯例分析与解决外贸实际问题
	能够建立国际贸易业务关系	（1）是否能够掌握不同价格术语的报价核算方法，是否能够进行正确的核算 （2）是否能够运用规范的语言、正确的内容、恰当的实务知识撰写外贸函电，进行贸易磋商，建立业务关系 （3）是否能够正确签订外贸合同

6. 构建学习效果评价标准

为了更好地评估学生的学习效果，需提前对于“国际贸易实务”课程检测的学习目标/能力目标制定评价标准，并对不同的学习效果等级进行界定。评价标准设计是否合理对于评估信息的可收集性及如何收集信息、收集哪些信息都有重要的影响。本课程设计的评价标准如表 3 所示。

表 3　“国际贸易实务”课程对应能力目标的评价标准及等级界定

学习目标	能力目标	评价标准	不合格（0～59 分）	合格（60～79 分）	优良（80～100 分）
具有国际贸易业务运营与管理能力	熟悉国际贸易实务操作的相关规则与惯例	对国际贸易实务操作的相关规则与惯例理解、运用的正确、熟练和有效程度	不能正确理解贸易规则和惯例，不能应用基本知识解决国际贸易实际问题	（1）能够基本掌握国际贸易规则与惯例的主要概念、知识与分析方法 （2）能够运用国际贸易规则和惯例解决部分外贸实际问题	（1）能够熟练掌握国际贸易规则与惯例的概念、知识和分析方法 （2）能够运用规则与惯例解决大部分外贸实际问题

续表

学习目标	能力目标	评价标准	不合格（0～59 分）	合格（60～79 分）	优良（80～100 分）
具有国际贸易业务运营与管理能力	能够建立国际贸易业务关系	对国际贸易实务操作基本知识与方法的理解程度；运用所学知识与技能进行交易磋商并订立外贸合同的能力	缺少对国际贸易实务基本概念和基础知识的正确理解；不能有效地进行交易磋商并订立外贸合同	（1）能够基本掌握国际贸易实务主要概念、原理与方法 （2）能够运用所学知识进行交易磋商建立业务关系	（1）能够熟练掌握国际贸易实务主要概念、原理与方法 （2）能够熟练运用所学知识有效地进行交易磋商建立业务关系、订立外贸合同

7. 设计教学效果评价方式

AoL 重视对学生学习效果的评估及教学过程中评估证据的收集。教学效果评价既可以是直接证据也可以是间接证据。直接证据包括闭卷测试、案例分析报告、演讲、课程论文等多种形式；间接证据可以是对学生的问卷调查，也可以是校友、雇主等利益相关方的调查及访谈记录等。本课程转变了以卷面考试为主的考核方式，注重学习过程中的测评，设计了多种方式来检测学生的学习效果。其一，对于能力目标“熟悉国际贸易实务操作的相关规则与惯例”采取了闭卷考试的方式，题型为两种——选择题与案例分析题。通过选择题来评价学生对国际贸易规则与惯例的理解程度，而通过案例分析题来评价学生运用国际贸易规则与惯例分析、解决外贸实际问题的能力。其二，对于能力目标“能够建立国际贸易业务关系”则采取了实际业务操作的方式来进行学习效果评价。教师给定虚拟的业务背景，学生以小组形式进行模拟实训，进行报价核算、撰写外贸函电进行贸易磋商，最终订立贸易合同，建立业务关系。通过业务操作评价学生进行交易磋商、建立业务关系的能力。这种方式与卷面考核相比更能有效地评估学生灵活运用理论知识解决实际问题、开展实际业务的能力。

8. 收集与分析评价信息

学生测试结束后，为保证评价的公平性，组织教学团队的多名教师共同进行评价，而不是授课教师单独评判。成绩出来之后，对结果进行详细的分析，包括成绩的总体分布情况、标准差、各测评点的得分情况、不同班级的得分情况等。在此基础上分析存在的问题，以及与预期目标对照存在的差距等，找出学生在学习效果上存在的不足以及教师在教学中存在的缺陷。

9. 制订改进方案，进行持续改进

AoL 的核心理念之一是持续改进。通过建立有效的学习效果评估体系，测评学生的学习效果，依据测评结果判断教学成果，并识别需进一步改进的领域，进而制订持续改进的行动方案，从而形成了一个相对闭合、可操作性强的质量保障体系。改进方案应针对本轮教学与评估中存在的不足提出改进措施，可以包括教学方法的改进、教学内容的补充或调整、课外学习的补充、教学预期目标的调整、评价方式的转变，甚至是项目学习目标和能力目标的修改。改进方案需经过教学团队的充分研讨并提交课程委员会进行审核。审核通过后，在下一轮教学及评估中予以实施，从而实现持续改进，形成“闭环”。

四、基于 AoL 的“国际贸易实务”课程设计与教学的关键点

1. 教学目标与内容应与学习目标保持一致

每一门课程图谱中的课程都在项目学习目标的达成方面发挥着不可替代的作用。因此，在课程教学与评价方案设计之前，首先要明确本课程在项目总体学习目标中的地位与作用，并据此来确定本课程的教学目标、教学内容及其评价方式。

2. 充分发挥教师在实施 AoL 过程中的作用

尽管 AoL 不是对个别教学环节的质量保障，而是对整个教学活动质量的系统性保证，评估的是项目中学生整体的学习效果、教师队伍作为一个整体是否完成了特定的培养目标，而非对学生、教师个人的考评。然而，每一位授课教师都是 AoL 整体中的一分子，对于学生学习目标的达成及评价发挥着重要作用。首先，教师是课程设计的主体。教师必须从学生的需要出发来设计课程和课外活动，并

保证学习目标（Learning Goals）与学习结果（Learning Outcomes）的一致性。因此，教师应结合学习目标明确课程的教学目标、教学内容、教学模式、考核方式等。其次，教师是学习目标的传达者与实施者。教师在课程开始时应明确告知学生每门课程的具体学习目标与能力目标，学生通过每门课程的学习自身所应习得的知识、能力和素质，以及为了达成这些学习目标学生自己需要承担的任务；同时，提前告知学生本课程将通过何种方式来检验学习目标是否达成。再次，教师是学生学习的引导者。AACSB 认证标准强调学生在学习中的主体地位，因此，教师需通过教学方式的改革创新，通过案例教学、任务驱动教学、模拟实训等参与式的教学方法，引导学生独立思考，在“做中学”，改变以往以教师讲授为主的教学方式。但教师在其中仍应发挥“组织、引导、控制、咨询”等作用，学生是否能通过案例分析提高分析解决实际问题的能力在很大程度上取决于教师对案例的选择、对辩论的组织及对分析的引导。同样，任务驱动教学能否成功也与教师对虚拟情境和任务项目的精心设计，任务完成过程中教师的指导、引导、控制、咨询等密切相关。最后，教师是学习效果评价方案的设计者与实施者。教师应负责对学习效果进行测评，并收集分析结果，反馈学生意见，找出存在的问题，提出持续改进的方案。

3. 注重证据的收集与分析

在 AoL 课程检测实施过程中应注重评估信息的收集，对于学生的考核试卷、案例分析报告、实际操作训练或演讲录像等相关的学习效果评价记录和评价结果都应仔细收集、妥善保留。同时，针对评价数据进行认真分析，寻找存在的问题，找出原因所在，在此基础上，撰写课程的学习效果检测报告，形成完整、详细的文档记录。

4. 制订行动计划保证课程的持续改进

AoL 的实施有效地保证了教学的持续改进。每一轮课程教学及评估的结束并不意味着教学工作的结束，而是应该分析问题，寻找不足，制订改进方案，并运用于下一轮教学中，最终形成“闭环”，实现教学的持续改进，最终保证项目总体学习目标的达成。

参考文献

［1］刘松鸽，张洁. 商学院内部教育质量保障体系建设的研究——基于认证的视角［J］. 上海管理科学，2014（10）：105–108.

［2］郑丽，杨宜. 基于学习质量保障体系（AoL）的课程建设研究——以“大学计算机基础”课程为例［J］. 北京教育，2014（12）：65–67.

［3］贾莉莉，苏岐英. 美国 AACSB 卓越商科教育质量认证的特点与启示［J］. 上海教育评估研究，2016（6）：32–37.

［4］崔玮. 基于能力培养的“国际贸易实务”教学模式创新探讨［J］. 中国电力教育，2010（31）：55–57.

［5］王彤彤. AACSB 认证标准对我国商科课程改革的启示［J］. 会计师，2016（1）：71–73.

［6］AACSB. White Paper No.3：AACSB assurance of learning standards：an interpretation（2013）［S/OL］.［2017–01–13］. http://www.aacsb.edu/accreditation/resources/related–materials.

翻转课堂在高校“西方经济学”教学中的应用

徐怀礼[①]

摘　要：针对“西方经济学”传统教学方式的固有弊端，本文运用翻转课堂的教学模式对西方经济学课程的教学流程进行设计，分析了翻转课堂模式的优势与特点以及对于“西方经济学”教学的适用性问题，探索建立基于翻转课堂教学理念的教学流程，包括了课堂外部的知识传递和课堂教学中知识内化两个部分。

关键词：翻转课堂；西方经济学；教学

翻转课堂教学法是近几年新兴的一种教学方法，其要点在于颠倒传统教学顺序，使学生提前学习到新知识。翻转课堂的要点在于教师制作短小精悍的视频，利用共享网络平台，和学生分享视频内容，同时还有习题等，在课堂中则为学生讲解习题和答疑。目前还未出现关于“西方经济学”课程使用翻转课堂教学法的研究内容。本研究将翻转课堂教学法应用到“西方经济学”课程之中，经过对比试验，结果显示翻转课堂的教学效果要优于传统课堂，说明翻转课堂可以适应西方经济学课程教学的要求。

一、翻转课堂及其范式特点

2000 年，美国莫琳·拉赫、格伦·普拉特和迈克尔·特雷利亚（Maureen Lage，Glenn Platt and Michael Treglia）在论文“Inverting the Classroom：A Gateway to

① 徐怀礼（1973—），男，博士，讲师，北京联合大学商务学院国际商务系。研究方向：灾害经济学。

Creating an Inclusive Learning Environment”中介绍了他们在美国迈阿密大学教授“经济学入门”课程时采用“翻转教学”的模式，以及取得的成绩。但是他们并没有提出“翻转课堂式”或“翻转教学”的名词。2000 年，韦斯利 • 贝克（J.Wesley Baker）在第 11 届大学教学国际会议上发表了论文“The‘Classroom Flip’：Using Web Course Management Tools to Become the Guide by the Side”。2007 年，美国科罗拉多州林地公园高中（Woodland Park High School）的化学老师乔纳森 • 伯格曼和阿伦 • 萨姆斯（Jonathan Bergmann and Aaron Sams）在课堂中采用“翻转课堂式”教学模式，并推动这个模式在美国中小学教育中的使用。翻转课堂其实质是在网络环境下教师提供教学相关资源（视频、课件、案例分析、教学重难点剖析等），学生在课前完成教学内容的学习，并完成老师布置的作业，在课堂上老师只是对课程中的重难点、作业中反映出来的问题进行讲解，课堂主要形式由讲授转变成为互动交流，答疑解惑，进一步消化对知识点的理解和掌握。

1. 需要采用先进的信息技术

翻转课堂的重点在于课前教师应将录好的视频和制作完成的课件传至共享网络，学生通过接入网络，获取相关的视频、课件以及题目。这种交流方式的基础在于互联网和电子信息技术，要求教师和学生均具有操作计算机和熟练使用网络的能力，同时也需要相关的设备。先进的信息技术传播方法可以打破时间和空间的距离，无论教师和学生身在何地或何时有空余时间，均可以进行教学和学习。同时，采用以计算机技术为基础的多媒体设备进行教学，可以吸引学生注意力，合理利用学生的课余时间。

2. 需要学生之间加强合作

翻转课堂的实行过程需要学生之间加强互动并高度参与教学。在课程前期，班级干部需要组织同学进入学习平台进行互动和分享，在平台中，学生可以针对某一个问题或其他知识点进行反复交流学习，从而提高个人的理解能力，也了解到其他同学的学习状况。而课堂中则强调了学生之间的分组讨论，共同合作去完成问题，这需要同学之间加强团结，培养合作精神。在初始课堂成立的学习小组将会伴随整个学期的课程，在接近半年的学习交流过程中，可以大大提升同学之间的相互了解程度。

3. 可以加强学生和教师之间的互动

传统课堂中，教师和学生的角色分离，师生互动较少，容易造成隔阂。但是在翻转课堂中，教师也需要通过学习平台与学生交流。在课堂上，教师也可以参与到学习小组的讨论中来。如果遇到较难解决的问题，教师还可以组织学生展开座谈会，以一种平等的姿态商讨问题。

二、翻转课堂对西方经济学教学的适用性

翻转课堂和传统课堂的区别主要在于教学顺序的不同。传统课堂的教学流程为“学生预习—教师课堂讲解—学生练习”，翻转课堂的教学流程为“学生通过材料和教材学习—学生做练习—教师课堂讲解—学生总结提升”。具体来讲，翻转课堂包含四个重点，分别是课前、课中、课后和平台。在课前，学生应通过教学材料、视频和教材等工具掌握基本的知识。同时，教师可采用课前测试的方式了解学生课前学习的情况。在课中，教师解决学生之前看教材所产生的困惑，讲解课前测试习题的重点和难点。在课后，通过研讨和课后习题的方式，引导学生对所学内容进行总结和提升。在平台方面，需要多终端的网络平台为学生发放练习题、材料和教学视频。

西方经济学论述的是经济学的基本概念、基本原理，以及经济运行和发展的一般规律，从而为各个经济学科提供理论经济学基础理论。西方经济学最大的特点就是理论性、逻辑性和系统性比较强，一般都有一套由大量的相关成熟理论点构成的完整理论知识体系。在学习过程中既要理解单个的理论，又要对整体的理论体系有一个全局把握，只有这样学生才能够全面深刻理解理论经济学的理论体系。翻转课堂是对原有课堂教学的颠覆式创新，运用在理论经济学的教学之中可以发挥很好的作用。主要体现在以下几点：首先是传统的课堂教学主要是依靠教师在课堂上完成对知识的传授，而翻转课堂对知识的传授要在课前完成，老师在课堂上只是完成对知识的整理、归纳和总结；其次是传统的课堂教学是以老师为中心，老师会按照整齐划一的安排，按部就班地讲授所有的知识点，而翻转课堂

则很好地体现了以学生为中心的教学理念，学生的学习自由度得到了提高，学生认知度的差异性得到了尊重；最后是传统的课堂教学信息量受教学时数的约束，有很强的局限性，而翻转课堂可以不受教学时数的约束，教学信息量的扩充变得更为便利。

三、西方经济学翻转课堂教学设计

西方经济学翻转课堂也是以行为主义理论为指导思想，充分模仿传统的学习过程，但是强调学生的自主学习。具体课程设计过程为：选课—预习—听课—课堂汇报、讨论—获得成绩。

（1）选课。翻转课堂体现灵活性，需要学生的自觉性和前瞻性，在选课之前应给学生一定的辅导，讲解翻转课堂的学习和结课方式，告知利弊，让学生自主选择，其余的学生仍采用传统方式学习西方经济学。这样，既是对广大学生负责，以免有些自主性差的学生完不成该门课程的学习，又可以比较两种授课方式的效果。

（2）预习。每门网络课程都由若干课时组成，将西方经济学原理录制成若干段视频，每一段视频中设计相应的课后练习方便学生检验自己理论知识的掌握情况，并设有留言区，学生可以随时提问。此外，课程开发者还会定期更新课程信息，提供一系列的学习建议和帮助。在一定的课程学习之后设置有期中、期末考试，考核通过者可获得该门课程的预习自学部分结课成绩。

（3）听课。预习的质量要有保证，因为学生在学习在线课程时不能保证注意力全都集中在课程学习上，可以统一学习每一节慕课，一个行政班在同一个时间内在实验室或者机房集体完成学习、提问、讨论以及交电子作业的任务，也可以让学生在规定的时间内自由安排学习时间，这也是慕课的初衷，但是地方本科院校的学生自主性和持续学习能力有限，并不能放任自流。

（4）课堂汇报、讨论。这是颠覆传统课堂模式的关键，与传统课堂相比，课堂不再讲理论知识，但可以进行简单的复习，也可以让学生进行复习归纳总结，保持课堂的仪式感，及时纠正学生在网络上学习慕课时注意力不集中、重视程度不够、同时干好几件事情的缺陷。此时，进行翻转课堂方式授课的西方经济学教师要有高度的经济敏感度和责任感，要提高课堂的控制能力，对学生所要讨论的问题了如指掌，能够准确给出点评和指导，而不再是一成不变的理论知识传授。

（5）成绩。学生的西方经济学成绩由网络平台、其他同学、本校课堂教师多元评分主体给出，按照不同的比例构成，综合考查学生的自学能力、理论应用实践能力、创新能力、独立搜集整理文献资料能力、团队协作能力和语言表达能力，传统的理论学习成绩被弱化，实践和自学能力得到提升，选择翻转课堂方式的学生对经济要有浓厚的兴趣，要做好充分的思想准备，按时按量完成理论知识学习，时刻保持以问题的方式进行思考的学习习惯。

鉴于“西方经济学”课程的教学内容和特点，一些专家和任课教师都在积极探索新的教学方法和教学模式，以便能够解决现存的困境。下面将运用翻转课堂的教学模式对西方经济学课程的教学流程进行设计，整个教学流程包括课下知识传递和课上知识内化两个部分，这两个部分又分别由教师的“教”和学生的“学”所组成的双边互动活动构成。

（1）课下。教师首先要向学生提供学习资源，其次学生在教师的指导下有针对性地初步完成资源的学习，以此达到知识传递的目的。例如弹性理论，教师基于对教学目标、教学对象和教学内容的分析，制作电子课件、教学视频和测试题库等学习资源，其中电子课件中包含弹性的概念、计算公式、经济意义、类型、影响弹性的因素、基本的应用等内容，教学视频是对需求价格弹性的概念，根据需求价格弹性的大小将商品分为弹性无穷大、富于弹性、单位弹性、缺乏弹性和完全无弹性等类型，不同类型的商品价格改变后总收益如何改变等重点和难点内容的讲解，测试题库中是一些针对弹性概念、影响因素、基本计算和简单应用等设计的题目。学生利用优盘等移动存储设备或通过电子邮件等网络交流工具获取教师制作的学习资源，并在教师的指引下，根据自身情况观看电子课件和教学视频、参与网络课程、检索网络资源、进行自测练习等。如果懂了，学生可以迅速跳过；如果没懂，学生则要反复观看电子课件和教学视频，并仔细思考或做笔记，把遇到的问题通过网络、电话等交流工具向教师或同学求助，或者将其拿到课上进行解决。通过课下教师和学生的共同努力，学生对弹性的概念、原理、基本应用有了一定的理解和掌握，实现了知识的传递。

（2）课上。教师首先创设情境提出问题，接着学生独立探索解决问题，然后师生协作完善问题解决方案，最后教师对学生的知识掌握和解决问题的能力进行综合测评并将结果反馈给学生。针对反馈后的问题，师生活动进入下一个互动循环，以此达到知识内化的目的。还是以弹性理论这部分内容为例，教师以“谷贱伤农”和“薄利多销”这两个和学生生活比较贴近的经济现象创设情境，抛出“为什么有些商品价格低总收益也低，而有些商品价格虽然低但是总收益却高”的问题。学生根据课下学习掌握的知识独立思考给出问题的答案，但由于每个学生的理解和思维能力不同，这些答案并不一致，有些答案不对，有些答案虽然对但是不到位。在这种情况下，教师提示学生要从需求价格弹性的视角考虑，指出生活必需品比如粮食是缺乏弹性的，即使价格降低，需求的数量也提高不了多少，因为维持人的生活所需要的粮食数量是一定的；而生活奢侈品比如珠宝首饰是富有弹性的，如果价格稍微降低，需求的数量就会大幅度增加，因为珠宝首饰不是生活必需品而是装饰品，它的需求量可以是零也可以是无穷大，并给出实际的数据，让学生自己计算结果以便其能够深刻体会出需求价格弹性的奥妙。在此基础上，教师又抛出“为什么生活必需品缺乏弹性而奢侈品富于弹性”“影响需求弹性的因素有哪些”“生活中哪些商品是缺乏弹性的，哪些商品又是富于弹性的”等问题，学生通过对这些问题的思考、解答，逐渐构建了关于弹性理论的知识体系。教师用“如果你是化妆品厂中负责销售的主管，你会提出降低产品价格增加厂里收益的企划吗？如果你是药厂为什么不生产滋补药品呢？”这个实践应用题对学生进行测试，如果学生能够很好地解决这个问题，说明他们已经掌握弹性理论这一知识并能够灵活运用；如果解决得不好，说明有些内容还有待师生进一步互动、协作，直至完全理解并能够应用于实践。通过课上教师和学生的互动协作，学生可以主动建构自己的知识体系，实现知识的内化及应用创新。

总之，翻转课堂与传统的课堂教学相比较，是不断加强、不断深化师生之间互动机制的过程。翻转课堂充分体现了“以学生为中心”的理念，因为“课上”

的团队学习、协作学习、探究性学习、案例教学都可以体现学生的主体地位。教师角色也发生了转变，既是指导者又是参与者，与学生的互动可以帮助学生解决学习中遇到的各种问题。同时，教师与学生、学生与学生之间的多元化互动对师生、生生之间的关系起着促进作用，还对深化学生的合作意识起着积极作用。

参 考 文 献

［1］施淑蓉. 翻转课堂在西方经济学教学中的应用研究［J］. 亚太教育，2015（8）.

［2］张伟. 翻转课堂教学模式在西方经济学课程教学中的应用［J］. 开封大学学报，2015（12）.

［3］曾小慧，战岐林. 基于微课的西方经济学“翻转课堂”教学模式研究［J］. 改革与开放. 2016（4）.

［4］战岐林，曾小慧. 基于翻转课堂的高校经管类课程教学模式设计研究——以“西方经济学”课程为例［J］. 金融经济，2016（4）.

［5］喻永红. 基于学生易接受性的西方经济学教学方法浅析［J］. 教育教学论坛，2014（8）.

［6］李艳华，曹张龙. 西方经济学教学内容“中国化”的探索.［J］. 对外经贸，2014（1）.

［7］范超. 浅谈西方经济学的教学与研究［J］. 中国管理信息化，2015（21）.

全英文课程教学过程的最优化

——基于“跨国公司经营与管理”教学效果的实证分析

修媛媛[①] 崔 玮 赵绍全

摘 要：本研究通过对“跨国公司经营与管理”的双语教学实践收集一手数据，对过程教学方法做出评估，统计数据表明压力与教学成果有很重要的关系。在教学过程中，不断给学生施加压力，不断给学生评估自身学习效果的机会，会改变学生的努力程度，尤其是能够刺激落后同学努力学习，缩小与领先同学的差距。

关键词：双语教学；压力；效果评价；实证研究

引言

教学过程的最优化理论是著名苏联教育家尤·康·巴班斯基教育思想的核心。他指出，“教学过程最优化是在全面考虑教学规律、原则、现代教学形式和方法、该教学系统的特征及外部条件的基础上，为了使过程从既定标准看来发挥最有效的作用而组织的控制”（巴班斯基，1984）。他认为在师生的教学活动中也存在着社会、心理、控制三方面的因素。社会因素即教育的目标和内容；心理因素即师生双方的动机、注意力、意志、情感等；控制因素就是教师对教学的组织、方法的选择和计划的调整以及学生的自我控制。这三方面达到统一，就是教学过程最

① 修媛媛（1983—），女，博士，讲师，北京联合大学商务学院国际商务系。研究方向：国际服务贸易，国际贸易理论与政策。本文是北京联合大学校级教改项目 2016 年度立项资助课题研究成果。

优化的境界。巴班斯基（1984）强调指出“教学过程最优化不仅要求科学地组织教师的劳动，还要科学地组织学生的学习活动”。巴班斯基的最优化理论以教育实施者为中心，即教师如何组织自己的工作和如何组织学习者的工作。教学过程的最优化含义除了包括教师如何教，还包括学习者如何学，这是教学过程中重要的组成部分，这就是教与学的最优化。顾明远（1990）解释，“教学是以课程内容为中介的师生双方教和学的共同活动”。美国实用主义教育家杜威曾用一个公式将教学这一概念简洁地表示出来，他指出，“教与学犹如卖与买。既然没人买，也就无所谓卖。当没有人学时，也就无所谓教”。因此，研究学习者如何学的问题是教学最优化的关键问题之一。教得好和学得好的统一才是教学过程的最优境界。在教与学的辩证统一过程中追求最佳效果是教师与学生的共同任务与目标。

教学过程最优化的关键是选择组织教学过程的最佳方案，而最佳方案是根据一定标准进行选择的。教师根据标准对各种方案进行比较，选择其中最好的方案予以实施。巴班斯基认为标准有教学效果、时间支出、精力和物质消耗等，但最重要的是效果标准和时间标准。效果标准是指每个学生按照所提出的任务，在一定时期内，在教养、教育和发展三个方面获得最高可能的水平。他认为“最优”不等于“理想”，它是特指一定条件下的最优，如条件差的学校达到某种水平可算最优，条件好的学校达到同样水平则不能算最优。时间标准是指学生和教师遵守科学规定的课堂教学与家庭作业的时数规定。对于时间标准而言，本身也具有教育意义。如果超过规定的时间，就会影响学生的身体健康、学习成绩以及智力发展。效果标准和时间标准是相互联系和统一的。从这两个标准来看，教学过程最优化就是在尽可能少的时间内，学生在教养、教育和发展方面获得的最大可能。

关于教学效果的定义，美国心理学家 B.S.布鲁姆（1987）认为决定教学效果的有三个变量：（1）认识的前提能力，即学生的原有知识基础能力；（2）情感的前提性，即动机与成败的体验；（3）教学的质，指课题是否合适，方法是否得当，能否给予学生以足够的学习条件，做到因人而异地施教。本研究的教学效果主要是从师生互动情况、课堂气氛、学生状态、学习效果和课程成绩五个方面加以考虑。

全英文教学在本文特指专业课的全英语教学，自 21 世纪以来，这一教学方式已经在我国很多高校迅速发展，并逐渐成为高等教育教学改革的一个热点，但对于全英文教学的概念及目的不少人仍存在模糊的认识。

全英文教学是一种浸泡式教学，即以目标语为媒介教授其他学科知识，目标语的习得作为副产品而获得（蔡芸，2001）。全英文教学强调在专业中学习英语，在英语学习中掌握专业知识，是一种符合认知规律的教学法，也是教育实践过程中的一种新思路、新探索（欧阳爱平，2011）。全英文教学的目的，对教师而言是“通过英语教授学科知识”，对学生而言是“通过英语学习学科知识”。全英文教学并非通过英语课来实现英语教育的目标，而是通过其他科目的学习来达到帮助学生掌握英语的目的。英语的习得不仅仅是在英语课上，而是在所有的学科中，在教师的“教学语言”中，学生应该是在教学过程的所有活动中得到耳濡目染的英语学习效果，全英文教学不仅仅是指学生听教师用英语上课，更强调的是师生之间用英语进行交流和互动，强调教学资源、教学环境等全方位的英语交流互动（张千帆，2003）。

我们提出，全英文教学是指教师在教授专业课的过程中全程使用英语，无论是传授知识，还是解答问题。其目的有两个：首先是专业课程知识的传授，其次是使学生能够有机会接触专业英语，让他们在学习专业课程的同时无意识地接受和掌握专业英语，将来能够更容易地适应国际化的环境，更具有国际竞争力。因此看来，专业知识的学习仍然是全英语教学的根本目的，而专业外语的学习和掌握则贯穿于这种学习的全过程中。如果教师本身对专业课全英语教学的目的认识不清，在教学过程中偏重于语言知识的传授，而忽视专业课程知识的传授，使学生混淆全英语教学的形式和目的，轻重不分、本末倒置，将专业课全英语教学变成纯语言的教学，这样做非但不能达到全英语教学的目的，反而会贻误学生的学习时机。虽然我们重视专业英语的运用和掌握，但这是与传授和掌握专业知识同时进行的，也可以说是在学生掌握专业知识过程中的附加收获。因此，专业课程的全英语教学若做得好，完全可以取得一举两得的效果。

世界经济的一体化必然导致人才培养的国际化，建设创新型国家需要大量具有国际化视野的创新型人才。在这样的大背景下，对本科生的培养，理应置于全球化的大环境中思考。早在2001年，教育部就颁布了《关于加强高等学校本科教学工作提高教学质量的若干意见》（教高〔2001〕4号）。该文件的第八条明确要求："为适应经济全球化和科技革命的挑战，本科教育要创造条件使用英语等外语进行公共课和专业课教学。"

我国的财经类高等教育国际化程度较高，众多拥有海外留学背景的师资已经在国内各大高校获得重要的教学科研岗位与学术地位，有些院校更是直接引进外籍人士（母语非中文）的经济学者从事教学科研岗位，全英文教学成为必然选择。

我校"财经应用型创新人才培养模式改革"教育目标中有重要一条是培养广阔国际视野。另外，学校也出台了一系列相应措施鼓励和促进专业课的全英语或双语教学，这极大地鼓舞了使用全英文进行专业课教学的教师。全国许多著名高校都在根据本校学科、专业、师资、教材以及学生的特点，进行全英文教学模式的尝试，大部分高校使用国外原版教材、中文授课的双语教学。实际上，全英文教学是通过使用国外原版教材（通常是英文教材），教学过程中使用英语授课、英语讨论和英语考试的一种教学方式。由于全英文教学对教师和学生的英文都有较高的要求，目前，我校商务学院的全英文教学的实施者都具有海外留学或访学经历，具备全英文教学能力。

本研究将通过课题负责人在教学实践活动中获得的各个教学环节的相关数据，对全英文教学中的过程教学效果进行评估，研究价值在于对"跨国公司经营与管理"课程的全英文教学过程进行评估，研究具体的教学环节，找到教学最优模式，推广更为适合我校财经类全英文课程的教学模式，从而提高本科生培养质量，培养其具有国际化视野与思维，增强其核心竞争力，提高我校整体的全英文教学水平。

随着我国高等教育领域的不断国际化，双语教学在国内各大高校得到了很大发展（谈多娇，2010、2012），对双语教学的效果评估与教学方法的研究也相应越来越多（施黎英、何敏，2010；李轶琳，2011）。尤其是在经济学领域，这一趋势更加明显（姚清铁，2012；何敏，2010；马静、张肃，2011）。由于经济学关乎国计民生，而且中国的市场化改革急需引入西方发达市场经济国家的理论与实践经验，我国的经济学高等教育对外开放比较早，也比较深入，国际化程度也比较高。众多拥有海外留学背景的经济学家已经在国内各大高校获得重要的教学科研岗位与学术地位，某些院校更是直接引进西方（母语非中文）的经济学家担任教学科研职务，开展双语教学，甚至全英文教学成为必然选择。但是，怎样更好地运用双语教学来实现教学目标，就成为一系列亟待研究的课题。本研究将通过课题负责人的教学实践获得相应的研究数据，并对双语教学中的过程教学效果进行评估。

本课题的研究实验对象是大二经济学类专业的本科生，讲授课程是“跨国公司经营与管理”。主要原因在于大二本科生在经济学基础知识上有一定储备，英语水平也达到一定程度，可以接受双语教学。而国际经济学课程涉及国际贸易与国际金融的理论与政策知识，有条件也有必要使用双语教学。本课程将在每一次课程讲授之后设计 5～7 个小测验题目，在课上即时回答，考查学生对刚刚讲授知识的理解。而在每一个月都会有一次 30 个题目的课堂作业，考查学生对一个阶段讲授知识的理解。然后通过期中考试和期末考试考查学生对知识的实际理解程度。

本研究将观察每一个学生在课堂作业上的表现与期中考试的表现以及期末考试表现的相关性，如果相关性比较高，则说明过程教学促进了最终教学结果的提高。另外，我们还希望看到期末成绩的分散程度比较小，或者说，一开始学生对自身学习的掌握程度没有足够客观的认识，在课堂作业和期中考试中的表现差异比较大，但是通过教学过程的评估与自我认识，学生可以适当改变学习方法与努力程度，进而促使学习较差的学生的成绩有较大提高。

本研究的最重要内容是考查学生在过程教学中面临较大压力时的反应，以及最后对成绩的影响。但是这里有一个很大的问题，就是同一个班级的学生面临的同一门课程的压力应该是一样的，所以无法观察到不同压力之下，学生们学习成绩的差异。

本研究设计了这样一种状况，同一位教师，讲授同一门课程，使用同样的教材，使用同样的双语教学方法，但是给其中一个班级的压力较大，而给另外一个班级的压力较小，期末考试使用同样的考核方法与考试题目，然后观察这两个班级学生的成绩差异，这个差异就可以看作是不同压力状态下的学生成绩的差异。

本研究计划使用一个变化的政策作为压力指标。从学生的反应来看，通常认为闭卷考试的压力要大于开卷考试，于是我们可以对一个班级的同学采取开卷考试方式，而对另一个班级的同学采取闭卷考试的方式。闭卷考试的同学面临更大的压力，相对而言，开卷考试的同学面临较小的压力。但是，我们不能在期末考试中采用不同的考试方式，一方面是因为学校的规定，必修课期末只能采取闭卷考试方式。另一方面，为了回答我们的研究问题，我们就需要区分闭卷考试与开卷考试本身对成绩的影响和不同压力状态下的学习对成绩的影响。显然，同样的难度情况下，闭卷考试的难度要高于开卷考试，闭卷考试的学生成绩必然要低于开卷考试，但是低多少，我们也很难预知。因此，我们不能在期末考试时采用不同的考试方式。本研究计划在期中考试时对不同班级采取不同的考试方式，也就是一个班级在期中考试是开卷考试，另一个班级是闭卷考试，然后观察他们在期末考试时的表现。期中考试采用开卷考试班级的同学面临的压力要小于闭卷考试班级的同学，如果压力有助于学习成绩提高，那么期末考试时，采用闭卷考试的班级同学应该有更好的表现，如果压力会打击学习热情，进而对学习成绩有害，那么采用开卷考试的班级的同学就会有更好的表现。

另外一个令人担心的问题是，这两个班级的学生本来就不同，如果这两个班级期末考试成绩的差异来自于他们本身不可观察的特征，例如高考成绩，高考英语成绩，家庭背景，之前的数学成绩、大学英语成绩、微观经济学成绩、宏观经济学成绩等，这些因素都会影响到这门课的成绩，这样我们就得不到任何可靠的结论。为了解决这个问题，我们采用了双重差分的方法（Difference-in-Differences，DID）。我们在期中考试之前提供两次课堂作业（小测验），并通过这两个小测验的成绩来测量他们基础知识和英语能力的初始差异，然后用期末成绩减去这个初始成绩作为对他们学习成绩提高的测量，这样就可以把一些无法观察到的，但是跨时间不变的因素减掉，从而得出压力对期末成绩的影响程度。以上我们列出来的影响因素都不会在本学期初到本学期末这段时间有任何改变，我们可以假定对学生成绩的影响是持续且跨时间相同的，这就可以使用双重差分的方法，把这些因素减去。

另外一个涉及的具体问题是，在这两次课堂测验之前，我们不能宣布期中考试是开卷还是闭卷，因为学生对期中考试考试方式的预期就已经有压力的效果了，这个效果会作用在期中考试之前的这两次课堂测验中，那么这两个班级的期末考试与期中考试的成绩差异就不能反映压力的作用。为了避免这一情况，我们计划一开始告知两个班级的期中考试都是闭卷考试，而在期中考试之前一周才通知其中一个班级，期中考试采用开卷考试方式，而这个时候，两次课堂作业已经完成，并且有一周的不同的压力作用于不同的班级。这样，我们最后得到的就是压力对学习成绩的效果。

本课题将外语教学的“压力”引入经济学课程的双语教学中，检验压力对经济学课程双语教学效果的影响。

一、数据

本研究所采用的数据由两个学期的“跨国公司经营与管理”课程构成，一个是从 2015 年秋季学期讲授“跨国公司经营与管理”课程的实践得来的，另一个是从 2016 年秋季学期讲授“跨国公司经营与管理”课程的实践得来的。

两个班级（称为 1 班和 2 班）是同一个学院的、同一个专业的、同一个年级的两个同样规模的班级。两个班级第一次课堂测验的得分平均值分别为 51.15 分和 49.18 分，差距不是很大，这表明这两个班级的初始状态与水平是非常接近的，非常适合用于比较分析。但是这两个班级的第二次课堂测验的得分平均值差距比较大，分别为 38.47 分和 44.50 分，这里反映的似乎是第一次作业相对差一点儿的 2 班在之后的学习过程中付出了更多努力。期中考试两个班级的成绩分别是 74.12 分和 76.89 分。但是我们需要注意的是，1 班的期中考试是开卷考试，2 班是闭卷考试，闭卷考试比开卷考试成绩好，而且是在题目相同的情况下，这一现象值得深思。闭卷考试是在学期初的第一次课上宣布的，之后在邻近期中考试前一周，由授课教师抛硬币决定哪一个班级开卷，哪一个班级闭卷，保证了开卷与闭卷的随机性，并在期中考试之前一周宣布哪个班开卷还是闭卷。从简单的成绩比较来看，显然是闭卷考试的成绩高一些，这一方面说明第二次课堂测验体现出来的努力程度在发生作用，另一方面也说明了更大的压力为学习提供了更大动力。标准差分别为 12.02 和 10.93，这说明更大的压力并没有迫使学习落后的同学放弃努力，而“破罐破摔”，反而是激发了他们“背水一战”，为“不挂科”而努力的求生本能。压力小的 1 班同学却因为开卷考试的安排而掉以轻心，落后同学的麻痹大意心理更加严重。期末考试的平均成绩分别是 58.92 分和 69.71 分，差距竟然扩大到了 10 分之多，可见压力对学习的促进作用之大。但是压力也有其负面作用，从最后期末的研究报告来看，分别为 89.93 分和 86.09 分，1 班同学在考试压力比较小的情况下，研究报告的成绩要高些，而 2 班同学考试压力比较大，用于研究报告的时间和精力就比较少，因而研究报告的成绩也比较低。

图 1 至图 5 是两个班级历次测验与考试以及研究报告成绩的分布对比图，左侧为 1 班，右侧为 2 班。

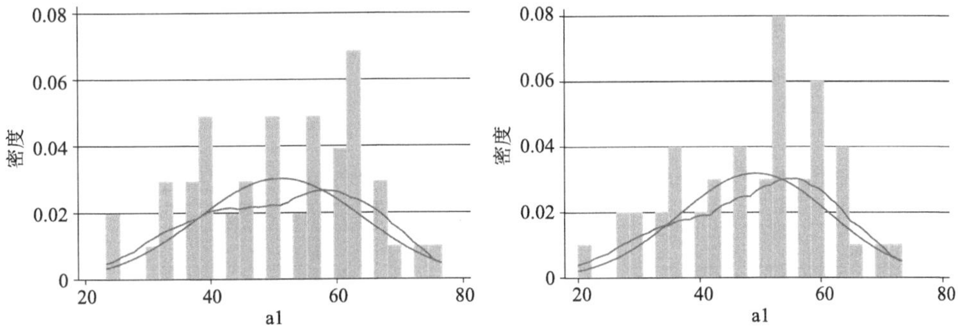

图 1　第一次课堂测验 1 班与 2 班成绩分布（单位：分）

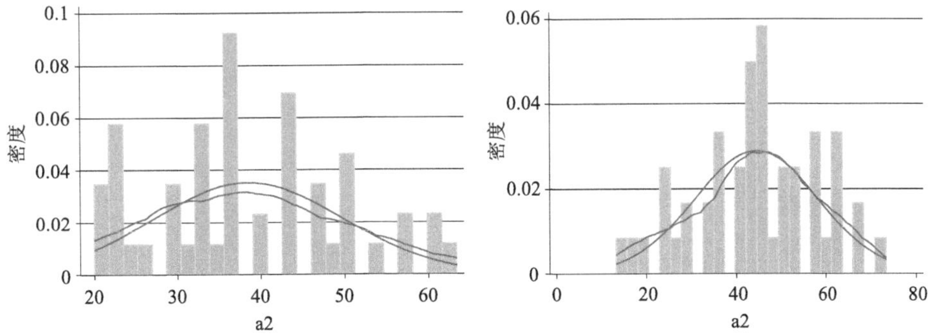

图 2　第二次课堂测验 1 班与 2 班成绩分布（单位：分）

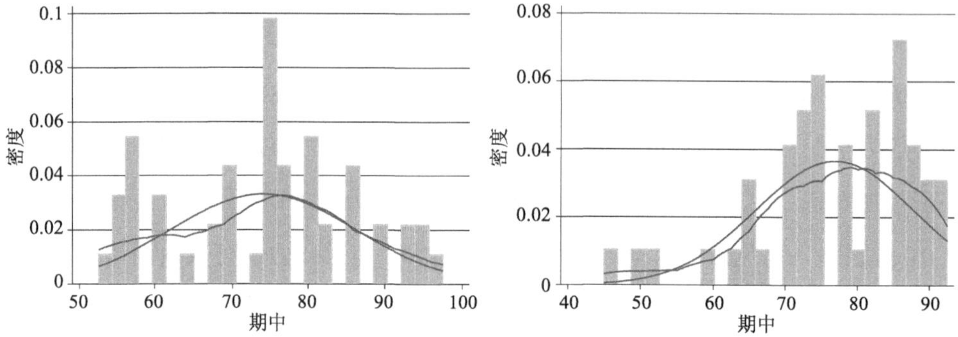

图 3　期中考试 1 班与 2 班成绩分布（单位：分）

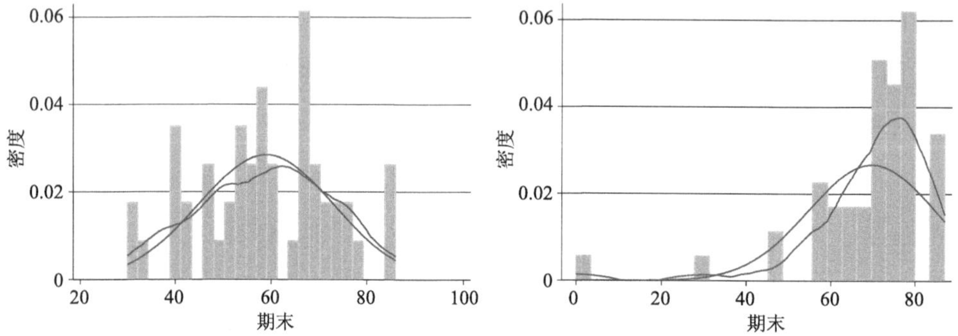

图 4　期末考试 1 班与 2 班成绩分布（单位：分）

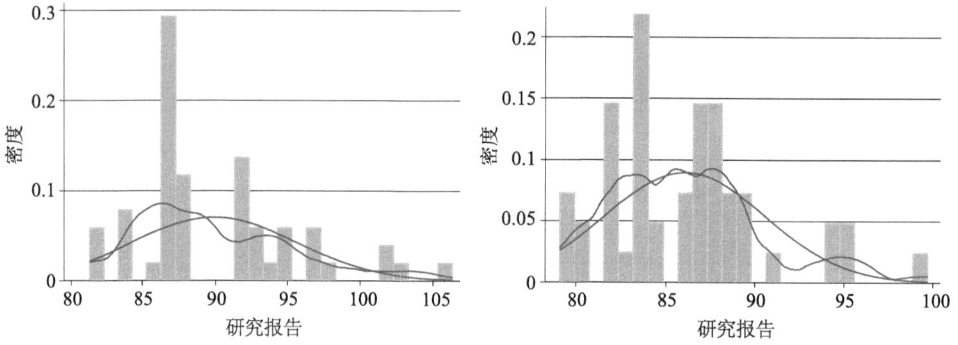

图 5　研究报告 1 班与 2 班成绩分布（单位：分）

二、分析

表 1 给出的是 2015 年和 2016 年数据相关系数矩阵。相关系数下面的数字是表明显著性的 P 值。从表 1 中可以看出，作业一与作业二之间的相关系数是 0.366 1，

P 值只有 0.000 3，说明非常显著，两者是正向相关的。分开两个班级来看，结果也是一样的，系数上略有差别，但是结论相同。也就是说。基本素质与英语水平高的学生，对本课程的理解与学习能力也比较强，但是这个关系没有我们想象得那么高，过程中的努力仍然还是很重要的。

表 1　　2015 年和 2016 年数据相关系数矩阵：全部

	作业一	作业二	期中考试	期末考试	课题报告
作业一	1				
作业二	0.366 1	1			
	0.000 3				
期中考试	0.478 7	0.513 2	1		
	0.000 0	0.000 0			
期末考试	0.346 9	0.414 7	0.478 5	1	
	0.000 6	0.000 0	0.000 0		
课题报告	0.439 2	0.044 3	0.130 1	0.037 8	1
	0.000 0	0.663 6	0.194 6	0.707 7	

2015 年数据相关系数矩阵：1 班

	作业一	作业二	期中考试	期末考试	课题报告
作业一	1				
作业二	0.480 3	1			
	0.000 6				
期中考试	0.644 5	0.561 5	1		
	0.000 0	0.000 0			
期末考试	0.382 6	0.463 6	0.537 1	1	
	0.007 3	0.000 7	0.000 0		
课题报告	0.530 6	0.181 2	0.275 1	0.270 0	1
	0.000 1	0.208 0	0.050 7	0.055 4	

2016 年数据相关系数矩阵：2 班

	作业一	作业二	期中考试	期末考试	课题报告
作业一	1				
作业二	0.323 3	1			
	0.028 4				
期中考试	0.311 2	0.465 2	1		
	0.033 2	0.000 7			
期末考试	0.420 9	0.295 6	0.402 8	1	
	0.003 2	0.037 1	0.003 4		
课题报告	0.322 5	0.109 2	0.068 0	0.103 0	1
	0.027 0	0.454 9	0.638 9	0.476 5	

注：相关系数下面是显著性 P 值。

作业一与期中考试的相关系数很高，达到了 0.478 7，显著性 P 值达到了 0.000 0，说明基础还是非常重要的。作业二与期中考试的相关系数是 0.513 2，显著性 P 值是 0.000 0，也是显著的，而且很高。主要原因是第二次课堂作业主要考察的是学生对课程内容的理解，也是对学生学习效果的一个提醒，有很强的警示作用，能够督促学生努力学习本课程，使得落后同学更加努力。

作业一与期末考试相关系数是 0.346 9，显著性 P 值为 0.000 6，还是表明基础的重要性。作业二与期末考试的相关性的显著性上升了，相关系数是 0.414 7，而且 P 值是 0.000 0，非常显著了。这说明，作业二的内容对期末考试有很大影响。期中考试与期末考试的相关系数是 0.478 5，P 值是 0.000 0，相关性非常高，统计上也非常显著，说明学生们的学习能力是一定的，尽管努力是有效果的，还是不能从根本上改变考试结果。

最为有趣的发现是课题报告的分数与作业一、作业二、期中考试和期末考试成绩的关系都不大，相关系数只有 0.037～0.439，而且在 10%水平上都不显著，只有期中考试与课题报告边际上显著，这可能是因为课题研究与开卷考试在形式上比较接近。这一发现表明，课程内容的学习与科研能力培养是两个不同的过程，同时也表明学生在这两者的时间与精力的分配要有所取舍。

两个班级分开看，结果有一定差异，但仅仅是数值上有一些差异，主要发现是一致的。

图 6 和图 7 是 2015 年和 2016 年数据全部的相关系数矩阵图，以及分开两个班级的相关系数矩阵图，左侧是 1 班，右侧是 2 班。

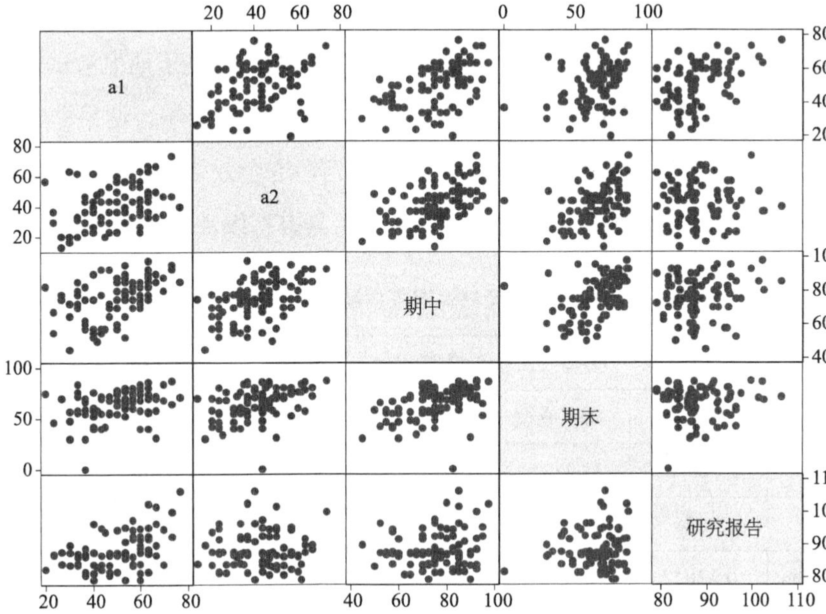

图 6　2013 年全部数据的相关系数矩阵图

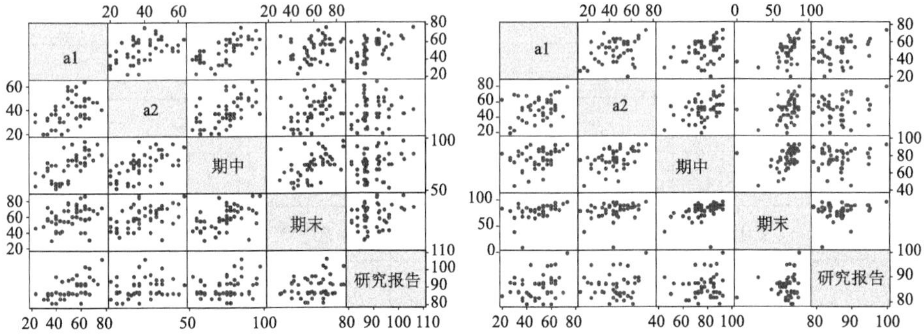

图 7　2015 年 1 班与 2016 年 2 班数据的相关系数矩阵图

三、压力的作用

压力到底会不会使学生的学习成绩提高呢？我们的实验中选用了 2 班的同学

期中考试为闭卷考试，也就是压力要大于 1 班，然后观察不同压力下两个班级成绩的差异。回归的结果见表 2，为了控制两个班级之间起始状态的差异，我们首先加入了第一次课堂作业作为控制变量，即模型（2）；为了控制期中考试之前的努力程度，还加入了第二次课堂作业作为控制变量，即模型（3）；为了同时控制第一次和第二次课堂作业的作用，还同时控制了这两个变量，即模型（4）；为了控制期中考试本身的成绩的影响，在模型（5）中，我们还控制了期中考试成绩；模型（6）是简单比较；模型（1）是完整模型，控制了所有影响。结果非常一致，压力确实提高了 2 班同学的期末考试成绩。而且，这个效果在控制了期中考试这个巨大压力之后，仍然很明显，说明压力的作用具有持续性。

表 2　　　　　　　　　各阶段考核对期末成绩的影响

	模型（1）	模型（2）	模型（3）	模型（4）	模型（5）	模型（6）
	期末成绩	期末成绩	期末成绩	期末成绩	期末成绩	期末成绩
压力	8.941***	11.48***	7.693***	9.274***	9.160***	10.78***
	（2.654）	（2.693）	（2.756）	（2.725）	（2.563）	（2.867）
期中成绩	0.338**				0.592***	
	（0.138）				（0.112）	
作业一成绩	0.216*	0.444***		0.324***		
	（0.118）	（0.106）		（0.113）		
作业二成绩	0.147		0.415***	0.257**		
	（0.118）		（0.107）	（0.112）		
常数项	9.057	25.34***	35.83***	24.13***	5.898	48.14***
	（9.221）	（7.030）	（5.477）	（7.070）	（8.939）	（4.533）
观测值	93	95	100	93	102	102
拟合优度	0.336	0.265	0.234	0.291	0.317	0.124

注：*** $p<0.01$，** $p<0.05$，* $p<0.1$。

然而，考试压力并非没有代价，从表 3 的结果可以看出，考试压力使得学生将更多的时间与精力投入到应对考试上，而忽视了研究课题。

表 3　　各阶段考核对期末成绩的影响

	模型（1）	模型（2）	模型（3）	模型（4）	模型（5）	模型（6）
	研究报告	研究报告	研究报告	研究报告	研究报告	研究报告
压力	−3.257***	−4.658***	−4.542***	−4.612***	−4.085***	−3.160***
	（1.070）	（1.109）	（1.078）	（1.078）	（1.012）	（1.002）
期末成绩	0.010 8	0.043 4	0.047 8	0.068 7*		
	（0.040 4）	（0.041 5）	（0.039 7）	（0.035 2）		
期中成绩	−0.023 5	0.045 7	0.056 3		0.084 0*	−0.019 9
	（0.054 0）	（0.055 2）	（0.049 6）		（0.044 0）	（0.052 0）
作业一成绩	−0.003 04	0.018 8				−0.001 45
	（0.045 0）	（0.048 1）				（0.044 4）
作业二成绩	0.184***					0.186***
	（0.045 7）					（0.044 6）
常数项	84.77***	87.96***	87.48***	90.49***	87.79***	84.86***
	（3.518）	（3.655）	（3.513）	（2.307）	（3.512）	（3.480）
观测值	93	99	101	101	101	93
拟合优度	0.288	0.173	0.170	0.159	0.157	0.288

注：*** $p<0.01$，** $p<0.05$，* $p<0.1$。

从表 4 的结果看，压力的动态效果也十分明显。

表 4　　过程教学的动态结果检验

	模型（1）	模型（2）	模型（3）	模型（4）	模型（5）	模型（6）
	作业二减作业一	期中减作业二	期末减期中	期中减作业二	期末减期中	期末减期中
压力	6.059**	−0.426	9.160***	−3.105	8.115***	8.120***
	（2.487）	（2.051）	（2.563）	（2.585）	（2.819）	（2.822）
作业一成绩	−0.606***			0.053 3	−0.002 14	
	（0.097 8）			（0.102）	（0.111）	

续表

	模型（1）	模型（2）	模型（3）	模型（4）	模型（5）	模型（6）
	作业二减作业一	期中减作业二	期末减期中	期中减作业二	期末减期中	期末减期中
作业二成绩		–0.540***				–0.044 7
		（0.079 7）				（0.110）
期中成绩			–0.408***			
			（0.112）			
常数项	12.76*	57.13***	5.898	35.98***	–22.91***	–21.30***
	（6.527）	（4.077）	（8.939）	（6.783）	（7.358）	（5.609）
观测值	93	100	102	93	95	100
拟合优度	0.343	0.337	0.191	0.020	0.083	0.079

注：*** $p<0.01$，** $p<0.05$，* $p<0.1$。

四、结论与讨论

本研究发现，基本素质与英语水平在双语课程教学中，对学生成绩有很大的影响，但是学生可以通过努力改进自己的成绩。过程教学使得学生能够及时发现自己学习上的不足，并根据情况调整学习努力程度。课堂作业、期中考试等过程中的评估对学生意识到自己的不足有关键作用，但是这种作用是短期的，所以有必要在教学过程中不断给学生评估自身学习效果的机会，促使学生调整学习状态。这尤其对落后学生有帮助。

压力的作用是两方面的。一方面，考试压力迫使学生增加应对考试的时间与精力投入，有助于提高期末考试成绩；另一方面，考试压力也会减少学生对研究报告时间与精力的投入，压低研究报告的成绩。这说明，应试教育确实有助于学生对知识的学习和掌握，但是付出的代价是压制了学生主动搜索知识，乃至创造知识的能力。在有限的时间与精力的情况下，学习与创新之间存在一个互相取舍的关系，这种取舍不仅对学生，而且对于整个教育体系都是一个永恒的难题！

参 考 文 献

［1］赵法茂. 运用现代教育技术进行知识发生过程教学［J］. 电化教育研究，2004（1）：68–70.

［2］王维翊. 经济学专业双语教学调研情况分析［J］. 山西财经大学学报，2012（S4）：186.

［3］张联合. 新课程理念下化学有效教学的建构［J］. 课程·教材·教法，2005（1）：62–66.

［4］谈多娇. 双语教学：中国高等教育国际化的战略选择［J］. 教育研究，2012（11）：83–86.

［5］姚清铁.《经济学原理》双语教学目标评价与因素分析——以南京财经大学为例［J］. 江苏社会科学，2012（S1）：164–167.

［6］宁晓洁. 双语教学中的师资队伍现状研究［J］. 山西财经大学学报，2013（S1）：137，146.

［7］张新宝. 个案全过程教学：在素质教育基础上的能力培养［J］. 法学，2013（4）：42–46.

［8］裴光勇. 知识发生过程教学的基本原则［J］. 上海教育科研，2006（2）：59–60.

［9］吕宪军，王延玲. 促进学生有效学习的课堂教学策略［J］. 中国教育学刊，2006（1）：58–61.

［10］潘金林，龚放. 教学方法改革：美国研究型大学本科教育改革新动向［J］. 高等教育研究，2008（10）：87–91.

［11］王润孝，支希哲，罗向阳. 大学本科人才培养：问题、方向与路径——兼论“作为过程的教学”［J］. 江苏高教，2009（2）：82–84.

［12］何云峰. 大学“研究性教学”的发展路向及模式建构［J］. 中国大学教学，2009（10）：81–83.

［13］蔡春. 也论作为特殊认识过程的教学过程［J］. 中国教育学刊，2010（10）：32–35.

［14］谈多娇. 高等学校双语教学的关键环节［J］. 教育研究，2010（10）：91–94.

［15］施黎英，何敏. 双语教学效果问卷调查及分析［J］. 高等工程教育研究，2010（S1）：167–169.

［16］何敏. 经管类学科课程双语教学的实践和思考［J］. 高等工程教育研究，2010（S1）：173–175.

［17］石慧. 国际经济法课程双语教学的实践［J］. 中国大学教学，2011（1）：54–56.

［18］詹碧卿，刘绍清，林风人，等. 基于工作过程的教学系统分析与设计［J］. 中国教育信息化，2011（5）：73–76.

［19］李轶琳. 双语教学理念和方法的研究与实践［J］. 山西财经大学学报，2011（S2）：92.

［20］ 史锋. 双语教学在中国实行的逆向思考［J］. 中国大学教学，2011（8）：17–20.

［21］ 马静，张肃. 国际贸易实务课双语教学研究［J］. 山西财经大学学报，2011（S4）：93，111.

［22］ 朱全银，白晓林. 双语教学课程设置研究——以本科院校工科专业为例［J］. 教育理论与实践，2011（33）：52–54.

［23］ 胡慧玲. 基于双语教学手段的英语附带习得的实践策略研究[J]. 学位与研究生教育，2011（7）：39–43.

［24］ 牟爱鹏，孙明磊. 网络资源与大学英语写作教学研究［J］. 教育研究，2012（1）：130–133，137.

［25］ 武咏梅. 国外双语教学的类型与模式［J］. 现代传播（中国传媒大学学报），2012（4）：143–144.

［26］ 刘兆龙，罗莹，胡海云. 高校双语教学实证分析［J］. 中国大学教学，2012（5）：58–60.

［27］ 徐惠仁. 浅谈教师教学过程性评价的价值与策略［J］. 上海教育科研，2012（7）：69–71.

［28］ 周云峰. 高校闭合型教学质量监控与保障系统模式构建［J］. 中国大学教学，2007（8）：72–73.

［29］ 裴光勇，陈佑清. 知识发生过程教学的内涵和价值［J］. 中国教育学刊，2001（1）：49–52.

［30］ 巴班斯基. 教学过程最优化——一般教学论方面［M］. 张定璋，译. 北京：人民教育出版社，1984.

［31］ 施良方. 崔允漷. 教学理论和课堂教学的原理、策略与研究［M］. 上海：华东师范大学出版社，1999.

［32］ 布卢姆 B S，等. 教育评价［M］. 邱渊，等译.上海：华东师范大学出版社，1987.

［33］ 顾明远. 教育大辞典［M］. 上海：上海教育出版社，1990—1992.

［34］ 蔡芸. 对全英教学的看法［J］. 广东外语外贸大学学报，2001（4）.

［35］ 欧阳爱平. 会计学专业人才培养模式的探索与实践——全英语教学的设置与运行［C］// 中国会计学会会计教育专业委员会 2010 年年会论文集. 2010.

［36］ 张千帆. 高校全英语教学模式探析［J］. 高等教育研究，2003（4）.

基于产教融合的跨境电商课程开发研究

邓晓虹[1]

摘　要：本文首先介绍了产教融合理论，进而介绍了跨境电商课程的教学目标和跨境电商背景下对国际经济与贸易专业人才的新能力要求，在此基础上，提出从课程体系、教学方式、教学方法、考核评价和师资建设五方面进行课程开发。

关键词：产教融合；跨境电商；复合型人才

一、研究的背景

产教融合成为我国高等教育分类发展、内涵发展、转型发展、合作发展的基本方式，是办产业的大学、城市的大学、社区的大学的有效路径，是我国高等教育教学改革的新常态。国内关于产教融合的论文有很多，有些论文强调产教融合的重要性（杨善江，2014；和震，2017），有些论文提出产教融合的模式和实现途径（陈年友，2014；罗嘉文，2016），但关于跨境电子商务（以下简称“跨境电商”）课程产教融合的论文较少（杜艳红，2016；吴思乐，2016），并且研究对象是高职教育。

综合现有的研究可以看出，已有研究虽然对产教融合的重要性、模式和实现途径进行了多角度的探讨，但没有将跨境电商课程的教学、实际操训和就业应用进行有机结合，从而也不能将学生具体操作技能的提高和综合能力的培养进行有

① 邓晓虹（1977—），女，博士，北京联合大学商务学院国际商务系副教授。研究方向：国际贸易理论、金融服务贸易。

机结合。

另外，在 2016 年，中国跨境电子商务交易额达到了 6.3 万亿元，较上年增长约 24%，2010—2015 年，交易规模年均增长率达 30%以上，交易规模占进出口的比重也在逐年上升，由此可以看出跨境电商在我国进口和出口贸易中占有越来越重要的地位。

在此背景下，基于多年国际贸易实务、国际结算、海关实务、国际货物运输与保险课程授课的基础，北京联合大学商务学院国际经济与贸易专业在 2015 年版培养计划编制修订时，设置了跨境电商新课程。

二、基于产教融合的跨境电商课程教学目标

跨境电商课程是国际经济与贸易专业的任选课程，该课程是一门具有涉外活动特点、实践性很强的综合性应用科学，涉及国际贸易实务、国际结算、国际商务函电与谈判等基本知识的运用。

本课程的教学目标是：通过学习掌握电子商务基本理论知识，使学生对跨境电商有较深的认识；掌握因特网（Internet）基础知识，了解电子商务安全的相关问题；了解跨境电商的发展趋势和跨境电商在国际贸易中的应用；掌握跨境电商基本流程涉及的相关知识，最终能够有效建立跨境贸易电子商务关系，有效履行国际贸易合同。

基于 AACSB 国际认证的学习质量保障（AoL）体系，跨境电商课程的学习目标和学习目的如下：具有善用现代信息技术分析商务问题的能力，能够熟练运用现代信息技术搜集和处理信息；具有跨文化沟通能力，能够熟练运用英语进行国际商务沟通和谈判；具有对国际经贸环境进行分析与决策的能力，熟悉各国对外贸易与对外投资的法律、政策，能够识别影响国际经贸环境的因素，综合分析和判断国际市场综合状况；具有国际贸易业务运营与管理能力，熟悉国际贸易实务操作的相关规则与惯例，能够有效建立国际贸易业务关系，有效履行国际贸易合同。

三、跨境电商背景下对国际经济与贸易专业人才的新能力要求

跨境电商面对的是来自全世界的客户，需要了解不同的语言、文化、生活习俗和宗教信仰，产业链中涉及运输、仓储、报关、报检、保险等多个环节，跨境电商还涉及国际结算、配送、金融、外销等方方面面的专业知识，因而跨境电商企业对人才的复合型、综合性要求较强。

2015 年，中国电子商务研究中心的《中国跨境电商人才研究报告》指出：跨境电商人才存在严重缺口。在此背景下，培养掌握国际贸易和电子商务知识的复合型人才是非常必要的。其中 82%的企业希望大学增设实践性比较强的课，企业实际上并不缺纯技术型人才，企业也不缺高级的管理人才，大量缺少的是具备从事业务的综合能力的人才。

因此，虽然本专业的学生英语能力较好，掌握一定的国际贸易实务知识，能满足企业的一些要求，但单一的专业可能无法满足企业对人才的需求，我们要培养复合型人才，就要融合国际贸易专业、电子商务专业的课程。

四、基于产教融合的跨境电商课程开发

为实现跨境电商人才产教融合培养，可从课程体系、教学方式、教学实施、考核评价和师资建设五方面进行课程开发。

（一）课程体系

在课程体系设置方面，虽然学生学习了国际运输与保险、国际结算、海关实务等专业课程，但以往是每门课程单独授课，在跨境电商实务授课时，学生往往忘记了已学知识。建议加强课程间的前后衔接，增加知识回放内容，加深学生的认知程度。

同时，增加跨物流配送与供应链管理、市场营销和商务沟通等课程内容，除了国贸专业教师，由于涉及电子商务专业、市场营销专业，需要不同的教师联合授课。

另外，由于跨境交易涵盖了日常涉外交际和业务活动、网站推广、网络营销、跨境平台操作、跨境客服等工作，这就要求具备良好的英语口语及书写能力以及跨文化沟通能力。

（二）教学方式

利用“线上线下混合式教学”“项目教学”“模块教学”等多种教学法，使学生在校期间可以获得较为综合的知识、技能和较强的学习创新能力。

另外，需要拓展实践实训实操平台，提升学生解决问题的跨境电商实战能力。同时，以实践基地和学院创新创业企业为载体，引入企业真实跨境电商运营项目或是指导学生参与基于跨境电商行业的创新创业项目，实现学习与就业岗位的无缝对接。

（三）教学实施

从事跨境电商工作，学生需要掌握跨境店铺注册操作，跨境物流与海外仓操作，海外市场调研操作，商品选择和产品信息化操作，跨境产品定价，刊登和发布操作，跨境店铺优化及推广操作，订单处理、发货、出境报检报关操作，收款、售后服务及客户维护操作等内容。

首先，借助多媒体等教学设备讲述课程重点和难点。其次，教师提供案例或资料供学生分析实践，根据需要，学生组成学习小组自学课程内容或进行案例分析，并汇报研究成果。最后是学生实践课程，要求学生学会制作基本网站并能完成模拟跨境电商交易。

除了常规授课、网络学堂等方式，组织学生参加“大学生跨境电商创新创业大赛”“启明星”等竞赛，培养以学生实战模式进行跨境电商业务，实习融教学于企业的目标教学。

（四）考核评价

为培养复合型跨境电商人才，应该实行多元化、个性化、真实化和企业化的形成性和终结性考核相结合的考核方式，引入不同教师和企业导师共同考核的考核制度。

除了常规考核方式，要增加企业真实项目或是模拟情景的考核内容，注重对学生沟通能力、团队协作能力、信息处理能力、学习能力、问题解决能力等软实力的考核。

（五）师资建设

跨境电商发展时间短，没有成熟的教学模式和教学经验可供借鉴，这就要求教师应先深入企业了解跨境电商流程并进行一定实践。可在教学活动中引入企业技术或管理人员，他们以兼职教师或讲座的形式为学生传授知识、强化技能。

由于跨境电商行业跨界、跨领域和跨学科，这就需要组建“跨学科、开放式”的教学队伍。同时，要加强校企合作，共同建设课程资源、共同组建双师团队、共同建设实践基地、共同推进就业。

另外，还需要电子商务、国际贸易和英语专业的教师共同授课，需要不同专业和教务处协同办公。

参考文献

［1］何林静. 产教融合下跨境电商实用型人才培养模式探析［J］. 现代商贸工业，2017（12）：77–78.

［2］吴思乐. 跨境电商背景下深度产教融合的省略式探讨——以高职涉外经贸类专业为例［J］. 南通职业大学学报，2016（12）：27–32.

［3］吴铁群. 2015 年国际商务跨境电商方向专业调研分析报告［J］. 科教导刊，2016（5）：189–190.

［4］中国电子商务研究中心. 中国跨境电商人才研究报告［R］. 2015.

［5］陈年友. 产教融合的内涵与实现途径［J］. 中国高校科技，2014（8）：40–42.

［6］杜艳红. 基于产教融合的高职跨境电商专业课程体系的构建［J］. 牡丹江大学学报，2016（12）：151–154.

［7］杨善江. 产教融合：产业深度转型下现代职业教育发展的必由之路［J］. 教育与职业，2014（11）：8–10.

探析应用型商学院国际贸易专业实践课程的设置

李宝柱①

摘　要：商学院是以培养实践型、应用型人才为主要目标的，国际贸易又是操作技能很强的应用型学科，与生俱来地具备应用型的特点。培养应用型人才的高等院校，应该本着“基础理论适度、专业知识牢固、应用能力突出”的理念，加大并强化实践教学力度。

关键词：国际贸易；实践教学

一、实践教学在国际贸易专业培养中的重要性

（一）国际贸易专业的发展现状决定了实践教学的重要性

目前，多数高等院校（以下简称“高校”）已经意识到了实践教学的重要性，从专业培养方案到教学计划的制订，都纷纷向实践教学倾斜。但是，许多高校国际经济与贸易专业的课程设置仍然过多地沿袭了旧的做法，重理论、轻实务，课程设置的调整还很不到位，没有突出实践教学的地位，实践教学环节课时在整个教学课时中所占比例过低。有的高校即使在教学计划中明确规定了实践教学环节，但在具体的执行过程中也没有严格的质量监控体系和检查标准。

① 李宝柱（1974—），男，硕士，北京联合大学商务学院国际商务系讲师，研究方向为国际贸易实务。

（二）培养目标决定了实践教学的重要性

高校是以培养实践型、应用型人才为主要目标的，国际贸易又是操作技能很强的应用型学科，与生俱来地具备应用型的特点。本专业的学生除了要掌握国际经济和国际贸易方面的基本理论以外，更要具备很强的实践操作能力。国际贸易专业培养的学生应在系统掌握经济学基本原理和国际贸易的基本理论、熟悉通行的国际贸易规则和惯例以及中国对外贸易政策法规的基础上，掌握国际贸易实务的基本知识和基本技能，具备熟练进行国际贸易业务的能力，成为基础扎实、知识面广、实践能力和创新能力强，能在涉外的经济贸易部门、企业及政府机构从事实际业务及管理工作的应用型国际经贸高级人才。而要达到这一培养目标，仅有理论教学是不够的，因为培养学生专业能力最有效的途径是教学、研究与关注真实世界问题的结合。

（三）社会的需求决定了实践教学的重要性

随着中国经济的发展和高等教育进入大众化阶段，社会产生了对人才的多层次需求。它不仅需要高层次的具有领导才能的精英群体，也需要具有创新意识和创新能力的一线高素质员工。

二、商学院国际贸易专业的实践教学内容设置

实践教学环节是培养应用型人才的根本途径，是学生理解、消化课堂知识的重要过程，为学生创造了广阔开放的空间、身临其境的感触和发展变化的社会经济背景，能有效激发学生的自主创新活力。

（一）建立平台模拟训练与电子商务相结合的应用实践课程

在电子商务环境下，国际贸易企业已经转变思路，大胆地对传统的贸易方式进行了创新，学校要充分利用电子商务带来的贸易新特点，在综合业务实训模拟部分加大电子商务环节的应用力度，提高学生的综合业务水平。

（二）建立成体系的案例教学课程

国际贸易案例要成体系，不能停留在简单的案例陈述和讨论上，要结合业务从开始到结束及反馈的整个过程加以分析，国际贸易的案例要追求案例“全”，而不是追求案例“多”。

（三）专业讲座有的放矢

请有实践经验的企业专家为学生讲授工作实例、常见问题以及新动态、新趋势等，增加学生的间接经验。专业讲座的目的是让学生增加专业兴趣，了解行业的发展，尤其是新趋势，所以对专业讲座的题目要严格把关，做到有的放矢。

（四）有前期调研准备的社会实践

假期社会实践能够培养学生的社会适应能力和职业道德。避免走过场，实践前要有调研报告，有准备，实践后要有感受，有心得。

（五）专业实习进行全程总结

安排学生到商贸流通领域进行专业实践，从而让学生了解商贸活动的一般规则和基本要求，参与进出口业务流程及各部门之间的沟通，并了解行业人才的素质要求。

（六）毕业论文与专业实践适当结合

毕业论文是锻炼学生全方位能力的一个途径，也是检验学生综合素质的途径。把毕业论文与专业实践相结合，能够使学生在实践的基础上全方位提高自己的专业能力和社会的应用能力。

三、国际贸易专业实践性教学环节存在的问题

（一）普遍重科研、轻实践

在校内实践教学条件方面基本能满足教学要求，例如建立实验室、实训室，购买适合国际贸易专业的教学软件、硬件，以及配套的教学设备等。但对教师的

实践教学没有足够地重视起来。近年来，随着我国高等教育事业的快速发展，师资队伍的质量与结构确实有所优化，学历结构与科研能力迅速提升，对国内外的理论进修力度很大 ，但实践类教学课程的师资不足，没有实践方面的教学进修政策。从实践教学方面考虑，国际贸易专业的教师必须有扎实的理论功底，同时还要有娴熟的业务经验，较强的外语说听能力，能理论联系实际地将知识与业务能力传授给学生。教科书上的有些内容在文意上空洞艰涩，但只要有实践经历，通过简单的解释就能让学生理解和掌握。

（二）重校内、轻校外，校外实践性教学环节上的投入远远不够

要使国际贸易专业的学生应用能力突出，就必须建立健全良好的校外实训、实习基地。这类基地既要能配合教学需要安排生产作业周期、配备经验丰富的职业人士传授和指导实践操作，又要能完成企业的工作任务和经营运作。学生到公司实习，对公司正常的生产经营活动形成一定的冲击，因而有些公司不愿意接受学生实习。同时，对学生实习的管理需要严密的制度安排，需要学校、指导老师和企业的潜心合作。往往因为管理的缺失，实践教学环节得不到较好的效果，甚至有些内容根本无法落实。

以通常教学安排来说，大学一年级要组织学生到相关外贸企业参观学习，使学生对国际经贸活动建立基本认识，为专业课学习做好铺垫。而进出口业务涉及商品生产、包装、运输、保险、商检、报关、制单结汇等多个环节，这一过程不可能由一次参观而达到深入、全面的效果，也不可能给学生带来深刻影响。

实习阶段是国际贸易专业实践性教学最为关键的阶段。外贸企业除了前面分析的不太欢迎学生实习的一般原因以外，还有其特殊原因：首先，在洽谈签约环节，贸易谈判及营销策略涉及进出口双方的商业机密，而且在谈判中也需要营造特殊的谈判氛围，一般不会让实习生亲临其境，当然谈不上实习效果。其次，进出口业务涉及时间较长，实习单位很难有一单完整的交易过程让学生观其首尾。最后，进出口贸易涉及很多部门，业务工作量大面广，所需的人力、物力较多，

实习过程的组织颇费周章，如果安排不好，费时费力还不见效果。因此，大多数情况下，实习生到实习单位后，也只能感受一下外贸企业的工作氛围，要想达到真正提升学生实践能力的效果比较困难。

四、对实践性教学环节的改革建议

（一）加大实践教师队伍的培养力度

为了保证实践教学效果，配备一支高水平的指导实践教学的师资队伍是必不可少的。从事实践教学的指导教师不仅要有丰富的课堂教学知识和经验，更要具备丰富的实践教学能力和经验。要使教师达到相应的要求，需要不断对专业教师进行培训。首先，引导教师树立“基础理论适度、专业知识牢固、应用能力突出”的培养应用型人才的教育理念；其次，通过培训使教师改进教学能力和方法；最后，通过进修学习和到企业实践学习，提高教师自身的实践能力。与企业共建师资队伍是实践教学势在必行的选择。所谓共建，就是在校内教师“走出去”的同时，还可以以“请进来”的方式聘请既懂理论又有实际操作能力的国际经济与贸易业界人员做教师，可以在实训实习阶段请他们授课，也可以不定期请他们来校面向师生进行业务专题讲座。

（二）对校内实验资源加大投入，开设特色实践环节课程群

国际经济与贸易专业在开设实践课程时，应充分考虑学校学科优势及特点，开设相应特色的实践教学环节。考虑到电子商务作为一种全新的商业运作模式，已经成为当今国际商务往来的主流，国际经济与贸易课程中的实践教学完全可以和电子商务课程整合，让学生在校期间掌握国际电子商务的常见处理方式及运作手段。在软件环境建设方面，配备外贸实习平台、国际贸易实务教学软件、外贸单证模拟软件、国际贸易全景仿真系统软件、电子商务实验软件、信息管理系统软件等形成软件平台和知识连锁，创造一个完全仿真的国际经贸环境，让学生掌握进出口业务在电子商务环境下的操作技能，增强涉外商务实践能力。

（三）建立稳定的校外实训、实习场所

稳定的实训、实习基地是实践性教学环节顺利进行的基本保证。学校应当与从事进出口业务的企业建立长期、固定的实训实习基地，与基地签订学生实习合同，落实学生实践环节的实训安排，并保持密切的沟通联络。实习结束以后，由实习基地对学生的综合表现做出鉴定。这样紧密合作的方式，便于高校和企业的及时沟通和调整教学内容、改革教学手段，可以保证学校对学生实习过程的跟踪了解。

（四）重视社会实践

伴随着现代社会发展的多样化、网络化、信息化，国际贸易专业人才还必须具备社会适应能力，如独立、协作、交往、自学等一系列关键能力。参加广泛的社会实践有助于锻炼和提升个人综合能力。社会实践的内容很广泛，可以是社会调查、生产劳动、志愿服务、公益活动、科技发明和勤工助学，也可以是与专业有关的走访调查、社会调研活动。社会实践活动加强了理论教学与社会实践的有效结合，推进了学生创业创新能力及综合素质的培养，对国际贸易专业学生开阔视野、增长见识、提升综合素质等大有裨益。

参 考 文 献

［1］李双. 基于电子商务环境下的国际贸易创新研究［J］. 现代经济信息，2014（2）：93–94.

［2］鞠佳，赵瑾璐，秦彬煊，等. 电子商务视角下的国际贸易方式创新研究［J］. 中国商论，2011（19）：86-87.

“以生为本”经管类地方高校教学水平改进的措施

徐　枫①

摘　要：科学发展观的第一要义是以人为本。据此内涵，以教育教学理论为基础，以管理学为方法，以促进我校专业课教学质量持续改进为目的，从课程与学生两个层面、从课程内容的差异性视角、从理论与实践两方面系统地研究“以生为本”专业课教学改进的方法。基于不同专业课类型的划分，确立不同的教学方法，以新课标理念实现“以生为本”的教学水平改进。

关键词：以生为本；专业课；改进措施；应对方法

一、“以生为本”的内涵及文献综述

（一）人本哲学的解读

“以生为本”的理念，是基于“以人为本”的哲学思想在教学研究中的引喻。人本哲学源自19世纪，德国唯物主义哲学家费尔巴哈（Feuerbach）最早提出“以人为本”。核心思想体现为，对人在社会历史发展中的主体作用与地位的肯定，强调人在社会历史发展中的主体作用与目的地位。“以人为本”的思想观是一种价值取向，强调尊重人、解放人、依靠人和为了人；也是一种思维方式，喻指在分析

① 徐枫（1973—），女，副教授，博士，北京联合大学国际商务系教师，研究方向为国际服务贸易。

和解决一切问题时，既要坚持历史的尺度，又要坚持人的尺度。基于人本哲学的内涵，所谓“以生为本”的教学理念可以解读为，在教学过程中要以学生为教学工作的出发点和中心，围绕着激发和调动学生的积极性、主动性，创造性地展开教学工作。强调对人性的理解，树立以学生为中心的管理理念，以实现学生的全面发展为教学目标。

（二）相关文献综述

国外对“以生为本”的教学理念及教学策略有较早的重视。1952 年在哈佛大学教学研讨会上，著名心理学家卡尔・罗杰斯首次提出“以学生为中心”的观点，提出课堂教学如何影响人的行为。由此，以“教师为中心”向“以学生为中心”的教育观转变在教育领域引发了巨大的冲击。1998 年，联合国教科文组织在世界教育大会上通过了大会宣言——《21 世纪的高等教育：展望与行动》以及《高等教育改革与发展的优先行动框架》，要求各国高等教育的领导者把“满足学生及其需求作为关心的重点，把学生当作教育改革主要的、中坚的参与者”。基于此，各国高等教育教学改革中，学生的主体地位得到更多的认可与关注。

国内学者对“以生为本”的教学理念及教学策略的研究主要集中在两个方面：一是对国外“以生为本”教育理念的研究与实践。如王雪（2015）研究了“以生为本”新课标理念下的教学策略；王锐鹏（2013）认为，践行“以生为本”的教育理念，可以实现快乐教学的合谐发展观；刘娥英（2015）提出了“以生为本”改革高校教学、推进创新教育，并研究了“以生为本”的高校教学管理理念实施路径。二是针对自己学校实际情况的实证研究。如赵亚平（2012）的《普通高校专业教师执教能力及建设研究》，就是依据人才培养的规律，针对北京联合大学经济学的教学实践展开研究。

综上所述，“以生为本”主要针对的是课堂教学对学生的控制机制，由“以教师主导”转变为“以学生为本”，强调把学生放在教学改革的核心位置上，重视学生的基本需求，注重对学生的开发，强调学生学习潜能与思考能力的发挥。其根本用意在于，转变教学理念，将传统的以教学内容为主和“教师为本”转为“以学生为本”。具体体现为分析生源的特点、学习状态，根据学生的听课需求设计教学方法，实现供需匹配，持续改进。

当前，科学发展观的第一要义是以人为本，以北京联合大学为例，《北京联合大学关于实施教学品质提升计划的意见》表明：课程体系建设优化、教学效能提升，与课堂教学紧密相关。而课堂教学质量的改进与提升，需要“以生为本”，建立科学的激励与约束机制，完善课程的管理与服务机制。专业课教学质量的改进是一个持续性强的系统工程，不仅需要教师执教能力的提升，更需要“以生为本”。课堂教学应符合学生的性格特点与需求特征，根据生源的特点，结合专业课自身的课程性质，持续改进授课方法。要实现教学供给与听课需求的供需匹配，师生相互沟通，努力促进课堂教学的持续改进与教学水平的持续提升。笔者所属的北京联合大学商务学院正在致力于通过 AACSB 国际认证。学校一直在进行以 AoL 课程检测为核心的专业课持续改进，长期关注课堂教学效果的提升。笔者所在的国际经济与贸易专业 90%的专业课为 AoL 检测课程。教学团队一直努力并持续改进本专业的课堂教学。针对学生与课程的变化，本专业 2013 版大纲、2015 版大纲都进行了认真修订。在新版大纲中，师生参与课堂互动的形式均得到重视并予以制度化的认定，如提高学生的电子课件（PPT）占平时成绩的比例等。教学实践中持续改进“以生为本”的教学方法。笔者基于课堂教学经验积累，确定了本研究选题，也体现了研究的实际意义与价值。

二、地方高校的生源与课堂现状

（一）受众群体生源现状

地方高校的生源特点较为鲜明。普遍突出的特征是，纳入地方类高校的生源普遍集中在相同或相近的分数段。目前，高校的地位与排名划分了各自所属的等级，相比时下流行的“211”“985”类“高大上”的高等院校，地方高校的排名较为落后。因此，高考之后，经过整齐划一的层层筛选、淘汰，较为优质的生源大部分被排名在先的院校录取。地方院校所接纳的学生，具有较为同质性的特征，例如，学生普遍自制力较弱、学习兴趣较低，学生的学习普遍处于模糊层面，对未来的职业生涯缺乏明确的设想以及主动的规划。绝大部分学生的学习心态局限于“混学分”，以保证能够顺利毕业，学习目标较为单一，心理需求较低。地方高校的教学面临着严峻的挑战。

（二）专业课课堂现状

1. 课堂教学面临“空心化”的窘境

在各个专业课的教室中，学生普遍的行为表现是，主动空出座位的前五排，集体后移。从教室的空间上，刻意拉远与讲台的距离，与老师远距离对望。目前，一般高校专业课程的评价体系是，专业课的成绩通常由两部分构成，即平常成绩与最终的考试成绩，二者的比例四六开（40%和 60%）或五五开（50%和 50%）。鉴于考核指标的刚性化，课堂的日常出勤率在平时成绩中占比的重要性极为突出。因此，在这种量化的考核体系中，学生上课必须准时来，被动存在于课堂上，人在心不在的状态凸显。这种课堂现象成为普遍的态势。

2. 课堂教学面对“沉寂化”的群体

互联网与手机的普及，翻转了传统的课堂模式。相比以往课堂的状态是，学生大声说话，课堂秩序混乱。在相对有限的授课时间内，教师一方面要保证正常的教学进度、讲授教学内容，另一方面，还要维系课堂的听课纪律。互联网的时代，课堂纪律呈现出颠覆性的反转。主要表现为，学生由喧哗转为安静。但这种安静的状态并非是为教学内容所吸引，而是专心玩手机、看资讯。整体上，专业课的教学呈现出“沉寂化”的课堂现状。

3. 教学内容直面“淘汰化”的危机

在信息技术突飞猛进的时代，新的经济现象、新的经济理论层出不穷。而专业领域所依赖的教科书，由于编制时效、印刷时效以及出版周期、修订周期等多种因素，体现出较多的弊端。一方面，内容做不到及时更新，使授课内容显得陈旧；另一方面，难以激发学生的学习兴趣。这些使得传统的专业课课堂上的受众群体忽略专业课，专业无用论的思想普遍存在。加之，目前慕课的普及，学生可以从网络资源上轻松获取专业课的模拟课堂内容，因此，教师的现场教学，面临无人听的“淘汰化”危机。

三、影响课堂教学的因素解析

（一）环境归因

当前正处于“互联网+”的时代，新的资讯如潮水并行，带来了信息量的庞杂与快捷。科技进步带来了生活的丰富性与便捷性，但同时也成为课堂的隐形对手。网络的存在使人们的生活变得更为有趣。但手机的干扰，已成为课堂教学所面临的最大阻碍。相比单调的专业课课堂教学，丰富性、趣味性极高的互联网，在与课堂教学的较量中，得到了完全的胜利，控制了学生的思想、时间以及心理。上课低头玩手机的现象普遍存在。这种课堂现象直接增加了教师的无力感、无奈感，而且难以找到合适的解决措施。

（二）情绪归因

情绪归因主要指两个层面的因素：一是学生的年龄原因。这是较为复杂的心理现象。青春期的学生对老师、家长的说教逆反，缺乏认同感。这是年轻的大学生普遍的心理状态，也是跨入高校的青春期大学生正常存在的心理现象。二是认知原因。社会宣传的知识无用论、专业无用论，导致学生对专业课教学普遍是被动性接受，心理上消极抵抗，不知学为何用。虽然大学生在生理年龄上已归属于成年人（年满 18 周岁），但其心智并不健全，相对辨别能力较弱，较容易被负面的情绪所引导，形成学习无用论的定性化心理。这种复杂的心理因素，增加了专业课教学的接受难度。

（三）社会归因

目前，对于经管类专业的解读版本迥异。大部分人对此的理解仅限于浅尝辄止的层面。对专业课的解读较为单薄，完全是主观层面的解释。加之社会对高校专业排名的误导，致使学生对专业课的理解较为偏执。以国际经济与贸易专业为例，通常情况下，在大二专业分流时，学生会首选金融、财务管理以及会计类专业。国贸专业成为学分落后学生的被动选择。在此前提下，被动进入专业课学习的学生，心理层面上很难愉快地接受国贸专业课的教学内容。

四、“以生为本”经管类专业课改进的措施——以国际贸易专业为例

（一）国际贸易专业课的划分

按照本专业的性质及各个专业课的重要性划分，目前国际贸易专业课可分为三大类：一是专业基础课；二是专业必修课；三是专业选修课。专业基础课是指同专业知识、技能直接联系的基础课程，它包括专业理论基础课和专业技术基础课，如经管类专业的经济学原理。专业必修课，是指本专业必须学习掌握的课程。此类课程是保证培养专门人才的根本，如国际贸易专业的国际贸易理论。专业必修课是专业的核心课，属于主干课程类。专业主干课是必修课程，要求必须全部修满。专业选修课，又称为专业限选课，是指与专业相关的一类选修课的统称。选修课的教学内容归属于专业相关或相近的领域。在选课的时候，通常是按学生自己的主观意愿进行选择性修习，不同于基础的、全专业学生一起学的必修课。专业选修课是本专业的学生根据自己的需要及受教育程序的限制，有选择地学习的课程。但这种选择是有限制的，只能在专业计划规定的课程内选择。专业选修课是在众多专业选修课里选择性地修学分，学分够了就可以。在现实的教学过程中，有的学校专业选修课已经是学校给选好并予以限定，学生的选择缺乏弹性，只能被动接受。对于国际贸易专业而言，国际服务贸易等相关课程就属于较为常见的选修类课程。

（二）“以生为本”促进专业课改进的措施

基于“以生为本”的教学理念，根据经管类课堂的现状以及学生生源的特点、学生课堂表现的现状，对不同类别的专业课教学应实施差异化的方法，促进专业课教学的改进。具体指导思路如表 1 所示。

表 1　　"以生为本"专业课教学改进的指导思路

序号	专业课种类	"以生为本"的改进理念	改进措施	改进目标
1	专业基础课	针对学生课堂"空心化"的听课现状，唤起学生的紧张感，主动重视、积极学习	以强化为主，实施"教+学+考"并行的方法	培养学生的专业思维，打好本专业的理论基础
2	专业必修课	针对学生课堂"沉寂化"的听课现状，引发学生的头脑风暴，唤起学生思考与讨论的乐趣	以"新"绑热点，实施"教"与"思"互动的方法	激发学生的价值感以及课堂参与感。培养学生的主动思考能力
3	专业选修课	针对学生对于专业选修课 "混学分"的心态，紧密关注大学生科研项目的选题，鼓励学生利用选修课堂发现兴趣点，促使学生将课堂知识主动与大学生"启明星"或"挑战杯"项目结合	以"博"引发学生的关注，构建跨院系选课平台，实施小班精品授课	培养学生的成就感，丰富专业课的知识领域

基于表 1 中所述，具体改进的措施如下。

1. 专业基础课

由于专业基础课涉及专业的基础理论与基础技能，因此，需要打好扎实的专业基础。对此，需要转变传统的填鸭式教学方法，强化教学方法，实施"教+学+考"并行，以应对学生课堂"空心化"听课现状。如课堂教学、作业、考试等多元化的教学方法并行，除本专业的期末考试外，应与课堂小考相配合，增加测试的频率，尤其是对于课堂讲授的即时内容，应当堂随考。这种做法改进的目的是：一方面强化学生的记忆，夯实专业基础；另一方面端正学生对待专业基础课的学习态度，使听课状态由闲散变为紧张，强化专业基础课传输知识的渗透过程。

2. 专业必修课

专业必修课为本专业的核心，是需要掌握的专业必要技能。在教学方法上，应以"新"应对学生不感兴趣以及课堂"沉寂化"的学习状态。这种"新"体现在教学内容上，应紧密绑定热点，即学科的最新动态。同时，用多样化的教学方法，唤起学生的学习兴趣、关注热度。如设定热点主题，进行论坛讨论，鼓励学生网络学堂跟帖，进行讨论互动，启发学生多元化的思考意识，培养学生的思考能力，唤起学生思考的兴趣以及讨论带来的学习乐趣。对于学生关注的热点，还可以用小组 PPT 的讲授方法，形成专题讨论，进行师生角色互换，促使学生由被动参与课堂、强化参与转变为积极主动参与。在此过程中，教师应注重情感式教学方法，使师生融洽相处，弱化说教式教学的硬性传授以及批评式教学的简单粗暴模式，采取生动式教学方法，使师生处在平等交流思想的角度，实现和谐课堂的相处模式，成为思想交流的朋友。还可以拓展专业课堂之外的接触与交流，真正成为传道、授业、解惑的良师益友。最终，形成和谐、友好的相处模式，增强学生对学校的归属感，提升学生对老师的信赖感，达到在良好的氛围中学习、在快乐的状态中学习、在认同中学习、在接受中学习的情绪状态。

3. 专业选修课

针对学生“凑学分”“混绩点”的学习现状，一方面，应以专业知识的博大丰富引起学生关注，引发学生自主学习、求知探知的兴趣。这需要转变专业选修课程单调、可选择性少的现状，增加专业选修课的种类，扩充与本专业有关的交叉学科领域。可以设立跨院系的选修课平台，进行学分的认定，增加学生选择的多样化。另一方面，以学习的成就感和荣誉感，激发学生的学习积极性。可以增加专业选修课的选课弹性，利用选课平台，鼓励学生根据自己的兴趣选修课程，并引导学生利用选修课平台关注专业热点，为大学生科研立项准备题目。例如，鼓励学生积极参与经管类大学生的启明星、挑战杯以及全国商业精英比赛等大学生科研计划，实现学生参赛的荣誉感、满足感。此外，选修课的开设内容，除与专业相关的学科之外，还可以与大学生职业规划、专业领域的考证紧密相连，实施小班精品授课，体现出专业课与学生职业选择的共享性与价值性，以此改变选修课课堂种类有限、选择有限的状态，形成对本专业领域的知识拓展与有效补充。由此，用多样化的渠道，激发学生的专业兴趣以及对专业课内容的关注度。

综上，作为专业课的受众群体，“以生为本”的教学方法改进过程中，可以通过多种方式体现出学生受益，如：提升学生对专业课教学的满意度（可量化测评）、改善学习效果；提高学生专业课的学习成绩（可量化对比）；提高学生对大学生科研立项的参与度等（可量化对比）。

五、结语

“以生为本”新课标理念，是将教学研究与北京联合大学教学实践紧密结合，以专业课教学作为具体研究对象，以解决本校实际工作需要为目的，并以此提出对学校专业课教学持续改进的具体措施。

参考文献

[1] 刘娥英. 以生为本的高校教学管理理念实施路径研究[J]. 企业家天地（理论版），2010（6）：127–128.

[2] 杜雁.“以生为本”教学设计理念的应用——对信息化教学设计的体会[J]. 福建电脑，2015（1）：136–137.

[3] 王锐鹏. 以生为本，快乐教学——我的教育理念与实践 [J]. 基础教育研究，2013（9）：17–18.

[4] 王光华. 当代大学“以生为本”教学理念探析 [J]. 现代交际，2012（1）：1.

[5] 易帆. 以生为本理念下学生参与高校教育教学管理工作的研究 [D]. 长沙：湖南农业大学，2014.

下篇 学生篇

民俗旅游促美丽乡村建设：都安县经验

蓝　熙[①]　陈成冉[①]　崔　雯[①]

摘　要：广西都安县的民俗旅游有力地促进了当地经济的发展和美丽乡村建设。本研究基于都安经验，构建了民俗旅游促进美丽乡村建设的六个有效路径，即调整产业结构、增加居民收入、改善基础设施、提升环保意识、改良居住环境和认同家乡发展，形成“都安经验”；通过调查问卷和与官方沟通取得研究所需数据，采用描述统计、假设检验、相关分析和回归分析等方法分析数据，深入地探讨每个路径对都安县美丽乡村建设的促进作用，为我国其他地区的美丽乡村建设提供路径参考。

关键词：民俗旅游；美丽乡村；都安经验

一、引言

（一）研究背景

我国早在 2005 年党的十六届五中全会上就提出了新农村的概念，2013 年 7 月，习近平总书记又提出了“实现城乡一体化，建设美丽乡村”的新构想。美丽乡村是我国在总体上以工促农、以城带乡的新阶段所面临的崭新课题，是时代发

① 蓝熙，女，北京联合大学国际经济与贸易专业 2015 届毕业生；陈成冉，男，崔雯，女，北京联合大学国际经济与贸易专业 2016 届毕业生。本文获第十四届“挑战杯”全国大学生课外学术科技作品竞赛二等奖，指导教师：郑春芳教授，王述珍副教授。

展和构建和谐社会的必然要求。民俗旅游是农业生产与旅游活动以及民俗文化的有机结合，是实现美丽乡村的重要途径。民俗旅游的发展，拓宽了居民的收入渠道，增加了资本积累和就业机会；调整了乡村产业结构，推动了生态保护进程；有利于维护社会稳定，增添居民幸福感。

近年来，我国地区间发展不平衡的问题日益突出，东西部发展差距巨大，农村与城市发展悬殊。偏远地区贫困县要想提高群众生活水平，更是受自然环境、资金保障、文化水平等诸多因素的制约。借国家社会主义美丽乡村建设的春风，有效利用政府的相关扶持政策，积极挖掘和发展自身优势资源，是促进贫困县经济发展的大好机遇。偏远地区响应美丽乡村建设的号召，有利于国家统筹城乡发展，建设社会主义和谐社会，加快实现中国梦。

（二）研究对象

本文的研究对象为广西壮族自治区河池市的都安瑶族自治县（以下简称“都安县”），地处云贵高原向广西盆地过渡的斜坡上，属老、少、边、穷、山地区，是全国扶贫开发重点县。全县面积 4 088 平方千米，辖 6 个镇 13 个乡，村民（社区）委员会 248 个。2013 年都安户籍人口 69.11 万，其中农业人口 64.86 万，瑶族人口约占全县人口的 22%。2013 年全县农民人均纯收入仅为全区平均水平的 67.8%。

近年来，都安瑶族自治县积极响应国家关于美丽乡村以及广西壮族自治区建设“美丽广西、生态乡村”的号召，全面加快推进旅游建设，提出“一心、一轴、一带，三大旅游区，四大旅游产品”的整体规划思路，加快旅游项目及基础设施的建设，逐步形成了“潜暗河，观天窗，走湿地，漂河流，逛瑶山，品红酒”的旅游新格局，全县民俗旅游产业发展迅猛。都安县逐步明确将旅游业作为战略性支柱产业地位，综合红水河、天窗、湿地等独特自然资源来进行发展定位。在新一批旅游发展规划的指导下，2014 年成功引资 5.66 亿元，共建设旅游项目 21 个。促进了当地旅游服务设施体系的改良，通过加大对外宣传力度扩大了知名度及影响力，打响了“世界天窗之都，洞穴潜水天堂”的旅游品牌。

（三）研究意义

1. 实践意义

民俗旅游与美丽乡村研究有如下几点意义：首先，可用来解决城乡发展不平衡问题，有助于解决“三农”问题，是转变农业发展方式的必然要求；其次，研究结论可提供如何利用民俗旅游推动老少边贫地区经济发展的有效途径；最后，量化分析当地居民对美丽乡村的满意度能够提供更有力、更直观的支撑，并在都安县成功经历的基础上提炼出“都安经验”进而推广到全省甚至全国，这对偏远地区、少数民族地区和贫困县都有极大的借鉴意义。

2. 学术意义

从学术的角度来看，目前大多数研究围绕着新农村与乡村旅游的相互作用展开，而针对民俗旅游对美丽乡村作用的研究几乎处于空白。新农村与美丽乡村本质相同却又存在差异，前者更注重国内生产总值（GDP）等硬性指标，后者则更富有文化内涵。关于新农村建设的研究起源于2006年，在2007年达到高潮，2011年起开始呈现下降趋势。

（1）乡村旅游模式的研究。罗明义（2006）和王世金（2006）分别研究了乡村旅游的类型及其对美丽乡村的益处，认为乡村旅游可归为景区带动、乡村组织、公司加农户、产业依托和综合开发五种模式。梁晶（2015）则将乡村旅游归纳为观光型、生态型、示范型、民俗型、建筑型和文化型等六类。叶青和陈齐（2014）则提出乡村旅游的四种模式，即旅游开发、生态环保、历史传承和近期宜居模式。

（2）乡村旅游积极作用的研究。王世金和白永平（2006）的研究表明，乡村旅游具有乡村人文景观丰富、地域景观多样、旅游形式便于体验、活动内容集中、成本低但收益高的特点，乡村旅游拉长了农产品的增值链，有助于吸引城市资源，缩小差距；农民的观念得到更新，素质得到提高，有利于根本性地解决“三农”问题。邵琪伟（2007）和王素琴（2007）认为，乡村旅游可促使当地农业进行产业化经营，带动生产发展，提高经济收入，提升人员素质，推动环境保护和经济可持续发展，促进民主管理。刘玄启、韦家朝和唐小翠（2007）指出，乡村旅游可有效解决少数民族地区新农村建设的困境，包括生产水平较低、生活贫困、与现代文明有差距、基础设施滞后、民主管理不完善等。蔡娟（2013）和梁晶（2015）指出，乡村旅游一方面可拓宽收入渠道，促进农村经济结构优化和调整，吸收农业剩余劳动力并增加资本积累和就业机会；另一方面可促进社会稳定，提高农民素质，提升居民幸福指数。罗薇丽（2014）认为，乡村旅游还有助于实现城乡一体化，促进物质基础和精神文明建设以及增添新型人才。李明德（2014）指出乡村旅游是城乡互动和突破“三农”困境的有效方式。李庆雷、马继刚和杨帆（2007）从生产发展、生活宽裕、村容整洁、乡风文明和民主管理方面综合概括了以上积极作用。

（3）乡村旅游与美丽乡村相互作用的研究。李文峰和姜佳（2014）指出，美丽乡村为乡村旅游提供了静态的旅游发展平台，乡村旅游则为美丽乡村带来了动态的经济发展载体。王勇和侯冬梅（2015）研究表明，乡村旅游对新农村的驱动包括：吸收剩余劳动力，调整产业结构，带动农业发展；增加农民收入，提高生活水平；内需驱动改造，提升基础环境，保护生态环境；示范效应显著，提高文明程度，保护民俗文化。新农村建设又带来了基础设施建设和配套支持要素的提升，从而进一步促进乡村旅游的发展，形成良性循环。基于相关性的分析，王素琴（2007）提出了乡村旅游与新农村建设的互动模型，即资源吸引力、政府推动、市场拉动等要素共同决定了乡村旅游的发展。

（4）推进美丽乡村建设途径的研究。方月仙（2013）归纳了六种途径：定位准确，提升整体水平；合理布局，实行规模化发展；挖掘内涵，实现特色化发展；创新机制，力求多元化发展；优化管理，推行规范化发展；强化服务，推动有序化发展。潘顺安、张艾和张伟强（2012）则认为，应当从保留民居建筑风格、建立联合开发企业、培养和引进专业人才，以及研发富含当地特色的旅游产品等四方面着手。郭刚志（2012）提出了政府主导、企业主导和集体组织牵头三种模式。卢宏（2013）指出，要构建乡村旅游与新农村的协调发展模型，需涵盖旅游资源吸引力、旅游市场拉动力、相关技术政策支撑、社区居民推动力和协调发展目标共五个子系统。张明（2012）从系统论的角度出发构建了较为完善的乡村旅游发展三级系统和新农村建设三级系统。唐昭坤（2013）指出要保持原生态，突出农民主体地位。吴理财和吴孔凡（2014）提出重点在于着力于创新机制，激活内在活力，鼓励群众参与，不断提升内涵。叶继平、徐金龙（2014）认为，民俗文化资源是建设新农村文化的首要内容。

此外，有些学者还研究了乡村旅游存在的弊端，如罗薇丽（2014）、王勇和侯冬梅（2015）指出，目前我国乡村旅游存在资金匮乏、观念落后、缺乏劳动力、形象不突出、知名度较小和可持续性不强的弊病。唐昭坤（2013）以及潘顺安、张艾和张伟强（2012）以广西红岩村和那生村为例进行分析，总结出乡村旅游存在缺乏科学规划、基础设施落后、资源开发不足、建筑款式单调、旅游产品单一、相关人才匮乏、创新能力低下等问题。

综上所述，民俗旅游有别于乡村旅游，民俗旅游对当地民俗文化要求更高，相关的成功案例也较少，再加上美丽乡村新概念的融合，对于民俗旅游促进美丽乡村建设路径的研究还有待深入。因此，笔者结合都安县民俗旅游的实地调研情况，初步探究了民俗旅游促美丽乡村建设的有效路径，并把成功经验提炼成一种路径经验，将是对该领域研究和后续学者研究的一点贡献。

二、研究理论框架

经过研究分析，笔者提出了民俗旅游与美丽乡村的互动模型，如图 1 所示。其中，实地调研的数据和当地提供的材料都反映出如下六个路径为最优组合，作用于这六个路径的效果最为显著。

（一）调整产业结构

长期以来，当地农民多以种植业为生，过度依赖农业导致了产业结构不合理进而经济效益低下。通过农业与旅游的互动融合，推动农家游等观光体验旅游项目的开发，引导企业和农户采取不同的方式深化各行业和旅游产业的融合，如具有都安特色的瑶绣、竹藤草芒编织、野生山葡萄酒、瑶谷液等一系列旅游商品和养生食品，当地民俗旅游的开展对于产业结构的调整起到了积极的意义。

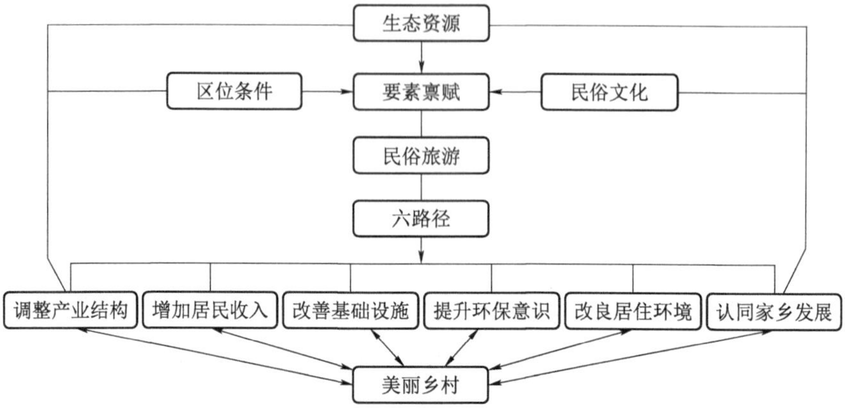

图1 民俗旅游促美丽乡村建设六路径

首先，民俗旅游可促进第一产业结构的调整优化。当地种植的作物由原来的以基本粮食作物为主，到现在的以经济作物为主，如有机稻米、火龙果和葡萄等。通过开发农业及相关产品的附加值，以及大力发展民俗生态旅游，来促进农副产品的生产、加工和销售。

其次，以旅游业为代表的第三产业已逐步成为都安县的支柱产业。都安县以打造红水河国际旅游地为契机，以“旅游旺县”为目标，树立了都安旅游业发展的里程碑。民俗旅游成为促进当地产业结构由第一产业向第三产业转型的重要因素。

最后，民俗旅游的发展推动了当地经济结构的优化，生活水平、服务意识和综合素质得到极大提升。更重要的是，通过旅游业的发展带来的物流、人流、信息流、资金流，为相关产业的发展创造了更多的机会。

（二）增加居民收入

民俗旅游对当地居民收入的增长以及收入渠道的拓宽起到了至关重要的作用。随着民俗旅游的发展及完善，慕名前来观光、游乐、采风的省内外游客络绎不绝。尤其是县内及周边以“住农家屋，吃农家饭，干农家活，享农家乐”为主要特色，以观光农业、体验农业、亲近大自然为主要内容的乡村生态旅游活动吸引的游客日趋增多，一并带动了餐饮、住宿、购物、娱乐等行业日趋兴盛。通过带动发展在一定程度上缓解了剩余劳动力就业等问题，为维护社会稳定起到积极作用。

都安县推出了多种形式的民俗生态旅游项目，包括利用田园景观和自然资源的农家乐，开辟特色果园、菜园、茶园、花圃等形式的观光农园，体验农村农业的休闲农场，集现代农产品生产、采购、消费、观光休闲、会务等为一体的农业公园。

（三）改善基础设施

民俗旅游的发展势必会要求当地基础设施进行改善，而改良后的基础设施又会反过来促进旅游业的发展。

通过加大在宾馆、饭店、购物等旅游服务业以及交通设施建设上的投入，当地基础设施得到了一定程度的改善。相关管理体制和监管制度也在逐步完善。此外，都安县政府还积极引导农户修建果园、硬化道路、安装自来水、建沼气池等，提升环境条件。改善基础设施的最大受益者是当地居民，便利的交通可促进当地农产品外销；改厨改厕、建沼气池等既保护了环境又给村民带来了舒适的生活体验。

（四）提升环保意识

民俗旅游的首要卖点就是良好的自然环境，并且客观上需要对古建筑、古村落、古遗迹进行保护，一定程度上促使当地政府和相关机构关心和支持当地环境的保护和发展，从而采取措施对居民的环保意识进行集中培训。居民从民俗旅游中获取的经济收益可以减少或者杜绝当地居民对开耕、伐木、畜牧等传统开发自然资源活动的依赖，而采取其他相对友好的方式，也会对环保持更加积极的态度，采取可持续的发展的思维而非只顾眼前利益。反过来，优美的环境、厚重的历史、独特的历史人文景观会吸引更多的人关注乡村和民俗旅游。

（五）改良居住环境

都安县的民俗旅游是基于保护乡村风俗优良传统、民族特色意愿，让游客体验当地民俗的文化旅游行程，这有别于依赖于独特自然风光的单一乡村旅游模式。

民俗旅游的大力发展不仅没有给当地的居住环境增加能源消耗和废弃物污染，而且通过合理的规划布局和村民的积极建设，带来了有益的影响。

过去，山清水秀、林木茂密就是好的风水环境的指标，现在民俗旅游的发展对当地房屋住宅的要求增高。当地民居有着浓厚的民族色彩，以竹瓦房和草房为主，以木板或竹片做墙，大多是三居室，畜厩一般设在屋后。参观这种民居的建造方式以及投宿于此对于外来游客来说本身就是一种旅游体验。

当地政府出于传承与改善传统民居以及配合民俗旅游发展的需要，进行了有效的规划。在现在的都安县景区既可以看到错落有致的富有民族韵味的特色民居，也可以看到舒适卫生、功能齐全的现代楼房。

（六）认同家乡发展

民俗旅游不仅满足了都安县当地居民的物质追求，而且增添了自我和家园的认同感。长期以来，城乡二元经济结构使得农民缺乏自我认同感，进城务工人员通常觉得自己卑微，不如城市人，缺乏归属感。中年人进城务工、青少年进城上学、老年人进城养老，这些思想观念普遍存在。然而，随着城市污染问题的加剧以及生活压力的增加，越来越多的城市人到乡村体验生活。既有蓝天白云、新鲜空气和绿色蔬菜，又有不断改进的基础设施，这种世外桃源般的感觉让城市人羡慕不已，会使身处其中的农民们获得自豪感和满足感。

三、数据收集和分析

（一）数据收集

本研究主要从两个渠道进行数据的采集。一方面是通过联系都安县统计局以及与旅游局进行长期的项目跟进获取宏观数据，另一方面是在 2012 年暑期实践项目中，在都安高中、非风集市、三岛湾国际度假区等地进行一对一的问卷发放，并对旅游局相关项目负责人进行视频采访。

统计学系统随机抽样的公式是：

$$n=\frac{Nz^2P(1-P)}{N\Delta P^2+z^2P(1-P)}$$

其中，n 表示样本量；N 表示都安县人口总数；z 表示正态分布的临界值；P 表示满意度比例；ΔP 表示抽样误差。

2012 年人口普查数据显示，都安县常住人口为 71.14 万，调查样本容量应为 1 779 人。但考虑到调查人员和资金的限制，调查小组最终确定仅在都安县城发放调查问卷，问卷发放共计 200 份，收回有效问卷 152 份。

（二）数据分析

1. 第三产业占比增加

得益于农业、投资、消费均衡平稳的较快发展，2012 年都安县的经济发展较为迅速，全年实现地区生产总值 31.61 亿元，同比增长 5 个百分点。其中，第一产业增长 5.6%，第二产业下降 2.9%，第三产业增加值高达 13.01 亿元，以 5.8%的增长率居于首位。此外，第三产业增加值占地区生产总值的比重最高，达 41.2%。

由图 2 可以看出，都安县 2010—2014 年第三产业收入呈现逐年增加趋势，都安县第三产业占 GDP 比重亦呈现整体上升的趋势。其中，除 2011 年略有下降外，2012—2014 年迅速从 41.60%上升至 43.04%，有效实现了产业结构升级。

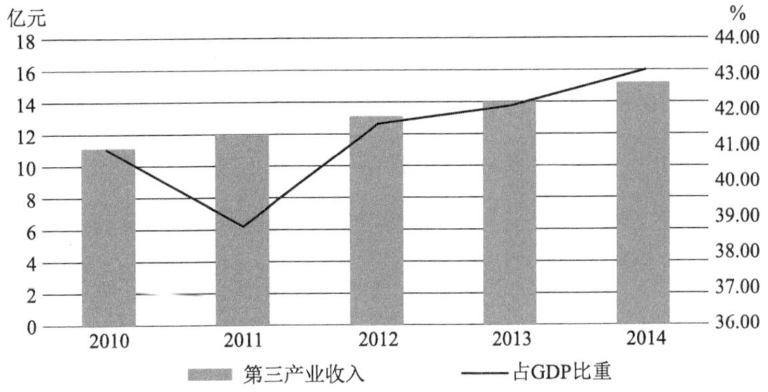

图 2　2010—2014 年都安县第三产业收入

2. 人均收入提高

2013 年全县完成地区生产总值 31.61 亿元，同比增长 4.98%；全社会固定资产投资 29.33 亿元，同比增长 5.2%；财政收入 3.03 亿元，同比增长 7.38%；社会消费品零售总额 14.44 亿元，同比增长 15.1%；城镇居民人均可支配收入 14 854 元，同比增长 13.01%；农民人均纯收入 4 047 元，同比增长 11.8%。2014 年，全县完成地区生产总值 35.4 亿元，同比增长 4.5%；城镇居民人均可支配收入 18 185 元，同比增长 9.5%，农民纯收入 5 089 元，同比增长 10%。

都安县仅 2014 年旅游收入就达 7.9 亿元，解决当地剩余劳动力就业 2 000 余人。根据问卷调查（见附件 1）的结果，当地居民对民俗旅游带来的经济发展持肯定态度。其中有 48 位认为开展美丽乡村建设以来自己的经济状况有了显著提升，92 位表示收入稍微有增长，但幅度不大，两部分占比 77.78%。

3. 设施逐步完善

2014 年，都安县已基本形成旅游服务框架，可适应和满足当下旅游发展的需求。现有宾馆 70 多家，其中，以五星级标准建设的酒店 1 家，四星级 2 家；大型旅游购物商场 6 家，旅游咨询服务中心和商品展示中心各 2 处，旅行社 4 家；建成文体广场、地苏乡、大兴乡 3 座生活垃圾中转站；完成城区 5 大主要线路供水管网改造工作；6 条公交班线 32 辆公交车正常营运。都安县投入 4.86 亿元加快改善景区道路、住宿、餐饮等公共服务设施和配套设施。

调查问卷结果显示，当地居民在对公共基础设施进行满意度打分时，选择满意的人数高达 50%，加上比较满意的居民，总共可达 85%，可见当地的基础设施建设已取得了可观的成果。都安县基本实现了“生产发展、生活宽裕、乡风文明、村容整洁、管理民主”的新农村建设目标，也为乡村生态旅游发展创造了条件。

笔者认为美丽乡村主要体现在公共设施、生产工具、文化活动、街道清洁、居住环境、民主管理、医疗保障和基础教育共八个方面，并通过调研民众对这些方面建设情况的满意度来反映整体的满意度。基于收集到的数据，利用 SPSS 软件进行相关分析，可知，美丽乡村建设的整体满意度（y）与满意度的 8 个二级指标都存在着显著的正线性关系，其中与公共设施的满意度（x_1）的线性相关程度最密切，相关系数为 0.659，见表 1。

表 1　　　　　　　　　　　　相关性分析

		9 整体建设	9（1）公共设施	9（2）环境保护	9（3）文化活动	9（4）街道清洁	9（5）居住环境	9（6）民主管理	9（7）医疗保障	9（8）基础教育
9 整体建设	皮尔逊相关系数	1	0.659**	0.451**	0.511**	0.418**	0.360**	0.408**	0.470**	0.462**
	双侧显著性		0.000	0.000	0.000	0.000	0.001	0.000	0.000	0.000
	样本数量	152	152	152	152	152	152	152	152	152

在相关分析的基础上，利用 SPSS 软件的回归分析，可得到整体满意度 y 与 8 个满意度二级指标间的回归分析结果。其中回归方程的判定系数为 $r^2=0.470$，表明新农村建设整体满意度取值的变动有 47.0%是可以由这 8 个自变量解释的；模型整体显著性检验的 P 值=0.00＜0.01，表明该线性模型在整体上具有统计意义上的显著性；由各自变量回归系数的 P 值，与常用的显著性水平 0.05 相比，可知各变量对农村建设整体满意度 y 的影响均显著。

估计的回归方程为：整体满意度 y=0.659×公共设施满意度+0.451×环境保护满意度+0.511×文化活动满意度+0.418×街道清洁满意度+0.360×居住环境满意度+0.408×民主管理满意度+0.470×医疗保障满意度+0.462×基础教育满意度。

4. 环保意识增强

在调查问卷的设计中，居民对于环境保护方面满意度的数据显示，满意度人数比例高达 70.2%，一般情况的占比 15.6%。县林业局通过大规模造林和封山育林，提高了全县的整体绿化水平，使得全县林业用地面积达到 29.9 万公顷，森林覆盖率高达 60.6%。民俗旅游的不断发展，使得当地居民越来越清晰地认识到身边的一草一木都有可能是获取财富的途径之一，对街道的整洁程度、生活垃圾的处理方式以及个人环保意识的素养都有了更高的要求。

5. 居住条件改善

问卷统计显示，当地居民对居住环境的满意度高达 80%。在对旅游者进行自然风光、服务设施、景点特色和消费环境共四个吸引力指标的调查中，笔者分别将各指标与 3（3 为满意与不满意的临界值）相比较进行单总体均值的假设检验（见表 2）。

表 2　　单总体均值的假设检验

	检验值=3					
	系数（t）	自由度	双侧显著性	均值差异/平均差	均值差异的 95% 置信区间	
					下限	上限
自然风光	2.989	151	0.003	0.200	0.12	0.82
服务设施	2.872	151	0.004	0.400	0.28	0.98
景点特色	3.010	151	0.003	0.220	0.14	0.74
消费环境	3.143	151	0.002	0.200	0.04	0.64

结果表明，所有检验 P 值（Sig.）均小于 0.05，因此认为吸引力指标的均值都显著不为 3。可见，四者均对旅客有巨大的吸引力，在不断推动民族文化发展的同时，都安县的经济有巨大的发展空间。

6. 幸福感提升

根据都安县旅游局统计的数据，2006—2014 年，全县接待国内游客量由 14.97 万人次上升到 74.01 万人次，增长率接近 4 倍；旅游收入由 0.79 亿元上升到 7.79 亿元，涨幅高达 908.86%；旅游入境人数从零的突破到 0.41 万人次，外汇收入达到 220 万美元。

随着越来越多的城市人来到都安，村民逐渐意识到原来自己过的生活并不比城市里的人差。民俗旅游的大力发展也吸引一些外国游客纷至沓来。当村民们在村角庄头看到外国人享受着自己的生活方式的时候，他们也会产生优越感。80.5%的受访居民表示对都安县的旅游业未来前景看好，52.3%的进城打工人员选择返乡建设，民俗旅游的蓬勃发展增加了居民对家园的认同感，增加了积极建设的热情，反过来促进了民俗特色旅游的发展，推进了美丽乡村的建设进程，推动了区域经济的发展。

得益于独特的自然资源和积极开展“国际洞穴潜水旅游节”等活动，目前已有来自法国、芬兰等国以及中国香港地区的洞穴潜水爱好者到都安县进行探险科考，其中“世界深潜之王”在都安九顿天窗创造了中国洞穴潜水 162 米深的最高纪录，多国电视台争相报道，极大地拓展了当地旅游业的知名度。

四、结论及展望

（一）结论

（1）民俗旅游是建设美丽乡村的重要路径。

（2）民俗旅游促进美丽乡村建设的六个路径是调整产业结构、增加居民收入、改善基础设施、提升环保意识、改良居住环境和认同家乡发展。都安县通过这六个路径，初步实现了通过民俗旅游发展促进当地美丽乡村建设，形成了“都安经验”。

（二）展望

（1）上述六路径的经验总结是基于都安县发展的初级阶段得出的，而美丽乡村的建设更应凸显民俗文化和生态旅游特色。因此，后续都安县民俗旅游促美丽乡村建设的路径应探索增添文化内涵建设、生态旅游及相关研究，“都安经验”将随着实践和研究发展而不断得到调整和补充。

（2）都安县的成功经验及模式可推广到全自治区乃至全国，为其他地区的美丽乡村建设提供思路和可资借鉴的成功经验。

参 考 文 献

[1] 蔡娟. 乡村旅游助推下的新农村建设 [J]. 城市旅游规划，2013（12）：142.

[2] 范高明. 新农村政策下乡村旅游的发展对策 [J]. 旅游管理研究，2014（2）：79-80.

[3] 方月仙. 发展休闲农业与乡村旅游助推全区域美丽乡村建设[J]. 中国乡镇企业，2013（7）：

73–76.

［4］郭刚志. 新农村建设导入乡村旅游开发模式研究［J］. 新农村建设，2012（3）：60–63.

［5］黄燕群. 民族地区乡村旅游发展与新农村建设——以广西富川瑶族自治县凤溪村为例［J］. 湖北科技学院学报，2014（12）：5–6.

［6］罗薇丽. 论发展乡村旅游对促进新农村建设的作用——以广西巴马县盘阳河乡村旅游发展为例［D］. 南宁：广西大学，2014.

［7］梁晶. 发展乡村旅游促进新农村建设［J］. 经济师，2015（1）：244–245.

［8］李文峰，姜佳. 发展乡村旅游建设美丽乡村［J］. 浙江经济，2014（21）：56–57.

［9］刘玄启，韦家朝，唐小翠. 民族民俗旅游开发与少数民族地区新农村建设［J］. 科技咨询导报，2007（25）：81–82.

［10］李明德. 乡村旅游是建设社会主义新农村重要的产业选择［J］. 中国乡镇企业，2014（1）：8–9.

［11］李庆雷，马继刚，杨帆. 农村旅游发展与新农村建设的互动机制及实现路径探讨［J］. 农村展望，2007（10）：15–18.

［12］卢宏. 乡村旅游与社会主义新农村建设协调发展机制初探［J］. 安徽农业大学学院学报（社会科学版），2013（2）：10–13.

［13］罗明义. 发展乡村旅游与社会主义新农村建设［J］. 经济问题探索，2006（10）：4–7.

［14］潘顺安，张艾，张伟强. 民族地区新农村建设中的乡村旅游发展问题探讨——以广西红岩村和那生村为例［J］. 广西教育学院学报，2012（1）：8–11.

［15］任卫彬. 乡村旅游对新农村建设的促进作用［J］. 经营管理者，2014（7）：213.

［16］孙华平. 乡村旅游与新农村建设的协同发展模式研究［J］. 生态经济（学术版），2013（2）：320–324.

［17］邵琪伟. 发展乡村旅游促进新农村建设［J］. 求是，2007（1）：42–44.

［18］宋瑛. 乡村旅游与社会主义新农村建设的互动机制研究［J］. 上海经济研究，2008（4）：107–111.

［19］唐昭坤. 发展乡村旅游与休闲农业推进龙胜美丽乡村建设［J］. 中共桂林市委党校学报，2013（4）：14–17.

［20］吴理财，吴孔凡. 美丽乡村建设四种模式及比较——基于安吉、永嘉、高淳、江宁四地的调查［J］. 华中农业大学学报，2014（1）：16–22.

［21］王勇，候冬梅. 新农村建设与乡村旅游互动机制的研究［J］. 智富时代，2015（2）：25–26.

［22］王世金，白永平. 基于社会主义新农村建设的乡村旅游发展思路［J］. 广西社会科学，2006（11）：5–7.

［23］王素琴. 乡村旅游与社会主义新农村建设的互动模型［J］. 经济论坛，2007（1）：122–124.

［24］杨利. 论新农村建设与乡村旅游发展［C］. 第十六届全国区域旅游开发学术研究会论文集，2013（4）：30–32.

［25］叶青. 美丽乡村建设模式及实施路径［J］. 牡丹江师范学院学报，2014（2）：30–32.

［26］叶继平，徐金龙. 新农村文化建设中开掘民俗文化资源的思考［J］. 全国商情（理论研究），2014（2）：49–52.

［27］张明. 乡村旅游与新农村建设的关联互动与一体化发展研究［D］. 上海：华东师范大学，2012.

［28］张思丽. 新农村建设视角下的乡村旅游发展对策与模式研究［J］. 四川林勘设计，2013（2）：56–59.

［29］张魁. 新农村建设与乡村旅游互动发展的思考［J］. 老区建设，2014（5）：46–49.

［30］张桐. 新农村建设中的乡村旅游建设对策［J］. 经济发展研究，2015（2）：226–228.

［31］郑志杰. 新农村民俗文化创新研究［J］. 包装世界，2014（2）：94–95.

［32］邹统钎. 乡村旅游推动新农村建设的模式与政策取向［J］. 福建农林大学学报（哲学社会科学版），2008（3）：31–34.

附件 1 调查问卷

美丽乡村建设状况调查问卷

尊敬的女士/先生，您好！

在新的历史背景下，党的十六届五中全会赋予了建设社会主义美丽乡村更为深远的意义和更加全面的要求。农业丰则基础强，农民富则国家盛，农村稳则社会安。我们希望通过此次调查能了解到本地的美丽乡村建设情况，以及民俗旅游对美丽乡村的促进作用。本调查所得结果仅用于数据统计和分析，绝不会向他人透露您的个人隐私，请您根据实际情况回答。

1. 您的性别：________。

A. 男　　B. 女

2. 您的年龄是________岁。

3. 您的受教育程度是：________。

A. 小学及以下　　B. 初中　　C. 中专、高中

D. 大专、本科　　E. 硕士及以上

4. 您所处的行业是：________。

A. 农林牧渔业　　B. 旅游业　　C. 建筑业　　D. 学生

E. 批发零售业　　F. 制造业　　G. 金融业　　H. 公务员

I. 文化、体育和娱乐业　　J. 交通运输、邮政业

5. 您的户籍情况是：________。

A. 本地居民　　B. 外来工作者　　C. 游客　　D. 其他________

（若选填 C、D 选项，请跳至 13 题）

6. 您的月收入是________元。

7. 您的月消费是________元。

8. 在开展美丽乡村建设以来，您的经济状况有了什么变化？

A. 有显著提升　　B. 稍微增长，但幅度不大

C. 没有明显变化　D. 不如以前

9. 请您根据实际体验对以下方面进行满意度打分。

	不满意	比较不满意	一般	比较满意	满意
整体建设					
公共设施					
环境保护					
文化活动					
街道清洁					
居住环境					
民主管理					
医疗保障					
基础教育					

10. 您目前的主要收入来源是________。

A. 传统农业　B. 个体经营　C. 外出务工

D. 工资　E. 旅游相关　F. 其他________

11. 推动旅游业以后，请您根据实际情况对以下方面进行认同度打分。

	不同意	比较不同意	一般	比较同意	同意
家庭收入增长					
基础设施改善					
居住环境提升					
产业结构转变					
开始意识到环保的重要性					
家乡认同感增加					

12. 您希望政府加大哪些方面的建设与投资？（多选）

A. 基础教育　　B. 社会保险、医疗卫生等社会保障

C. 旅游业　　D. 街道清洁及绿化等居住环境的改善

E. 道路交通、水利建设等基础设施　　F. 其他________

13. 是什么吸引您来这个地方旅游？（多选）

A. 同学、同事、亲友、好友推荐　　B. 网页浏览、网友力荐

C. 成熟的民俗文化旅游项目　　D. 独特的自然和生态资源

E. 其他________

14. 您能接受旅游景点价位是________元。

15. 您年均在旅游上的花费是________元。

16. 在您旅游期间，请对以下几个方面进行吸引力打分。

	1 分	2 分	3 分	4 分	5 分
优美的自然风光					
完备的服务设施					
独特的景点特色					
良好的消费环境					

17. 您如何看待民俗旅游的前景？

A. 非常看好，民俗旅游有很大的发展和升值空间

B. 看好，好好利用文化资源，开发不同形式的旅游项目

C. 一般，和其他旅游没什么差别

D. 不看好，民俗文化跟不上文化的发展潮流

E. 非常不看好，民俗旅游耗资大，收效甚微

18. 您对民俗旅游的发展有什么建议？（选填）

非常感谢您参与我们的调查，祝您度过愉快的一天！

中国机床国际竞争力和影响因素分析

杨墨涵[①]　张　杨[①]　刘雨思[①]　王楚涵[①]

摘　要：在分析中国机床产品贸易情况的基础上，本文对比中国、德国、日本和美国四国的国际市场占有率等指标，得出中国机床产品整体国际竞争力较弱的结论。进而利用 11 家机床上市公司 2008—2015 年的面板数据，对我国机床产品国际竞争力的影响因素进行了实证研究，结果发现：在影响中国机床产品出口的因素中，研发投入和管理能力对于机床出口的影响最大。最后，根据前文的分析，提出了进一步提高我国机床产品国际竞争力的对策建议。

关键词：中国制造 2025；数控机床；出口竞争力；影响因素

一、中国机床产品的贸易现状

（一）中国机床产品的进出口规模

中国机床产品出口贸易额，从总体上来看呈上升趋势，但是一直处于逆差状态。其中，出口额从 1996 年的 2.7 亿美元增长到 2015 年的 49.79 亿美元，进口额从 1996 年的 28.5 亿美元增长到 2015 年的 134.9 亿美元（见图 1）。

① 杨墨涵、张杨、刘雨思、王楚涵，北京联合大学商务学院国际经济与贸易专业 2013 级学生，本文获得 2016 年全国高校商业精英挑战赛国际经贸与商务专题竞赛一等奖。指导教师：邓晓虹。

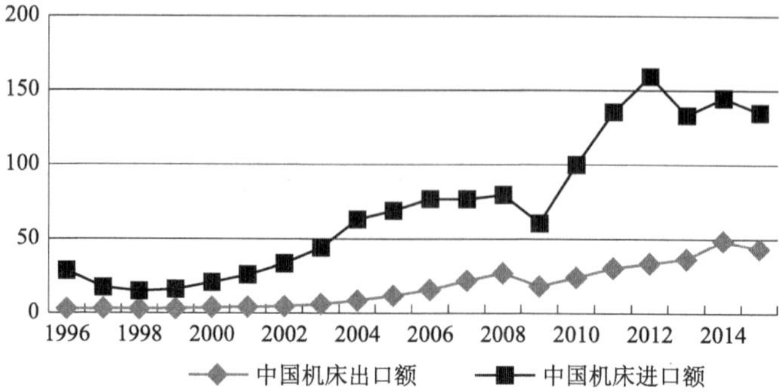

图 1　1996—2015 年中国机床产品贸易额（单位：亿美元）

数据来源：UNcomtrade 网站。

（二）中国机床产品的出口结构

中国机床产品主要包括加工机床、加工中心（用于金属加工）、车床、钻床、铣床、镗床、磨床、刨床、压床、金属加工机床等。

2008—2015 年机床 10 大类产品出口贸易额基本处于平稳增长的趋势。10 大类产品中用于金属加工的机床出口最多，出口额从 2008 年的 9 451 万美元增长到 2015 年的 23 147 万美元；其次是加工中心（用于金属加工），出口额从 2008 年的 10 909 万美元增长到 2015 年的 21 333 万美元；再次是用于石材加工的加工机床等，出口额从 2008 年的 20 299 万美元增长到 2015 年的 85 769 万美元。

此外，压床、加工机床出口额增长较快，HS 8456、HS 88457、HS 88463、HS 88464、HS 88465 五类机床产品的出口贸易额的增长率分别为 292.21%、365.76%、252.54%、229.61%和 161.27%。而其他几类产品包括车床、钻、铣、镗床、磨床、刨床等的出口额较小，出口增长率也低。

数控机床出口额在中国机床出口总额中的比重一直在 10%左右，2015 年中国机床出口总额达到 43.2 亿美元，其中数控机床出口额达到 3.3 亿美元，仅仅占机床出口总额的 7.71%。

2008—2015 年中国机床产品的出口结构见表 1。

（三）中国机床产品的出口国别

从机床产品出口国别来看，根据 2009—2014 年的数据（见表 2），中国主要出口国别（地区）集中在美国、印度、日本、俄罗斯、越南、德国、巴西、韩国、泰国，出口额保持平稳上升的趋势，出口额占中国对世界出口总额的比例趋于平稳。

表 1　　2008—2015 年中国机床产品的出口结构　　单位：万美元，%

HS 代码＼年份	2008 年	2009 年	2010 年	2011 年	2012 年	2013 年	2014 年	2015 年	2008—2015 年出口增长率
8456	30 467	15 033	24 528	34 786	45 589	49 415	70 822	71 422	292.21
8457	10 909	6 376	71 88	15 691	15 628	17 273	22 286	21 333	365.76
8458	45 345	26 191	37 201	45 488	51 012	44 860	50 454	47 165	146.09
8459	28 513	17 544	23 502	27 264	26 752	27 563	37 722	27 909	56.92
8460	17 969	13 780	18 395	20 690	24 333	26 229	27 308	24 590	83.86
8461	12 423	16 496	17 609	22 264	22 605	22 995	32 174	24 890	41.15
8462	55 371	36 543	44 612	58 151	67 212	78 367	91 398	90 706	147.71
8463	9 451	9 204	12 535	17 389	21 042	19 153	22 147	23 147	252.54
8464	30 299	19 754	29 890	36 799	43 166	63 489	80 142	85 769	229.61
8465	67 345	49 469	66 619	78 106	74 397	88 247	153 421	124 057	161.27

数据来源：UNcomtrade。

表 2　　2009—2014 年中国机床产品主要出口国家及所占比重　　单位：%

年份	国家（地区）	占比	国家（地区）	占比	国家（地区）	占比
2009	美国	7.38	印度	4.88	越南	3.63
	韩国	3.61	德国	3.51	巴西	3.05
2010	印度	8.05	美国	8.00	巴西	5.37
	日本	4.72	德国	4.24	越南	4.21
2011	美国	8.45	印度	8.07	巴西	6.34
	德国	5.01	俄罗斯	5.00	日本	4.59
2012	美国	11.45	印度	7.47	日本	5.06
	德国	4.70	俄罗斯	4.69	泰国	4.16
2013	美国	11.02	越南	8.60	印度	5.57
	日本	4.80	俄罗斯	4.58	德国	4.32

续表

年份	国家（地区）	占比	国家（地区）	占比	国家（地区）	占比
2014	美国	11.19	中国香港	8.62	印度	5.71
	越南	5.07	德国	4.88	日本	4.81

数据来源：UNcomtrade。

但是从出口数额来看，中国机床产品的出口数额较分散，2009—2014 年中，除 2010 年外，美国都是中国机床产品的进口大国，但是最高的进口额为 2012 年的 11.45%。其中，2010 年中国机床产品出口的国家（地区）中，印度排在了首位，超过了美国，中国对印度的出口贸易额为 17 352 万美元，占比 8.05%。

与之对应的是，2009—2014 年中国是德国机床第一出口大国，中国进口机床占比已经达到德国机床出口份额的 20%以上。

二、中国机床国际竞争力分析

本文主要通过国际市场占有率（MS）、显示性比较优势指数（RCA）和国际贸易竞争指数（TC）指标对比分析中国、德国、日本和美国机床产品的国际竞争力。

（一）国际市场占有率（MS）

以 HS 代码 8457（加工金属的加工中心、单工位组合机床及多工位组合机床）为例，日本机床国际市场占有率最高，德国和日本组合机床的出口额占据了世界总出口额的 50%以上（见表 3）。中国组合机床国际市场占有率虽有所发展，但和日本、德国、美国的差距很大。

表 3　　HS 8457 项下 MS 对比　　单位：%

	1996 年	2000 年	2005 年	2010 年	2011 年	2012 年	2013 年	2014 年	2015 年
MS（中国）	0.15	0.08	0.25	0.96	1.35	1.14	1.58	1.67	1.99
MS（德国）	25.80	21.85	23.58	15.73	18.06	18.18	23.90	20.88	22.84

续表

	1996 年	2000 年	2005 年	2010 年	2011 年	2012 年	2013 年	2014 年	2015 年
MS（日本）	41.75	35.04	30.89	38.61	38.99	40.17	29.07	34.14	36.02
MS（美国）	6.76	6.14	4.96	6.23	5.38	5.27	6.55	5.83	6.10

注：根据 UNcomtrade 的数据计算得出。

（二）显示性比较优势指数（RCA）

以 HS 代码 845931（数控镗铣机床）为例，德国具有较强的竞争优势，我国比较劣势明显（见表 4）。我国机床产品整体 RCA 弱势明显，但 HS 代码 845959（非数控升降台式铣床）类目的机床产品有所不同，1996—2015 年中只有 2012 年的 RCA 与其他三个国家持平，其他年份均超过美国、日本、德国三个国家，具有较强的比较优势。

表 4　　HS 845931 项下 RCA 对比　　单位：%

	1996 年	2000 年	2005 年	2010 年	2011 年	2012 年	2013 年	2014 年	2015 年
RCA（中国）	0.03	0.00	0.05	0.25	0.05	0.09	0.04	0.07	0.10
RCA（德国）	1.86	1.37	2.74	2.90	2.90	3.24	3.02	3.33	3.47
RCA（日本）	2.70	1.86	2.89	0.99	2.36	2.59	2.21	2.01	1.34
RCA（美国）	0.29	0.28	0.21	0.26	0.18	0.22	0.32	0.27	0.41

注：根据 UNcomtrade 的数据计算得出。

（三）国际贸易竞争指数（TC）

以 HS 代码 8457（加工金属的加工中心、单工位组合机床及多工位组合机床）为例，日本机床的国际竞争力最强，德国的竞争优势仅次于日本，中国和美国处于竞争劣势。

表 5　　HS 8457 项下 TC 对比　　单位：%

	1996 年	2000 年	2005 年	2010 年	2011 年	2012 年	2013 年	2014 年	2015 年
TC（中国）	–0.97	–0.97	–0.98	–0.96	–0.94	–0.95	–0.91	–0.91	–0.88
TC（日本）	0.98	0.98	0.96	0.97	0.97	0.97	0.93	0.95	0.95
TC（美国）	–0.60	–0.64	–0.56	–0.17	–0.37	–0.41	–0.33	–0.31	–0.32
TC（德国）	0.63	0.48	0.57	0.61	0.56	0.60	0.64	0.66	0.67

注：根据 UNcomtrade 的数据计算得出。

中国在 8456、845951 和 845959 类目的机床产品的国际贸易竞争指数从 2012 年到 2015 年不断上升，已经超过美国和德国，具有了较强的竞争优势。

综上所述，中国机床产品国际竞争力虽有增强的趋势，但和日本、德国相比，差距依然很大，除了个别机床产品，中国机床产品的国际市场竞争力大多处于劣势。

三、中国机床国际竞争力的影响因素分析

（一）相关文献综述

1. 自主研发与技术升级

邢立显、吕建新（2008）认为，中国机床工具业发展的技术是多元化的，包括原创性技术突破、兼并有技术实力的企业和技术引进再消化等。中国一些机床行业的骨干企业开始整合、利用国内外资源，构建自己的研发创新体系，同时为技术引进之后的消化吸收提供相适应的研发能力。翟芳婷（2013），陈颐、谢飞（2011），孔庆涛（2014）认为可以科技创新打造竞争优势，突破机床产业大而不强的困局。通过技术的升级，整合国内外资源，吸取教训，总结经验，利用科技增强我国机床上市公司的竞争力。

赵奉杰（2012）、黄晓莉等（2012）认为，近十年来，企业的自主创新意识和能力也不断增强，许多骨干机床企业纷纷建立机床研发中心，这极大地促进了我

国机床技术水平的提高。我国拥有了自主的知识产权，就拥有了占领技术制高点的未来，在市场中，专利的质量决定了一个企业核心技术的位置。

2. 人力资源

董晓岚（2011）等认为，随着区域制造业结构与层次的提升，对数控技术人员的要求也越来越高，除了过硬的技术技能以外，企业开始关注员工其他方面的知识体系结构，注重企业员工的成长性。提高劳动者素质以及促进产业结构的优化升级等途径最终会对制造业的国际竞争力产生正相关的影响。

3. 营销策略

葛敏（2010）、索尔森·施密特（Thorsten Schmidt，2007）认为，推出一些新亮点、新卖点，同时对用户采用灵活的销售政策，加大营销的支持力度，采用服务营销，把服务营销真正做到在日常工作中通过宣传，将我国的优势扩散到国际市场中，扩大国际市场，提高我国机床产品的竞争力。

吴辉（2009）认为，机床行业应加快以品牌营销为核心的营销模式的建设步伐，在国家转型升级的背景下，企业也要进行转型升级，塑造在国际市场中的一流品牌是使企业成为国际竞争力强的跨国公司的重要途径。

4. 政策支持

《电加工与模具》（2011）、郑国伟（2007）认为，我国政府针对进出口发布了一系列政策，目的是改善和优化进出口产品结构，提高出口产品质量，增加出口产品技术含量和附加值等，以提高国际竞争能力。

（二）变量解释和数据说明

本文在已有研究的基础上，设定中国机床国际竞争力影响因素的回归方程为：

$$EX_{it}=\alpha+\beta_1 XSH_{it}+\beta_2 GL_{it}+\beta_3 RD_{it}+\beta_4 SUB_{it}+\varepsilon_{it} \quad (1)$$

$i=1，2，\cdots，11；t=2008，2009，\cdots，2015$

其中，EX_{it}是企业 i 在 t 期的出口额，这 11 家企业分别是华东数控股份有限公司、南通锻压设备股份有限公司、陕西秦川机械发展股份有限公司、南通科技投资集团股份有限公司、云南西仪工业股份有限公司、江苏亚威机床股份有限公司、日发精密机械股份有限公司、山东威达机械股份有限公司、沈阳机床股份有限公司、山东法因数控机械有限公司、武汉华中数控股份有限公司。α为常数项，β1、β2…为待估参数，XSH_{it}、GL_{it}、RD_{it}、SUB_{it} 分别表示企业 i 在 t 期的营销能力、管理能力、技术水平和政府因素，εit 为误差项。

相关变量解释和数据说明如下：可用于测量企业营销能力的指标有销售费用、销售人员比重等；可用于测量企业技术水平的指标有研发投入、技术人员比重、年度专利数目等；选择企业中管理人员比重、人均管理费用等指标来反映企业的管理能力；选择政府补贴、政府出口退税等来反映政府的政策支持。

由于要保证数据的完整性和连续性，最终选择了销售人员比重、管理人员比重、研发投入、政府补贴指标，所有数据均根据各公司年报整理计算。

（三）实证结果分析

本文基于 11 家上市机床公司 2008—2015 年的年报数据，对中国上市机床公司国际化的影响因素和情况进行了实证研究，回归结果见表 6。

表 6　　11 家上市机床公司实证研究回归结果

变量	系数	标准误差	t 检验值	概率
常数项	12.376 1	2.634 94	4.696 91	0
营销能力	0.010 295	0.046 13	0.223 18	0.824 4
管理水平	0.097 387	0.044 43	2.191 87	0.033 4
研发投入	0.185 974	0.083 54	2.226 18	0.030 8
政府补贴	0.047 984	0.168 75	0.284 36	0.777 4

资料来源：Eviews 5.0 输出结果。

可以看出，在影响中国机床产品出口的因素中，研发投入对于机床出口的影响最大，研发费用每增加 1 个百分点，出口总额就能增加 0.185 974 个百分点，企业竞争力的核心就是自主创新能力，研发对于出口的影响较大，企业的研发和专利数量的提高，是促进企业国际化、增强国际竞争力的一个重要因素。管理变量每增加 1 个百分点，出口就能增加 0.097 387 个百分点，中国企业管理的发展空间还很大，应促进管理体系完善，提高企业管理水平，塑造中国制造业的国际竞争优势。在其他因素中，营销能力和政府补贴对企业出口的影响为正，但不显著。

四、提高中国机床产品出口竞争力的对策

根据中国机床产品贸易情况、国际竞争力指数和上市机床公司实证结果，以下提出提高中国机床产品出口竞争力的对策。

（一）政府给予必要的支持

目前，国内的机床制造业有了一定的发展，但技术性较高的数控机床核心部件仍然依赖进口。国家应进一步完善和健全技术创新政策，通过加大研发投入，带动企业对技术的创新，促进核心技术的开发，向技术含量高、附加值大的高端产品进攻，以增强我国机床产品的国际竞争力。

（二）加强产学研结合

以企业为主体、市场为导向，帮助企业学习新的核心技术和售后服务的管理经验，建立产学研相结合的技术创新体系，增强机床行业的自主创新能力。要充分利用现有基础，进行创新并掌握拥有自主知识产权的核心技术和关键技术，通过对市场的了解，利用创新的技术开发出符合市场需求的产品。

（三）培养相关人才

要加强中国机床的国际竞争力，不仅需要引进先进的核心技术，还需要投入人力。目前，中国机床行业的综合型人才较少，缺乏对相关机床产品技术研发、创新的工程人员。我们应该加大对行业内相关人才的培养力度，培养出大量的具有开发研制新型产品能力的综合型人才。行业还需要投入大量的资金帮助行业内的优秀人才获得国际交流的机会，通过进行国际交流，将国外先进的核心技术引进来，并通过合理的运用，创造出更符合国际市场的新型产品。

（四）企业大力发展新兴市场

企业在生产产品和研发产品上首先对市场要有一个准确的把握，注重提高企

业的市场营销水平，促进企业进一步的发展。由于世界经济增长的不确定性，未来中国机床产品出口企业应该开拓中东、拉美、非洲等市场。在开拓新兴市场的同时，我们还需要巩固亚洲、北美等传统市场。此外，企业不仅要注重产品的先进性，而且要满足消费者的需求，更要提高自身的服务水平。只有真正寻找到消费者的需求，在此基础上才能完全地开发市场，提高企业的销售业绩。

（五）深化企业改革

在企业管理上，学习马扎克等公司的成功案例，培养国际性的视野，积极探索行业发展动向。借助于“互联网+”，从市场中发现消费者需求，完善企业管理运营模式，满足生产和发展的需求，通过创新性地管理企业，创造可持续发展的竞争优势。

参 考 文 献

［1］邢立显，吕建新. 国际化经营一个都不能少［J］. 金属加工，2008（5）：15–16.

［2］翟芳婷. 浅谈我国机床工业的发展规律及驱动因素［J］. 新西部，2013（12）：43–44.

［3］陈颐，谢飞. 中国跻身机床出口世界强国［N］. 经济日报，2011–04–12.

［4］孔庆涛. 数控机床的现状及技术发展策略分析［J］. 中小企业管理与科技，2014（12）：22.

［5］赵奉杰. 从专利视角看我国机床产业的国际竞争力［J］. 金属加工，2012（6）：41–43.

［6］黄晓莉. 基于专利情报分析的中国数控机床产业研究［J］. 情报杂志，2012（9）：31.

［7］高博. 高端数控机床：2020 年国货唱主角［N］. 科技日报，2012–03–11（009）.

［8］董晓岚. 苏州地区数控机床调试与维修人才需求调研分析［J］. 职业技术教育，2011（11）：3.

［9］葛敏. 服务营销，机电院的制胜之道［J］. 现代零部件，2010（01）：11.

［10］吴辉. 品牌营销——机床市场营销的新趋势［J］. 中国高新技术企业，2009（11）：16.

［11］机床工具行业“十二五”发展规划专题［J］. 电加工与模具，2011（4）：3–7.

［12］郑国伟. 我国机床工具企业应大力发展进口额大的机床并提高市场竞争力［N］. 机电商报，2015–12–14.

北京银行业“走出去”的开放利益研究

范天俊[①]　徐　枫[①]

摘　要： 北京银行业是中国银行业的代表，其“走出去”的现状代表着中国银行业境外经营的状况。通过对近十年来北京银行业“走出去”的现状分析，描述了 “走出去”的境外布局现状，以及以“四大行”为首的海外资产总额与经营状况。并从经济层面、安全层面、创新层面、消费者层面分析了北京银行业“走出去”获取的开放利益，剖析了获取开放利益过程中存在的瓶颈问题。最后结合国际化形势及北京银行业自身特点提出相应的完善对策，旨在促进北京银行业在“走出去”过程中获得更多的开放利益，更加有效地参与国际金融市场的竞争。

关键词： 北京银行业；走出去；开放利益

一、引言

根据加入世界贸易组织的承诺，我国银行业从 2006 年开始全面开放，由此，国内银行业也面临着更大的市场挑战。北京是我国银行业最聚集的地区，其银行业的发展态势代表着中国银行业的动态。在金融全球化、自由化的大背景下，北京地区一些大型商业银行主动“走出去”，开拓国际市场。通过设立境外商业存在、境外并购、对东道国银行进行控股以及参股的形式，积极参与到国际金融市场的

① 范天俊（1992—），女，北京联合大学商务学院国际经济与贸易专业学生；徐枫（1973—），女，副教授，博士，北京联合大学国际商务系教师，研究方向为国际服务贸易。本文通讯作者。

竞争中，努力拓展国际化市场。在此过程中，“走出去”的各大商业银行获取了不同层面的开放利益，同时也为自身建立全球化的运营网络打下了良好的市场基础。与此同时，北京银行业在“走出去”获取开放利益的同时，也呈现出诸多的瓶颈问题，需要积极应对。本文梳理了北京银行业近十年来“走出去”的现状以及在此过程中获取的四种开放利益，并分析了在获取开放利益过程中存在的瓶颈，据此提出突破瓶颈的应对策略。

二、北京银行业“走出去”的概况

（一）“走出去”的背景

我国加入世界贸易组织（WTO）以后，按照“入世”承诺，将逐步开放中国的金融服务业市场。在此大背景之下，以银行业为代表，我国积极开始了“引进来”与“走出去”的双向开放历程。当前，金融全球化、金融自由化的趋势不断加速，我国的经济实力也在不断增强，全面开放的金融市场，推动了国内商业银行加快国际化的发展步伐，积极“走出去”拓展海外市场，参与国际金融市场的竞争。尤其是随着外资银行逐渐进入中国金融市场，给国内银行业带来了正面的竞争压力，促使国内银行业开始主动“走出去”，积极融入到全球金融市场的竞争中，拓展海外市场，获取开放利益。并以此提升自身的品牌影响力，寻求长远发展。北京是我国银行业最发达的地区，集聚着国内几乎所有大型商业银行的总部。北京银行业主动“走出去”是基于金融自由化的大背景所做出的必然选择，也代表了中国银行业“走出去”发展的前沿与动态。

（二）“走出去”的境外布局

按照归属地的管控原则，目前北京银行业实施“走出去”战略的机构可以分为几大类：第一类是政策性银行，以中国进出口银行为代表；第二类是总部设立在北京的国有股份制商业银行，如中国工商银行、中国农业银行、中国银行、中国建设银行等拥有大型综合业务的商业银行；第三类是以北京银行为代表的北京地方性商业银行；第四类是股份制商业银行，以民生银行为代表。本文中所指的北京银行业“走出去”，主要是针对上述各类商业银行在境外的市场拓展情况。目前，北京银行业“走出去”的境外布局如表 1 所示。

表 1　　2006—2014 年北京银行业“走出去”概况

	银行名称	形式	地　　域	备　　注
总部银行				
政策性银行	中国进出口银行	商业存在	欧洲：1 家代表处，1 家分行	
国有股份制商业银行	中国工商银行	商业存在	19 家分行：亚洲（9）、欧洲（7）、北美洲（1）、南美洲（1）、大洋洲（1）；9 家子行：亚洲（3）、欧洲（2）、北美洲（1）、南美洲（2）、大洋洲（1）；1 家全资子公司：北美洲（1）	
		并购控股	印尼哈林银行（90%）、中国澳门诚兴银行（79.93%）、加拿大东亚银行（70%）、泰国 ACL 银行（97.24%）、阿根廷标准银行（80%）、美国东亚银行（80%）、GSD 控股公司的土耳其银行（75.5%）	
		并购参股	南非标准银行（20%）、香港宝嘉建筑有限公司旗下的 IEC 投资有限公司（IEC Investment Limited）（40%）	
	中国农业银行	商业存在	2 家代表处：北美洲（1）、亚洲（1）；6 家分行：欧洲（1）、亚洲（3）、北美洲（1）、大洋洲（1）；3 家子行：欧洲（3）；1 家全资附属子公司：亚洲（1）	其中 4 家代表处升格分行；2014 年底，欧洲 2 家代表处获批成立
		并购控股	嘉禾人寿保险股份有限公司	股份为 51%
	中国银行	商业存在	3 家代表处：亚洲（1）、非洲（2）；42 家分行：亚洲（28）、欧洲（6）、北美洲（8）；2 家子行：欧洲（1）、南美洲（1）	其中 1 家分行由代表处升格
		并购控股	新加坡飞机租赁有限公司（100%）、东亚银行（95.06%）	
		并购参股	瑞士 HFM 基金管理公司（30%）、法国洛希尔银行（20%）和哈西尔银行（20%）	

续表

	银行名称	形式	地　　域	备注
国有股份制商业银行	中国建设银行	商业存在	10 家分行：欧洲（1）、亚洲（4）、北美洲（2）、大洋洲（3）；6 家全资附属子公司：欧洲（3）、亚洲（2）、大洋洲（1）	其中 2 家代表处升格为分行
		并购控股	美国银行（亚洲）股份公司及其澳门子公司（100%）；美国国际信贷（香港）有限公司（AIGF）（100%）；巴西 BIC 银行（73.96%）	
	中信银行	商业存在	亚洲 1 家分行	新加坡分行
		并购控股	中信集团英属维尔京公司（Gloryshare Investments）持有的中信国金（70.32%）、西班牙持有的中信国金（29.68%）	
	光大银行	商业存在	亚洲 1 家分行	香港分行
	华夏银行	商业存在	代表处	2015 年建香港代表处
股份制商业银行	民生银行	商业存在	亚洲 2 家分行	香港分行、新加坡分行；其中香港分行由代表处升格而来
		并购参股	美国联合银行控股公司（9.9%）	最终没有成功
地方银行				
北京地方银行	北京银行	商业存在	欧洲：1 家代表处；港澳台地区：1 家分行	阿姆斯特丹、香港分行；其中香港分行由代表处升格而来

资料来源：根据各大银行网站资料整理。

综合以上“走出去”的现状，资本实力雄厚的四大国有商业银行，在北京银行业“走出去”的进程中表现尤其活跃。截至目前，境外并购、参股等主要以国有商业银行为主，股份制银行参与较少，股份制银行实现境外并购还需要继续增强自身实力及国内外竞争能力，国有大型商业银行始终是“走出去”的主导力量。总体来看，“走出去”的各大银行其经营网络横跨各大洲，境外机构布局不断扩展。除国有大银行外，地方性银行，以北京银行为代表，也开始了“走出去”的尝试，设立机构的数量不断增加并开始大胆尝试境外投资市场，为境外居民提供境外服务。

（三）“走出去”的经营情况

1. 境外资产的数量不断增长

从境外经营的状况方面看，北京银行业“走出去”进行境外经营的步伐稳健，其境外资产占总资产的比重也在不断上升，综合实力也在逐年增强。目前，“走出去”的银行中，境外资产的集中度相对较高，在机构方面主要集中在中国银行、中国工商银行等大行，占据境外资产的 90%左右。以“走出去”的主导力量——四大国有股份制商业银行为例，中国银行的境外业务发展规模最大，中国工商银行位居第二。2010—2014 年四大行的境外资产总额占总资产额的比重如图 1 所示。

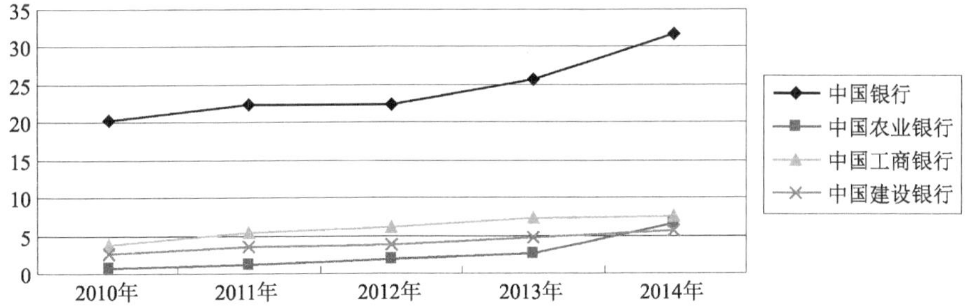

图 1　2010—2014 年四大行境外资产总额占总资产额的比重（单位：%）

资料来源：根据四大行年报资料整理计算。

图 1 中资料显示，2010—2014 年，四大行境外资产总额占总资产额的比重不断上升。其中，中国银行的表现尤其突出。2014 年中国银行境外资产总额 7 450.70 亿美元，比 2013 年年末增长 18.11%，占总资产额的 31.82%，领先于其他同业；各家“走出去”的银行其境外资产规模增长显著，标志着境外经营的整体实力不断增强。

2. 境外经营业绩不断提升

由于“走出去”的各家商业银行资产规模较为集中，因此业务量也较为集中，主要集中在中国银行（海外经营业绩第一位）、中国工商银行（境外经营业绩第二位）、中国建设银行（海外经营业绩第三位）等主要商业银行。以“走出去”的业务规模位列第一的中国银行为例，其境外业务方面优势稳固，对其资产规模增长、经营效益提升、存款增加及净息差提升各个方面贡献明显。2014 年，中国银行实现海外税前利润 44.12 亿美元，占集团税前利润比重为 22.22%，同比增长 35.76%。成为利润的“增长极”。境外业绩排名第二位的中国工商银行，在加强境外网络拓展的同时，逐步将国际化战略重心向推动境外机构本土化、主流化、差异化发展转移，不断强化重点产品线向境外的延伸和境内外联动，围绕外币清算、跨境人民币、全球现金管理、投资银行、资产管理、贵金属、私人银行等重点业务打造了一批境外业务中心。

三、北京银行业“走出去”的开放利益

（一）概念的界定

开放经济条件下，银行业开放利益是指银行作为开放主体，在加快国际化步伐、通过“走出去”的形式参与到国际金融市场竞争的过程中，为国民经济、银行业自身以及消费者带来的有利结果，具体体现在经济层面、安全层面、创新层面、消费者层面等多个层面。

（二）开放利益的获取

1. 经济层面

从经济层面而言，“走出去”最直接的获益是经营业绩的提升。不但体现在资产总额的不断扩大上，也表现在利润的增长不断提高上。当前，北京的各大商业银行已经进入“微利”时代。经济增速下行时，银行利润增速放缓是必然的结果。因此，需要寻找更多的盈利空间和多元化的收入来源，以弥补利润增长日益缓慢的颓废态势。中资银行境外化发展是化解利润增长滞缓的一条有效途径。自从 2006 年我国银行业全面开放以后，北京银行业“走出去”的力度不断加大，在境外设立的分支机构数量不断增长，日益增加的机构数量提升了海外的经营业绩，不但资产总额迅猛增长，其利润也快速提升。尤其是作为“走出去”主力的国有四大银行，其境外业务均持续保持了较高的增速。仅在一年时间内（2013 年），中国工

商银行境外资产总额较年初就增长了 34%。以 2014 年为时点，北京“走出去”的四大银行资产增长与利润增长情况如表 2 所示。

表 2　　2014 年四大商业银行的境外经营业绩　　单位：亿美元

2014 年	境外资产规模	同比变化	同期境外利润增长
第 1 位：中国银行	7 450 亿美元	增 18.11%	增 30%
第 2 位：中国工商银行	2 325 亿美元	增 11.1%	增 41%
第 3 位：中国建设银行	1 662 亿美元	增 32.67%	增 200%
第 4 位：中国农业银行	816.73 亿美元	增 40.6%	增 15.93%

数据来源：根据中国经济网的数据整理。

截至 2013 年年底，北京银行业“走出去”的 18 家中资银行境外总资产规模超过 1.2 万亿元，相当于 2007 年年底的 4.49 倍。尤其是占据境外业务第一位的中国银行，其境外资产、税前利润占集团资产总额与税前利润的比重分别为 27.41%和 22.98%。占据境外业务第二位的中国工商银行，在 2010—2014 年，海外利润也表现出良好的增长态势。境外资产以及利润的增加，不但显示了北京“走出去”的各大商业银行业整体竞争力的提高，而且也意味着境外金融服务市场的占有率在不断增长。在获取经济利益的同时，也可以缓解金融服务出口长期逆差的贸易态势。

2. 安全层面

（1）通过“走出去”优化了银行业的资产质量。“走出去”的银行为管控境外资产质量，积极采取了多项措施，主动向东道国本地的银行业学习资产管理的经验，规范资产管控流程。由原来的“框架式”管理，转变为“分控式”管理。为优化资产管理，模仿海外银行的经营模式，各自成立了资产管理公司（专门处理不良资产的股份公司，可收购和消化银行机构庞大的不良资产）。基于此，中资银行全面进入了资产管理的时代。近几年，北京各大商业银行的不良贷款余额与不良贷款率均得到有效控制，均处于双下降状态，在一定程度上确保了北京银行业的资产质量不断优化，同时促进了北京银行业的稳健发展。截至 2014 年年末，北京银行业不良贷款余额为 288.59 亿元，不良贷款率 0.47%，低于全国平均水平，资产质量有了很大改善。不良贷款余额与不良贷款率持续双降，反过来又促使北京银行业的经营状况不断得到改善，为北京银行业的“走出去”提供了有力的资金保障，由此，国内外两个体系得到了良好的互动循环。通过“走出去”，各大商业银行的资产质量得到了全面的优化。

（2）通过“走出去”提升了内部的监管能力。北京银行业通过“走出去”提升了内部监管能力。在“走出去”的过程中，需要面对不同地区、不同国家的监管标准。根据巴塞尔银行监管委员会（Basel Committee on Banking Supervision）的相关条款，“走出去”的商业银行想要申请新设机构，需要展示国内的监管能力和监管标准。这就促使北京“走出去”的各大商业银行必须提升其监管水平，向国际化监管标准看齐。由于各个国家监管内容方面存在差异，在实践中，“走出去”的银行面对的是“多线双头”的监管制度，一方面要接受国内的监管，另一方面也要适应东道国的监管制度。这都需要中资银行快速向国际监管标准接轨。通过“走出去”的运营实践，银行业借鉴了较为发达国家的经验，适时在国内推出了《商业银行监管评级内部指引（试行）》。评价的内容涵盖了商业银行的各项关键性的要素指标——量化资本充足状况、资产质量状况、管理状况、盈利状况、流动性状况、市场风险状况等。这种量化的评级制度结束了长期以来中资银行业单一化的监管模式，并由定性的监管逐步向定量的监管过渡，促使北京银行业的监管水平发生了质的飞跃，这也代表了中资银行的监管正式进入“全面风险管理”的新时期，更加符合中资银行向国际化、综合化的发展需求。

3. 创新层面

（1）“走出去”开拓了业务的全新领域。长期以来，国内银行一直从事的是基础的银行业务，如存贷款业务。这不仅是各个商业银行利润的主体来源，也是金融市场上的主要业务内容。北京作为全国银行业最发达的城市之一，虽然理财等中间业务比重在持续增加，但仍只占据了全部业务的 20%。因此，业务领域始终是以单一的业务模式为主体。实践证明，北京“走出去”的几大商业银行，通过模仿与自身实践，开拓了业务的全新领域，其国际化的服务能力得到了迅速的提高。如各中资海外银行从事的债券型银团贷款业务（Schuldschein），是国际金融市场中比较流行的业务，属于具有标准化的条款、有路演、有比较成熟的场外交易市场（OTC）转让的业务，这种业务的本质还是信贷，属于债券型的信贷业务。虽然在国际银行业操作较为普遍，但目前对于国内银行业而言仍是完全陌生的全新领域。除此之外，针对海外客户的贸易融资、债券投资等各个领域都在不断深化业务范畴。

（2）“走出去”激发了中资银行特色业务的创新能力。相对于国内以信贷为主的较为单一化的业务模式而言，北京“走出去”的中资银行增强了特色业务的创新能力。目前，“走出去”的各大商业银行以贸易融资为基础，普遍创新了多种跨境人民币结算产品，如人民币转汇款、人民币协议付款和跨境组合产品等，有效满足了海外中资企业的融资需求和风险管理需求。与此同时，特色业务的供给，也极大地提升了“走出去”的中资银行其境外市场的金融服务能力以及金融产品创新能力。

4. 消费者层面

（1）“走出去”的银行为境外消费提供了便利化的金融服务，拓宽了境外客户群体，由此提升了品牌影响力，实现了银行与消费者的双赢。在实践中，从消费者层面，“走出去”的大型商业银行，通过服务于境外的客户群体，拓展了国际金融市场的占有率，由此提升了品牌的影响力和市场上的品牌认知力。目前，在境外客户方面，各大中资银行对客户群体做出了准确的定位，服务的客户既包括“走出去”的企业和华人，还包括与中国有经贸往来的客户。在金融产品供给方面，除了传统的存取款、贷款外，还提供侨汇、结算等特色业务，此外还为企业提供境外并购贷款等特殊服务。通过为境外客户提供便利化的金融服务，扩大了业务规模，拓展了市场占有率。如表3所示。

表3　　北京银行业境外经营客户群与特色业务

境外金融服务客户群体定位	服务“走出去”的企业、华人及与中国有经贸往来的客户
境外特色业务	1. 提供综合金融服务：投资、基金等 2. 提供特色业务：侨汇、结算等

资料来源：根据相关银行的网站资料整理。

（2）通过“走出去”满足了多层次的客户需求，提升了整体的服务水平。在境外金融市场竞争中，以中、农、工、建为代表的各大中资银行最核心的竞争力是“服务能力”。实施境外经营的差异化竞争策略，需要分析并准确定位客户的不同需求，结合自身特点向客户实施差异化的服务。以拥有庞大境外客户群体的中国工商银行境外分支机构为例，它采取了差异化的服务战略，主要是根据客户的消费习惯、收入的不同将其分为不同层次，提供适合其需求的金融服务，使银行服务由大众化向层次化转变。在对境外企业或个人提供基础服务外，还提供了贵宾服务、私人银行等附加服务。尤其是对高价值的客户提供了多对一的团队服务；对 VIP 客户还提供专对一的服务，同时还实施了客户优先权等诸多措施，对某些重要的客户提供一对多的网上银行服务。中资银行通过满足境外客户的差异性需求，大大提高了自身的境外服务水平，促使境外业务持续增长。

四、获取开放利益的瓶颈分析

（一）对整体利润的拉动作用有限

国内的银行业已完全进入“微利运营”的时代。截至 2014 年，北京市银行业资产规模虽然同比增长 20.3%，高于全国平均水平，但利润同比增长仅有 3.8%，增速明显放缓。拓展境外市场整体上仍处于“初级阶段”，除四大银行之外，其他银行还无法实现“大规模、集团化”地“走出去”。因此，海外市场拓展、利润的增长，仍仅局限于以“四大行”为首的主力军。以外补内，仅仅是在少数资产雄厚的大型银行完成了这种转换。其他的中小银行则无法实现这一目标。境外业务的利润拉动作用对整体银行业的利润增长非常有限。并且，中资银行的境外资产集中度相对较高，在机构方面主要也是集中在中国银行、中国工商银行等少数大行。这些因素决定了北京银行业实现整体化、集团化地“走出去”，以境外利润的增长弥补国内利润下行的目标任重道远。

（二）对金融监管的提升效果缓慢

北京“走出去”的各大商业银行面临着国际监管规则动态化、更新化的挑战。

相比国际监管规则的变化，国内《商业银行监管评级内部指引（试行）》从 2006 年开始施行至今，仍没有更新完善，部分条款已无法适应新金融常态的监管需求。其间，2010 年巴塞尔银行委员会针对系统重要性银行和跨境银行提出了新的建议，尤其是在资本充足率、存款人保护等方面不断强化监管条款。与此同时，美国也出台了“新骆驼评级体系”。在国际监管规则不断变化、持续完善的大背景下，北京银行业仍沿袭着旧有的监管机制。不断增长的境外业务同时也积累了大量的业务风险，但还没有促成对原有金融监管的“倒逼式”完善机制。相比于境外业务的迅猛增长，金融监管的提升明显落后于业务增长，对“走出去”拓展市场而言，已经成为阻碍因素，距离真正市场意义上的法制化、国际化的银行标准，仍相去甚远。

（三）对金融创新的带动作用较弱

北京银行业作为中国银行业的代表，其金融产品的创新速度在全国处于领先地位。尤其是近几年加快“走出去”步伐，对金融产品的创新诉求更为突出，需要开发与众不同的金融产品以应对境外市场的竞争压力，在激烈的市场中获得市场占有率。但是，由于北京银行业“走出去”的时间较短，在国际化经营方面仍局限于传统的存取款业务，业务单调，虽然也有侨汇、结算等特色业务，但存在浓厚的中国特色，并没有太成熟的本土化经验，更是缺乏显著性的创新产品。因此，某些境外特色业务只是简单的模仿式创新，自主创新的能力较弱，缺乏有代表性的、有竞争性的、本土化的金融创新产品。

（四）对境外消费者的服务范围狭窄

目前，北京银行业在境外的消费者大部分还是华人群体，以及与国内有经济往来和贸易往来的客户。总体而言，相对于其他国家或地区的跨国商业银行，客户的数量相对较少，还无法完全覆盖东道国本地的居民。而且绝大多数还是跟随国内企业“走出去”的老客户。对境外当地居民的市场影响力不够影响了境外业务的拓展范围。并且“走出去”企业的境外布局主要集中在亚洲地区，对于非洲等不发达地区的选择较少，对欧洲市场的机构覆盖率也较低，导致了整体境外客户群及业务产品覆盖率较低。相对于北京国际化的贸易和投资往来，其银行业的境外金融供给无法充分满足各种不同消费者的金融需求。目前，北京银行业的网点覆盖率远低于大型跨国银行的水平，无法充分满足境外客户的全部金融服务需求。即使是以国有“四大行”（中国工商银行、中国建设银行、中国农业银行和中国银行）为代表，其海外业务范围也仅覆盖了一些重点行业，对海外客户的服务范围有限。

五、突破瓶颈的应对策略

（一）增加中间业务的收入比重

北京银行业要实现大规模地“走出去”，利用境外业务增长弥补国内利润增长缓慢的现状，需要增加中间业务的比重。相比而言，国内银行所得收入的 80%来自于存贷款的利息收入，而国际化银行则完全跨入了以中间业务作为主体收入的发展阶段。已经“走出去”的银行可以通过开发多元化的中间业务，提升综合金融服务能力，拓展境外市场占用率；未来准备“走出去”的银行通过大力发展中间业务，可以快速提升自身的竞争能力，向国际化银行的运作方式靠拢，通过中间业务的增长，积累参与国际化竞争的实力。以此推动银行业尽快地整体“走出去”，实现境外利润增长与国内利润增长的互动。

（二）提升综合金融监管水平

金融监管水平一直是北京银行业的弱项，也是中国银行业可持续良性发展的阻碍性因素。因此，北京应率先建立起完善的金融监管体系，不但为“走出去”的银行业提供制度支持，同时也作为中国银行业金融监管的表率。北京银行业可以通过借鉴《巴塞尔协议》以及外资银行先进的金融监管模式，引进审慎性监管模式，针对北京银行业监管机制的条款缺陷进行补充完善，努力向国际上最新的监管标准靠拢。此外，应与东道国的监管机构协作，设立“合作监管框架”，为中资银行“走出去”提供完善的制度保障。并且，让监管规则实现常态化、法理化、制度化。

（三）增强金融产品自主创新能力

创新是 “走出去”的银行保持可持续发展的内生动力。北京银行业可以从两方面来提升金融产品的创新能力：一方面，从产品服务入手，以国际化的经营思想加强创新理念。如针对“走出去”的国家或地区的市场特点与客户需求，开发出个性化、本土化的产品或服务，而不是简单的采取模仿式创新。另一方面，应注重国际化人才的培养与积累。针对境外市场的金融产品创新需要本土化、专业化的人才完成。北京银行业应不断培养并积累国际化的金融人才，为北京银行业“走出去”进行自主创新，打好坚实的人才基础。雄厚的专业人才，是提升北京银行业国际化水平、进行自主创新最关键的成败因素。

（四）扩大海外的服务群体

北京银行业“走出去”的境外布局需要紧密关注境外消费者群体。为了推动北京银行业尽早形成国际化的经营网络，可以适当优化境外布局。虽然在金融中心或经济发达的地区可以获得较多的利益，但由于消费者群体较为固定，客户群的拓展空间有限。而对于尚未建立分支机构的地区，消费群体更是有限。对此，“走出去”的银行可以先与当地企业建立业务关系，先获得一定的客户基础，之后再设立代表处。通过这种途径，不但可以降低风险，还可以增加业务机会，扩大境外消费群体。而对于已经建立分支机构的地区，可以对当地消费者的需求进行细化分析，推广适合当地金融需求的金融产品，使北京银行业尽快形成国际化、全面化覆盖的经营网络，服务更多的境外客户群体。

参 考 文 献

［1］Petrou A.Multinational banks from developing versus developed countries：competing in the same arena？［J］. Journal of International Management，2007，13（3）：376–397.

［2］柳立. 中国银行业如何“走出去”？［N］. 金融时报，2015–01–19（011）：1–3.

［3］章文贡. 从“引进来”到“走出去”　中资银行国际化迎来里程碑时刻［N］. 第一财经日报，2013–09–06（A10）：1–2.

[4] 姜建清. 中国银行业“走出去”的实践与思考［J］. 全球化，2015（5）：5–19.

[5] 王彦力，雷蕾. 中资银行以“共同体”方式走出去的新模式设想［J］. 时代金融，2015（8）：90.

[6] 张琦，宋春玲. 北京金融服务贸易的竞争力研究［J］. 中国商论，2014（2）：93–94.

[7] 王莉娜. 后危机时代中国农业银行“走出去”战略研究［D］. 济南：山东财经大学，2015.

跨太平洋伙伴关系协议（TPP）对我国出口贸易的潜在影响及对策研究

张　涛[①]　龙　霞[①]　张晓杰[①]

摘　要：本文基于2015年贸易数据，分析了我国与TPP主要贸易伙伴的贸易现状，通过应用关税同盟理论的适用性，对TPP带来的贸易效应进行理论分析，研究TPP给我国出口贸易带来的潜在影响。同时，在TPP范围内我国主要的出口市场上，分析我国与TPP成员在出口贸易中产品的竞争力和结构的相似性，以此分析TPP运行后，我国出口贸易是否会发生转移。最后针对研究的结果提出建议，以此化解TPP给我国出口贸易带来的不利影响。

关键词：TPP 贸易效应；竞争力；潜在影响；中国对策

一、我国对TPP主要贸易伙伴的出口贸易现状概述

跨太平洋伙伴关系协议（Trans-Pacific Partnership Agreement，下文统称为TPP），前身为跨太平洋战略经济伙伴关系协定（Trans-Pacific Strategic Economic Partnership Agreement）。

TPP经济体中，各国发展水平参差不齐，有发达国家，也有新兴发展中国家。本文选取美国、日本和墨西哥作为分析对象主要基于以下原因。

---

① 张涛、龙霞、张晓杰，北京联合大学商务学院国际贸易专业本科2013级学生，本文获得2016年全国高校商业精英挑战赛二等奖，指导教师是田园副教授。

（1）美国是世界上经济最强大的发达国家，中国是世界上经济实力最强的发展中国家、世界第二大经济体，发展两国间的贸易关系具有重要的作用，也是维护世界经济健康发展的重要因素，同时美国是中国的首要出口市场。

（2）日本作为世界第三大经济体，地理位置上与中国临近，与中国贸易往来十分密切，中国是日本的第一大出口国。

（3）墨西哥同样是发展中国家，而且发展程度较高，是我国出口贸易的主要竞争国家，墨西哥在劳动密集型产业方面同样具有人口红利，在 TPP 零关税和原产地规则下，享有更多的优惠，势必会对本国的相关产业造成影响。

（一）我国对美国出口的贸易规模

2005 年，我国对美国市场的出口贸易额为 1 628.9 亿美元，至 2014 年出口额增至 3 960.6 亿美元，与 2005 年相比翻了一番。10 年来，我国对美国的出口额不断增加，显示了两国之间贸易关系的日趋紧密。图 1 反映了我国在美国市场出口增长率的变动情况。2005—2008 年，我国在美国市场的出口增长率总体呈下降趋势，但依然为正增长。美国在金融危机的冲击下，消费需求下降，2009 年我国在美国市场的出口出现了负增长。2010 年我国的出口增长呈现回弹态势，但是 2011—2013 年出口增速不断下降，2014 年随着美国经济的逐渐复苏，我国在美国市场的出口增速加快。

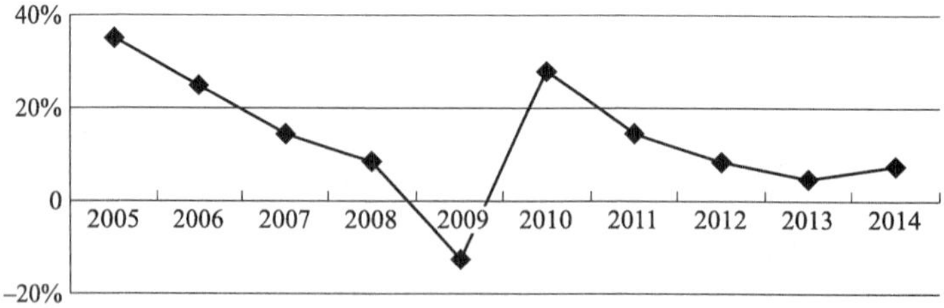

图 1　2005—2014 年我国对美国的商品出口增长率的变化趋势图

资料来源：中华人民共和国国家统计局。

（二）我国对日本出口的贸易规模

2005 年，我国对日本市场的出口贸易额为 839.9 亿美元，至 2012 年出口贸易额已经增至 1 516.2 亿美元，中国已经成为日本首位贸易进口国家。图 2 反映了

2005—2014 年我国在日本市场出口增长率的变动情况。2005—2008 年我国对日本市场的出口呈现正增长趋势，2009 年也是出于金融危机影响，我国对日本市场的出口出现了负增长，比 2008 年下降 15.7%，2010 年我国对日本市场的出口增速达到最高，2012 年之后，受钓鱼岛事件的影响，再加上日本市场需求疲软，我国对日本市场的出口增速持续放缓。

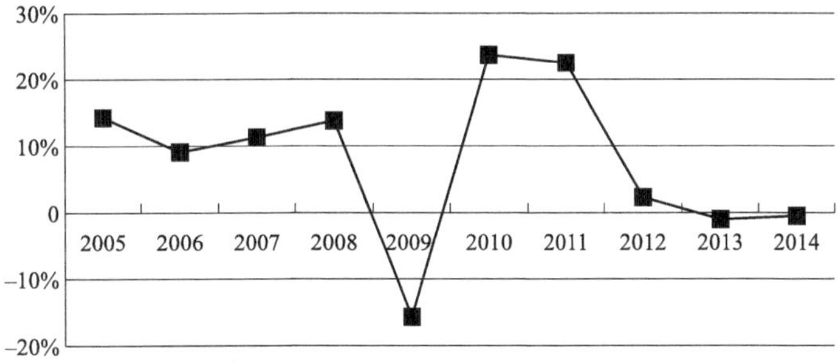

图 2　2005—2014 年我国对日本的商品出口增长率的变化趋势图

资料来源：中华人民共和国国家统计局。

（三）我国对墨西哥出口的贸易规模

资料显示，2005 年我国对墨西哥市场的出口仅为 55.4 亿美元，10 年来，中国和墨西哥的贸易往来越来越密切，到 2014 年，我国对墨西哥市场的出口额已经增至 322.6 亿美元，达 2005 年的近 6 倍。图 3 反映了 2005—2014 年我国对墨西哥市场出口增长率的变动情况。除 2009 年受金融危机影响，中国对墨西哥市场的出口出现倒退外，其余年间都保持着正增长状态。

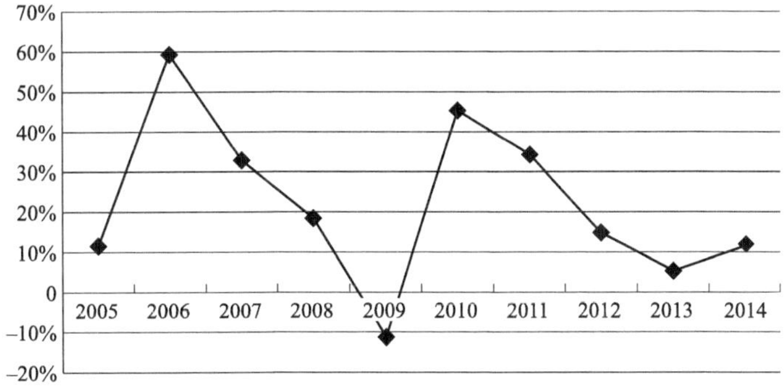

图 3　2005—2014 年我国对墨西哥的商品出口增长率的变化趋势图

资料来源：中华人民共和国国家统计局。

二、TPP 产生的贸易效应对我国出口贸易的潜在影响

（一）基于静态效应分析

TPP 产生的贸易静态效应涵盖了贸易创造效应和贸易转移效应。本文将用图例分析 TPP 产生的静态效应。假设有 A、B、C 三个国家，都生产同一商品，且生产效率各不相同。下文用 A 国作为讨论国，且假设 A 国为小国（在市场上是价格的接受者，且进口不会对世界价格造成波动）。如图 4 所示，纵轴 P 表示价格；横轴 Q 表示数量；S_A 和 D_A 分别表示 A 国国内的供给曲线和需求曲线。P_A 表示 A 国的均衡价格；P_C 表示 C 国产品的出口价格；P_B 是 B 国产品的出口价格，B 国的生产成本高于 C 国。A 国在对 B、C 两国的商品都征收同样的关税后，B 国输出到 A 国商品的价格为 P_B+t，C 国输出到 A 国商品的价格为 P_C+t。这时候 A 国的消费者会选择 C 国的商品，A 国自己生产的数量为 OQ_1，需求量为 OQ_2，进口量为 Q_1Q_2。

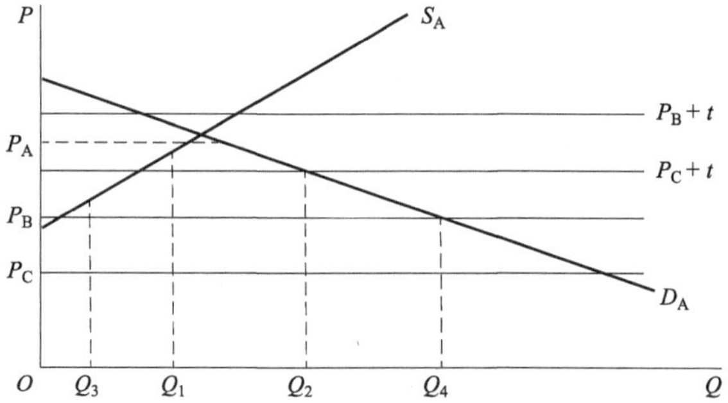

图 4　TPP 贸易效应分析图

此后，A、B 两国都成为 TPP 的成员国，TPP 正式生效后，A 国对 B 国免征进口关税，B 国输出到 A 国的商品价格变为 P_B，低于 C 国输出到 A 国商品的价格 P_C+t。此时，A 国的消费者转为购买 B 国生产的商品，放弃使用 C 国生产的商品，转移数目为 Q_1Q_2，这就是 TPP 产生的贸易转移效应。A 国生产的数量由 OQ_1 变为 OQ_3，缩减了 Q_3Q_1，这是生产效应的结果。消费数量由 OQ_2 变为 OQ_4，增加了 Q_2Q_4，这部分为消费效应。TPP 使 A 国输入量增长了 $Q_3Q_1+Q_2Q_4$，这便是 TPP 产生的贸

易创造效应。

对 TPP 造成的静态效应进行分析显示，贸易创造效应有利于刺激 TPP 成员国的贸易需求，贸易转移效应会对 TPP 非成员国造成贸易转移。我国与 TPP 部分成员国，如墨西哥发展水平相似，在贸易上处于竞争地位，且至今我国未加入 TPP，这可能给我国的出口贸易带来不利影响，我国对 TPP 国家的部分出口可能转移至 TPP 成员国内部。TPP 造成的贸易转移主要由零关税导致，但我国已经加入东盟自由贸易区，现已实现 90%以上的产品免征关税，越南、文莱、新加坡、马来西亚也都是东盟成员国，我国还与澳大利亚、新西兰、智利、秘鲁签订了自贸协定，并且该协定将逐步实现全面零关税，所以基于静态效应分析，TPP 的零关税带来的贸易效应虽然对我国出口会造成贸易转移，但是短期内影响有限，可能随着未来加入的国家越来越多，我国会出现更多的出口贸易转移。

（二）基于动态效应分析

TPP 给成员国带来的动态影响在一些方面比静态影响更为重要。

1. 带来规模经济效应

TPP 使成员国之间形成共享的更大的贸易区域，自由贸易领域的扩张推动了各国生产的发展，产生了规模经济，规模经济使长期平均成本变低，成员国之间相互紧密合作，贸易竞争力大大提升。

2. 带来外部投资效应

TPP 的原产地规则标准更加严格，为了绕过关税和非关税壁垒，获得区域内的零关税优惠，坐享 TPP 形成的大市场，区域外的国家会加大对 TPP 区域内国家的投资，尤其是在同样具有人口红利的发展中国家投资设厂，商品会更具竞争力。

3. 促进成员国之间的竞争

TPP 为成员国带来了统一的大市场，且相互开放，这必然导致各成员国的企业为了争取更大的市场收益而加大技术资金的投入，争先生产出性价比更高的商品，推动各国技术的进步。

三、我国产品出口发生贸易转移的可能性分析

TPP 对我国出口贸易的潜在影响，最核心的是我国的出口贸易在 TPP 生效后可能会发生贸易转移的问题。上文基于静态效应和动态效应，经研究发现 TPP 对我国出口贸易最核心的潜在影响是产生贸易转移效应。但是，不能简单地根据零关税就认为 TPP 会对我国的出口贸易造成贸易转移，零关税只是影响我国出口的外部因素，真正的核心要素是我国自身的出口竞争力，以及我国出口的产品结构与竞争国家结构的相似度。通过研究我国商品在 TPP 主要贸易伙伴市场的竞争力状况，比较 TPP 成员国和我国出口结构的相似性，进一步分析我国出口发生贸易转移的可能性。

（一）我国产品在 TPP 主要贸易伙伴市场的竞争力及出口结构相似性分析

1. 我国产品在美国市场的竞争状况及出口结构相似性分析

本文将以 HS 编码为统计口径对我国出口美国市场的前八类商品的市场份额进行分析。市场份额凸显了一个国家的商品在国际市场上的竞争力，与商品的竞争力呈正向关系。表 1 显示的是 2015 年我国对美国市场出口的前八类商品的市场份额情况，可以看出，我国家具玩具类商品，鞋靴、伞和皮革制品、箱包等在美国市场上的份额分别为 59.9%、64.3%和 58.4%，具有绝对竞争优势，塑料橡胶、纺织品出口方面也具有较大的市场份额，分别为 25.1%和 37%。而竞争对手中加拿大在塑料橡胶出口方面占据 18.1%的市场份额，同样具有较强的竞争力，墨西哥、越南和日本所占市场份额较小，说明我国在美国市场上劳动密集型商品的出口竞争力较强。可越南的出口增速大大超过我国，说明其在劳动密集型商品方面的实力在不断增强，正加快对美国的输入。我国机电产品占据了美国市场 36.5%的市场份额，同样具有较强的竞争优势，墨西哥占据 17.2%，是我国的有力竞争者，同时竞争者还有日本和加拿大。我国在运输设备出口方面的增长率很高，但市场份额最低，不具备竞争优势。

表 1　　2015 年我国对美国市场出口的前八类产品的市场份额情况

单位：亿美元，%

HS 84–85：机电产品				HS 39–40：塑料、橡胶			
国家	金额	同比	占比	国家	金额	同比	占比
中国	2 369.97	2	36.5	中国	186.96	–4.7	25.1
墨西哥	1 114.72	8.1	17.2	加拿大	134.58	–6.3	18.1
日本	455.17	–5.8	7	墨西哥	69.25	4	9.3
加拿大	274.57	–5.3	4.2	日本	46.07	–1.1	6.2
HS 94–96：家具、玩具、杂项制品				HS 86–89：运输设备			
国家	金额	同比	占比	国家	金额	同比	占比
中国	556.07	9.6	59.9	墨西哥	760.89	9.7	23.8
墨西哥	123.6	8.9	13.3	加拿大	642.93	–0.3	20.1
加拿大	54.81	5	5.9	日本	516.86	2.6	16.2
越南	43.27	23.1	4.7	中国	145.47	13.2	4.6
HS 50–63：纺织品及原料				HS 64–67：鞋靴、伞等轻工产品			
国家	金额	同比	占比	国家	金额	同比	占比
中国	426.18	3.5	37	中国	209.99	3.1	64.3
越南	108.79	13.4	9.5	越南	46.75	23.4	14.3
墨西哥	53.65	–2.3	4.7	墨西哥	5.8	0.9	1.8
HS 72–83：贱金属及制品				HS 41–43：皮革制品；箱包			
国家	金额	同比	占比	国家	金额	同比	占比
中国	248.69	2.6	21.2	中国	88.29	1.9	58.4
加拿大	217.56	–10.4	18.6	越南	11.26	15.8	7.4
墨西哥	102.86	–7.9	8.8	墨西哥	3.35	7.1	2.2

资料来源：中华人民共和国商务部国别报告。

综上分析，在美国市场上，我国在劳动密集型产业和工业制品、机电产品方面具有较强的竞争力，墨西哥和我国出口结构相似，且出口水平较高，是我国最有力的竞争者，日本和我国在资本技术密集型商品方面的出口结构相似，但是日本出口的工业制成品具有更高的附加价值。越南在劳动密集型商品方面的输出加快，是我国未来此类商品的有力竞争者。

2. 我国产品在日本市场的竞争状况及出口结构相似性分析

下文是基于 HS 编码分类法对我国出口日本市场的前八类商品的市场份额进行分析。表 2 显示的是 2015 年我国出口日本市场的前八类产品的市场份额情况。从表 2 中可以看出，在日本市场上，我国的劳动密集型商品，如纺织品及原料、

表 2　2015 年我国在日本市场上出口的前八类产品的市场份额情况

单位：亿美元，%

HS 84–85：机电产品				HS 39–40：塑料、橡胶			
国家	金额	同比	占比	国家	金额	同比	占比
中国	720.11	–12.6	48.1	中国	55.89	–8.5	31
美国	157.57	0.5	10.5	美国	21.11	–2.5	11.7
马来西亚	49.58	–7.7	3.3				
HS 50–63：纺织品及原料				HS 90–92：光学、钟表、医疗设备			
国家	金额	同比	占比	国家	金额	同比	占比
中国	228.98	–12.3	64.7	美国	70.41	–8.3	26
越南	33.78	7.7	9.6	中国	54.67	–5.5	20.2
HS 94–96：家具、玩具、杂项制品				HS 64–67：鞋靴、伞等轻工产品			
国家	金额	同比	占比	国家	金额	同比	占比
中国	93.45	–13.9	66.3	中国	40.61	–9.1	62.2
越南	9.23	5.6	6.6	越南	7.86	14.6	12
美国	3.77	–3.4	2.7				
HS 72–83：贱金属及制品				HS 86–89：运输设备			
国家	金额	同比	占比	国家	金额	同比	占比
中国	87.9	–11.1	29.2	美国	60.68	–4.5	23.3
美国	20.22	4.8	6.7	中国	41.05	–8.1	15.7

资料来源：中华人民共和国商务部国别报告。

家具玩具类、鞋靴伞和箱包等具有绝对优势，所占份额均超过 60%，主要竞争国家为越南、美国和马来西亚。我国的出口份额相比上一年下降了 10%左右，但越南的市场份额却在增加，我国的机电产品占据 48.1%的市场份额，相比美国、马来西亚具有较大的竞争优势，但在光学钟表、运输设备出口方面市场份额均低于美国，但相差不大，表明我国在这些方面同样实力较强。

综上分析，在日本市场，我国的劳动密集型商品相比 TPP 成员国具有较大的竞争优势，但份额在下降，越南在劳动密集型商品上与我国出口结构相似，且份额在快速上升，潜力巨大，未来将成为我国有力的竞争者。美国在工业制成品、机电产品、运输设备、化工产品上具有较强的竞争优势，且附加值较高，是我国有力的竞争者。

3. 我国产品在墨西哥市场的竞争状况及出口结构相似性分析

下文是基于 HS 编码分类法对我国出口墨西哥市场的前八类商品的市场份额进行分析。表 3 显示的是 2015 年我国出口墨西哥市场的前八类商品的市场份额情况。从表 3 中可以看出，在墨西哥市场上，我国仅有家具玩具出口的份额超过美国，为 41.5%，但是美国也同样占据 33.9%的份额，其余竞争国家加拿大、日本所占份额较少。由于美国和墨西哥签订了北美自由贸易协定，双方免征大部分关税，所以美国无论是资本技术密集型商品，如机电产品、运输设备，还是劳动密集型商品，如纺织品、鞋靴，都占据较大的市场份额，拥有较大的竞争优势，与我国的出口竞争激烈。

表 3　2015 年我国在墨西哥市场上出口的前八类产品的市场份额情况

单位：亿美元，%

HS 84–85：机电产品				HS 50–63：纺织品及原料			
国家	金额	同比	占比	国家	金额	同比	占比
美国	503.77	2.1	32.9	美国	44.15	–9.1	42
中国	444.7	2.5	29.1	中国	27.14	23.3	25.8
日本	81.7	–4.3	5.3	越南	2.36	4.4	2.3

续表

HS 72–83：贱金属及制品				HS 86–89：运输设备			
国家	金额	同比	占比	国家	金额	同比	占比
美国	168.04	–4.3	51.4	美国	43.07	16.7	36.8
中国	36.28	9.2	11.1	中国	25.65	21.7	21.9
日本	21.06	–1	6.4	日本	4.74	13.3	4.1
HS 90–92：光学、钟表、医疗设备				HS 39–40：塑料、橡胶			
国家	金额	同比	占比	国家	金额	同比	占比
美国	55.2	3.5	35.7	美国	185.35	–2.2	64.2
中国	30.94	14.9	20	中国	28.29	4.6	9.8
日本	10.45	–18.7	6.8	加拿大	10.22	15.5	3.5
HS 94–96：家具、玩具、杂项制品				HS 64–67：鞋靴、伞等轻工产品			
国家	金额	同比	占比	国家	金额	同比	占比
中国	28.5	5	41.5	美国	13.45	–0.3	45.8
美国	23.32	–1.4	33.9	中国	7.1	9.1	24.2
加拿大	2.84	4.6	4.1				

资料来源：中华人民共和国商务部国别报告。

综上所述，美国由于和墨西哥签订了自由贸易协定，且地理位置十分接近，贸易关系紧密，所以美国绝大多数劳动密集型商品和资本密集型商品在墨西哥的市场份额都超过我国，有较强的竞争优势，与我国竞争激烈，但我国的出口份额比重在增加。

四、我国应对 TPP 的策略

从以上分析可知，我国的出口发生贸易转移主要来自外部和内部两个方面的因素。TPP 正式生效后，全面零关税和高标准的原产地规则使成员国享受到了巨大的优惠，国际贸易更具有价格优势，从而间接地削弱了我国的竞争优势，这是外部因素。我国出口贸易是否会发生贸易转移的核心因素为自身竞争力，我国的出口产品大部分附加价值低，只有不断提升产品的竞争优势，出口贸易才不会受到外部因素的较大影响。

（一）我国应加深与亚太经合组织（APEC）成员之间的经贸往来

1. 加快推进区域全面经济伙伴关系（RCEP）的发展

区域全面经济伙伴关系（RCEP），实则是东盟“10+6”，涉及世界一半的人口，经济规模占世界的三分之一，超过目前的 TPP。与 TPP 相比，RCEP 成员发展水平相似，中国应该利用自己的经济影响力，推动 RCEP 的谈判，使 RCEP 更加多元化，更具有发展活力，更符合各国的共同利益。借助 RCEP 的发展减弱或消除 TPP 对我国贸易产生的不利影响。

2. 推动中日韩自贸区的建立

中国、日本、韩国三国是亚洲地区经济影响较大的国家，总经济量几乎达到了亚洲的七成，在贸易方面，三国正好贸易结构互补，而且有着不同的竞争优势，同时中国与韩国、日本地理位置临近，贸易关系紧密。推动中日韩自贸区的加快建成，有利于大大促进我国的贸易输出，对我国成功应对 TPP 有着积极作用。

3. 深化与东盟之间的经济合作

东盟是我国的主要贸易伙伴，且 TPP 成员大多来自东盟，东盟对亚洲贸易的促进发挥了积极作用。东盟大多数国家基础设施薄弱，需要大量的建设资金，我国推行的“一带一路”倡议中提出与东盟共建“21 世纪海上丝绸之路”，未来双方的贸易往来将更加密切。继续深化与东盟的经济合作，共同推动亚洲自由贸易区的向上发展，会大大增加我国的贸易输出，有助于削减 TPP 对我国造成的出口压力。

（二）加快企业经济结构转型的步伐及出口结构升级

我国的出口附加值低，损耗了我国大量资源。TPP 为其成员国的彼此贸易创造了便利条件，提升了成员国出口的价格优势，未来我国人口红利逐渐消失，企业未来要想继续在国际市场上保持出口优势，就必须加快自身的结构转型，淘汰落后产业，不断提升产品的竞争优势。另外，本国产品质量的提高有助于刺激内需，从深层次缓解本国的出口压力和依赖性。

（三）个人应该积极投身于制造业建设

过去的十年是互联网快速发展的黄金时期，使我国的互联网发展日趋成熟。互联网的快速发展带来的经济利益，吸引了大量人才投身于互联网事业。我国的制造业发展相对不足，未来我国出口贸易的发展离不开实体经济的发展，所以我们每个人都应该在国家“中国制造 2025”“全民创业”“全民创新”的热潮下，借助互联网的优势，积极投身于我国的智能制造事业，提升我国的出口竞争力。

参 考 文 献

［1］Jada M Thompson，Amanda M Leister. Potential impacts of an exclusionary Trans-Pacific Partnership Agreement on Agriculture in the US and Japan［J］. The Journal of Applied Economic Research，2015，9（4）：362–378.

［2］于晓燕. 澳大利亚推动 TPP 谈判的政治经济分析［J］. 亚太经济，2012（6）：10–15.

［3］田凯，邵建国. 美国 TPP 经贸战略中的日本要素［J］. 国际关系，2013（1）：18–79.

［4］李罗莎. TPP 的影响与中国的战略选择［J］. 全球化，2014（3）：64–75.

［5］杨励，张钰莹. 跨太平洋伙伴关系协议（TPP）的发展对中国的影响及其对策分析［J］. 经济研究导刊，2015（2）：125–129.

［6］赵娜.TPP 对中国出口产业的潜在威胁及对策研究［J］. 世界经济研究，2014（2）：23–28.

［7］吴波. 跨太平洋伙伴关系协议（TPP）对我国出口贸易的影响研究［D］. 安徽：安徽财经大学，2014.

［8］李思远. TPP 的发展对中国的影响及应对措施［J］. 市场经济与价格，2015（10）：13.

［9］于志军. TPP 对我国经济的影响及应对策略分析［J］. 河北企业，2015（12）：91.

［10］刘雪凤，高兴，刘鹏.《跨太平洋伙伴关系协议》（TPP）知识产权条款对中国的影响及其对策研究［J］. 中国科技论坛，2014（2）：111-117.

［11］汪灿. 跨太平洋伙伴关系协定（TPP）对中国对外贸易影响的研究［D］. 上海：上海师范大学，2015.

［12］孙晓霓，刘晴. TPP 对我国对外贸易和投资的影响及对策——基于异质性企业理论的视角［J］. 经济经纬，2015，32（2）.

我国跨境电商支付现状与对策研究

王倩楠[①]　王　焱[①]　段琢珉[①]　郝婧伊[①]　刘雨童[①]

摘　要：随着我国跨境电商的不断发展，跨境电商支付也获得了很好的发展机遇，跨境第三方支付企业的人民币支付业务也逐渐走向正轨。但同时也存在着很多安全隐患。跨境支付没有统一的管理制度，各个国家和地区的币值和汇率不同，以及支付系统故障及个别支付机构违法违规现象等诸多问题，在一定程度上阻碍了我国跨境电商的发展，造成跨境电商发展与支付不同步的情况。应通过建立政府部门、有关机构以及企业的合作关系，运用法律监管来解决我国跨境电商支付存在的问题，同时发挥企业的自身调整作用和行业协会的中介作用，通力合作、相辅相成，采取切实可行的对策促进我国跨境电商支付的发展。

关键词：跨境电商；跨境电商支付；第三方支付

引言

2006年起，跨境电子商务（以下简称“跨境电商”）在我国开始出现，特别是近几年更是深入到人们的日常生活当中。在经济全球化不断深入和当前世界电子信息技术迅速发展的情况下，跨境电商在国际贸易中逐渐占据重要地位，成为一种新的国际贸易方式。跨境电商的交易流程是通过用户到平台达成交易，然后进

① 王倩楠，北京联合大学商务学院国际经济与贸易专业 2012 级学生；王焱、段琢珉、郝婧、 刘雨童，北京联合大学商务学院国际经济与贸易专业 2013 级学生。本文获 2016 年全国高校商业精英挑战赛国际经贸与商务专题竞赛三等奖，指导教师：崔玮、修媛媛。

行在线支付、结算等一系列过程，最后通过跨境物流送达商品完成的。由于跨境电商支付方式关系到交易双方资金账户的安全，因此成为了跨境电商的重要环节。

自 2008 年国际金融危机以来，国际贸易接连受到重创，我国出口整体市场份额减少，但相比之下，跨境电商显现出蓬勃发展的趋势。随着国内跨境支付公司业务的完善，越来越多的用户加入到海淘（海外/境外购物）之中，为支付公司开辟了更加广阔的发展市场。然而，当前的管理体制和法规政策适用于传统的国际贸易形式，无法更好地适应当下跨境电商的发展。如何采取相应的对策来促进我国跨境电商支付的发展，从而尽可能地克服支付安全问题所产生的负面影响已经是当下刻不容缓的事情。

一、我国跨境电商支付的背景分析

（一）跨境电商概念与特征

跨境电子商务指的是境内和境外的用户利用跨境电子商务这一平台购买商品并支付结算，然后将商品邮寄给消费者，最终完成交易活动一种买卖形式，也是一种互联网化的新型的国际贸易形式。跨境电商受到网络空间的价值标准和行为模式的影响，同时显现出其特殊的并且异于传统交易方式的几个特点：第一是全球性。与传统的贸易方式比较，其重要特点是电子商务可以跨越国境进行交易，能够与全世界的商户交易产品。第二是无形性。一些无形的产品可以代替实物成为交易对象。第三是匿名性。在线交易的消费者可以隐藏自己的真实身份及地理位置。第四是即时性。消费者可以与商家进行实时的交流沟通，还可以在平台及时完成订货、付款、交货等一系列流程。第五是无纸化。计算机的记录替代了纸面交易的文件。第六是快速演进。就目前而言，跨境电商以空前的速度演进。跨境电商不仅打破了国家之间的隔阂，使国际贸易演变成了贸易的无国界化，与此同时也推动世界经济贸易格局产生了巨大变化。

（二）我国跨境电商发展现状

近年来，我国进出口呈现出增速渐缓的特点。中国电子商务研究报告中的数据表明，我国跨境电商交易规模从2008年的0.8万亿元增长到2015年的5.5万亿元，增长了近6倍。2015年跨境电商的交易额与上一年相比增长了37.5%。从我国的进出口交易总规模和跨境电商交易额可以看出，2015年跨境电商占中国进出口总规模的17.9%；而相关政策的逐步推进、消费者需求的增长和中国跨境网购市场的开放，将会推动进口电商的发展（见表1）。

表1　　2008—2015年我国进出口贸易及跨境电商交易规模

单位：万亿元，%

规模 年份	进出口交易总规模	跨境电商交易规模	跨境电商占进出口总规模比重	跨境电商交易规模增长率
2008	18.0	0.8	4.4	–
2009	15.1	0.9	6.0	9.2
2010	20.2	1.2	5.9	33.3
2011	23.6	1.7	7.2	29.4
2012	24.3	2.3	8.6	26
2013	25.5	3.2	12.5	28.1
2014	27.7	4	14.4	27.6
2015	30.7	5.5	17.9	26.4

注：表格内数据资料根据中国电子商务研究报告整理获得。

2008—2015年这8年间，即使2009年受金融危机的后续影响，我国进出口贸易减少，跨境电商交易规模仍达到了0.9万亿元。其中2013年、2014年和2015年所占比重连续保持在10%以上，而在2010年，跨境电商交易规模增长率则达到了33.3%。由此可以得出，跨境电商的贸易形式将成为我国国际贸易的主导者。艾瑞调研数据预测，在2016年我国跨境电子商务的交易规模将达到6.5亿元，并且在进出口贸易总额中的占比也将增加至19%。

通过对比跨境电商进出口的比重发现，我国跨境出口电商所占的比重较大，但是这8年来呈现的是连续递减的趋势。因为我国跨境进口电商发展晚，所以占的比重较小，但却呈现出每年递增的趋势。由此可以看出，目前跨境出口电商在我国跨境电商中起主导作用（见图 1）。

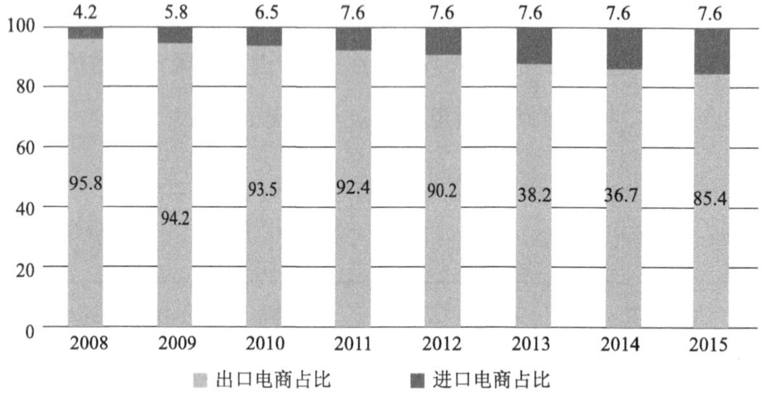

图 1　2008—2015 年跨境电商进出口比重（单位：%）

注：数据通过国家统计局（http://www.stats.gov.cn/）整理获得。

相较传统的国际贸易方式，跨境电商具有无限的发展空间，能够给企业带来更多的利润。很多企业看到了这一发展前景，逐步将重点转移到跨境电商上来，实现了自身的转型。从表 1 中可以看出，跨境电商的交易规模在我国进出口交易总规模中的占比逐步增加，因此跨境电商支付环节的安全程度会影响跨境电商的发展。只有解决了在支付环节所产生的问题，用户才能够放心地使用跨境电商平台来购买需要的商品。作为企业而言，这样能够扩大自己的目标客户群体，获得更多的收益。

二、我国跨境电商支付现状

（一）我国跨境电商的主要支付形式

目前，我国跨境电商主要的支付形式包括银联卡支付、银行的网银支付以及第三方支付企业支付三种形式。随着互联网的普及，很多用户在跨境支付的时候更偏向于使用第三方支付企业来付款。

1. 银联卡为辅助支付形式

在跨境电商发展的初期，银联卡支付的形式就已经出现，而且在 2004 年银联卡就已经开通了对香港、台湾和澳门地区的支付服务。现在，银联卡的跨境支付服务可以在中国境外 142 个国家和地区实现付款。在国内，其跨境支付也具有明显的优势。

2. 银行网银为次要支付形式

银行的网银支付形式则是通过消费者购入外汇后进行支付结算，具体来说，就是国内的用户在购买商品后支付时通过网银选择直接购汇汇出的方式即可。根据艾瑞数据可知，我国现有的消费群体更青睐于第三方支付企业以及商业银行。此外，第三方支付企业的使用率更高。相比商业银行高昂的费用和专业汇款公司网点较少，第三方支付企业能够同时满足用户的所有需求。

3. 第三方支付为主要支付形式

近几年，第三方支付的形式开始占据重要的位置。作为全球最大的第三方支付公司，贝宝（PayPal）是受到全球亿万用户青睐的国际贸易支付工具，其主要的特点是支付后实时到账，为适应中国市场，其交易支付界面可以选择为中文，此外 PayPal 为全球 190 个国家及地区的超过 2.2 亿的用户提供了支付业务，并且可以在 24 种外币之间进行交易活动。其支付方式包含了信用卡、借记卡、电子支票等，使消费者更加快捷和方便地应用，尤其欧美地区的消费者使用 PayPal 的人数较多。因为 PayPal 具有较高的知名度，所以它受到我国跨境消费客户的青睐。但是，近年来伴随着更多的我国跨境第三方支付企业的出现，PayPal 的绝对优势地位受到了挑战（见表 2）。

表 2　　2015 年中国跨境第三方支付企业前十位

排名	企业名称	互联网建设能力	网络社会影响力	行业地位	总分
1	支付宝	95.28	94.84	90.06	91.56
2	财付通	94.31	91.26	88.61	89.86
3	银联电子支付	83.08	90.61	90.37	89.31
4	快钱	86.04	87.59	87.44	87.25
5	汇付天下	81.65	85.52	86.60	85.70
6	通融通	76.42	87.50	85.93	84.74
7	京东网银在线	83.50	85.12	83.74	83.91

续表

排名	企业名称	互联网建设能力	网络社会影响力	行业地位	总分
8	通联支付	75.69	84.33	85.46	83.83
9	拉卡拉	87.42	85.39	82.66	83.79
10	首信贸易支付	76.03	84.27	84.52	83.21

注：表格内数据资料根据 2015 年《互联网周刊》和硅谷动力编辑选择排行获得。

从表 2 可以看出，当前支付宝已经成为国内领先的第三方支付企业，并从 2014 年第二个季度开始成为全球最大的移动支付企业。2010 年 4 月 27 日，阿里巴巴（Alibaba）公司宣布和海外最大的第三方支付企业 PayPal 建立合作关系，双方成为战略合作伙伴，并将联手打造出体系更加完善的第三方支付企业。同年 12 月，支付宝与中国银行合作，联合推出信用卡快捷支付形式。不仅如此，支付宝还在不断地扩展自己的产品业务，寻求更多的与各大银行的合作机会。目前，支付宝已经同国内外 180 多家银行、维萨（Visa）国际组织、万事达卡（Master Card）国际组织等机构成为了合作伙伴，在电子支付领域已经同很多金融机构建立了合作关系。同时，在中国香港、台湾和澳门地区也可以使用支付宝进行支付，进而完善了跨境支付服务。跨境支付业务涉及 34 个国家和地区，可以用美元、英镑、欧元等 15 种外汇结算。境内的用户可以使用支付宝中的人民币支付，再由境外的跨境电商或者支付宝的合作伙伴物流公司将商品运至国内。从 2014 年 2 月起，第三方支付机构也可以使用人民币进行跨境支付业务。跨境支付试点牌照由国家外汇管理局颁发，可以直接用人民币结算支付。

财付通的交易额虽然仅次于支付宝，但它获得了我国信息安全测评认证中心的认可，成为国内第一家权威机构认证的电商支付平台，这也预示着用户最关心的跨境电子支付行业的安全问题已经走向标准化、规范化，保证了消费者的个人信息安全及支付安全。快钱可以支持 15 亿张信用卡完成国际卡支付并且实现自动化汇款支付处理，帮助跨境电商处理复杂的结汇流程并规避风险。

在第三方支付企业中逐渐被普及的还有拉卡拉，它是第一批中国人民银行颁发的获得第三方支付牌照的企业之一。2014—2015 年，拉卡拉取得国家外汇管理局颁发的跨境电商外汇支付业务试点资格，以及中国人民银行下发的跨境人民币支付业务备案申请许可，这些都为拉卡拉拓展跨境支付业务奠定了基础。拉卡拉经过多年的发展，已经初步构建出完整的支付业务处理系统，并且能够为其他电子商务企业提供相关的设计流程方案及配套服务，并可为境内外消费者提供跨境外汇及人民币的支付结算服务。此外，拉卡拉的跨境支付业务还提出了解决境内电子商务交易平台的支付结算方案。目前，拉卡拉跨境支付业务能够为个人和企业提供一站式的跨境支付结算解决方案，充分满足跨境电商快速发展时代背景下用户的需求。

（二）跨境电商交易平台及支付模式

我国跨境电商的平台大体可以分为传统跨境大宗交易平台（B2B）模式、综合门户类跨境平台（小宗 B2B 或 C2C）模式、垂直类跨境平台（独立 B2C）模式和专业第三方服务平台（代运营）模式四种。

1. 传统跨境大宗交易平台

传统跨境大宗交易平台（B2B）模式，具体体现在其为境内外会员商户与消费者提供了网络在线销售的平台，同时将供应商、采购商或是合作伙伴的商品和服务的信息传递给对方，并最终帮助双方完成交易。B2B 平台在跨境电商中成立时间最长，拥有最完善的商业模式，能吸引大量的客户群体并为企业带来丰厚的利润。

到目前为止，作为全球最大的互联网网站之一的阿里巴巴，无疑是一个成功的线上交易平台。而阿里巴巴国际站也吸引了来自全球商户的入驻，并且商户登录后可以发布自己的供货信息，买方可以从中获取到自己想要购买的商品信息，会员之间以自由开放商谈生意的形式在这个平台上寻找贸易伙伴。简而言之，它是在互联网上建立了一个突破地理环境和时间障碍的自由贸易市场，商户可获得更多的商机，买方可以更快捷、简单地获得想要的产品。因为买方拥有大规模的企业，所以可能会采购大量的商品，货款总额较大。因此，企业为了安全起见一般采用以线下支付为主的方式，比如 T/T（电汇）、L/C（信用证）、西联等。

2. 综合门户类跨境平台

综合门户类跨境平台（小宗 B2B 或 C2C）模式是不同国家或地区间的交易双方通过互联网及其相关信息实现不需报关、不缴付关税的交易平台。其支付大多与 PayPal、Global Collect 等支付服务提供商合作，与在国际上著名的第三方支付平台发展战略合作伙伴关系，这也是其支付模式中最重要的部分。在跨境交易时，消费者先付款，钱款会先存放在第三方支付平台中，待用户收到商品并检验确认收货后，平台会将货款转入卖方的账户中。这种方式在很大程度上保障了消费者的权益。

敦煌网致力于打造一个交易服务型 B2B 的企业模式。其利润来源是向买家收取一定的佣金，整合跨境支付中涉及的各个环节。与传统的贸易方式相比，敦煌网的模式与其他平台有所不同，主要体现在交易服务方面，实行整合信息服务、支付服务、物流服务等整体交易服务模式，并在交易完成之后收取佣金。一般使用 PayPal 要支付大概 8%的服务费用，而在敦煌网交易只要 2%左右即可。

3. 垂直类跨境平台

垂直类跨境平台（独立 B2C）是跨境电商企业联系国内外贸企业作为供应商，并垄断货源，同时建立属于企业本身的集所有业务于一体的 B2C 平台，将产品销往海外的销售收入是其主要利润来源。

兰亭集势主要是通过国内供货商向国际市场提供长尾式采购模式，制造成本较低，商品间的价格差为企业带来利润。其商业模式不同于传统的商业模式，而是在我国制造厂商和国外消费者之间建立业务往来关系，并且超过 70%的产品来源于制造厂商，具有更加优惠的渠道，拥有更好的定价权和私人定制化产品。在兰亭集势平台上有多种交易方式，大多数客户选择用 PayPal 来支付，并且在支付货款之后，需要将信用卡照片和身份证照片上传到网站当中，这样的支付方式能够为客户提供更安全的保障。

4. 专业第三方服务平台

专业第三方服务平台（代运营）模式是指不直接或间接参与任何电子商务买卖过程，而是为不同行业中从事小额跨境电商业务的公司提供有针对性的解决方案，主要监管消费者的支付结算、客户服务、法律咨询等服务模块。

四海商舟主要为小额跨境电商公司提出专业性并有针对性的解决方案，专门为新步入行业的跨境电商企业提供下列三种服务：首先是市场研究，针对当前的情况帮助客户深度分析旗下产品的网络市场竞争力、市场定位、需求程度以及品牌定位；其次是营销商务平台的建设，协助企业建立主要针对国外消费者习惯的平台；最后是海外营销解决方案，为企业的国外营销提供更多的选择等。跨境电商企业可以从中获取不同阶段企业所需要的支持，除此之外还可以解决因地区而产生的不同文化和语言差别、支付方式、法律、知识产权等方面的问题，即提供一站式定制服务。四海商周为小额跨境电商企业所设计的支付模式是可以根据客户的需求来选择自己常用的支付形式，此举为客户在支付环节提供了便利。

四种交易平台及支付模式的比较见表 3。

表 3　　　　跨境电商交易平台及支付模式比较

跨境电商交易平台	交易主体	特点	代表企业	支付模式
传统跨境大宗交易平台（B2B）模式	企业与企业之间通过互联网进行产品、服务及信息的交换	大额及批量跨境交易为主	阿里巴巴国际站、慧聪网、铭万网、勤加缘网、马可波罗网	线下支付为主，包括电汇（T/T）、信用证（L/C）、西联等
综合门户类跨境平台（小宗 B2B 或 C2C）模式	中国卖家通过第三方电子商务平台，直接与海外小型买家进行在线交易	传统小额国际贸易基于网络化、电子化的新型贸易方式	敦煌网、阿里巴巴速卖通、易唐网等	以线上支付为主，包括贝宝（PayPal）、第三方支付等
垂直类跨境平台（独立 B2C）模式	自己联系国内外贸企业作为供货商，自建平台体系	小额跨境商务交易为主	兰亭集势、米兰网、大龙网、DX（帝科思）、Focal Price	多使用线上支付，包括贝宝（PayPal）、信用卡、借记卡等
专业第三方服务平台（代运营）模式	不直接或间接参与任何电子商务的买卖过程	为小额跨境电商公司提供专业解决方案	四海商舟、四方科技集团	根据客户需求可选择多种方式

注：表格内资料根据中华人民共和国商务部网站（http://www.mofcom.gov.cn/）资料整理获得。

上述四种跨境交易平台，少部分还在使用传统的跨境支付模式，大部分平台已经开始用新型的跨境支付模式进行交易。随着跨境电商的发展，在线购物的人数也不断增长，很多企业看重这一商机，都开始开拓支付业务的新型模式。因为传统的支付模式交易时间较长、结算方式复杂，并且会根据商品的交易金额收取一定比例的手续费和其他费用，所以传统的支付模式已经无法满足人们的需求。与之前的支付模式相比，使用第三方支付的方式相对更加便捷，有些平台也不收取手续费，最主要的是，用第三方支付交易更加安全，因为消费者所支付的货款并不是立即就转入到对方的账户里，只有交易成功后才会转到商户的账户里，这样可以在最大程度上保护消费者的权益。除此之外，不仅是青年人，大多数的老年用户也能够独立操作，完成支付交易。因此，当下的跨境支付模式才能够大量普及（见表 4）。

表 4　　传统支付模式和新型支付模式对比

	传统支付模式		新型支付模式	
	电汇	西联汇款	PayPal	支付宝
交易时间	1～3 天	10 分钟内	实时	实时
风险	账户信息盗用	被冒领风险	盗号风险	非法洗钱
手续费	30 美元以上	20 美元以上	4.4%+0.3	无

（三）跨境电商支付及相关领域的法律规范

跨境电商及支付的迅猛发展受到了相关部门和社会的高度重视，跨境电商支付的监管在鼓励发展和创新的前提下，延续了传统的外部多层次监管方法。我国相继出台了《跨境贸易人民币结算试点管理办法》以及《支付机构互联网支付业务管理办法》等关于跨境电子商务支付的法律规范，这些法律规范主要是提出关于人民币跨境支付、金融机构和非金融机构的管理办法，这些法律规范的出台，使消费者在跨境购物时可以更加快捷地支付，并且可以加快企业平台完善支付业务的进程，很好地解决了跨境支付存在的部分问题，规范了企业的行为，保护了商户和消费者的合法权利（见表 5）。

表 5　　跨境电商支付及相关领域的法律规范

出台时间	法律规范	主要内容
2009 年 7 月	跨境贸易人民币结算试点管理办法	跨境贸易人民币支付结算试点启动，其对业务范围、运作方式、试点企业的选择、清算渠道的选择等问题做了具体规定
2010 年 6 月	非金融机构支付服务管理办法	未经中国人民银行批准，任何非金融机构和个人不得从事或变相从事支付业务
2010 年 9 月	跨境贸易人民币结算试点管理办法实施细则	由中国人民银行制定颁布，解决在跨境贸易人民币结算业务中出现的问题
2011 年 11 月	支付机构客户备付金存管暂行办法	规范支付机构客户备付金管理，保障当事人合法权益，鼓励支付行业健康发展
2012 年 1 月	支付机构互联网支付业务管理办法	针对支付企业，规范和鼓励互联网支付业务的发展，防止支付风险，保护用户的合法利益
2013 年 2 月	支付机构跨境电商外汇支付业务试点指导意见	规范支付企业跨境在线支付业务，防止通过互联网渠道发生外汇支付风险
2016 年 1 月	国家外汇管理局关于开展支付机构跨境外汇支付业务试点的通知	支持支付企业为跨境电商交易双方提供外汇资金收付及结售汇服务

注：表格内资料通过中华人民共和国商务部网站（http://www.mofcom.gov.cn/）和中国人民银行网站（http://www.pbc.gov.cn/）资料汇总整理获得。

三、我国跨境电商支付发展环境分析——基于 PEST 模型

（一）政治和法律环境分析

（1）2014 年 2 月，中国人民银行上海分行下发《关于上海市支付机构开展跨境人民币支付业务的实施意见》。

（2）2015 年 1 月，国家外汇管理局出台《国家外汇管理局关于开展支付机构跨境外汇支付业务试点的通知》。

（3）2015 年 3 月，国家发改委、外交部、商务部联合发布《推动共建丝绸之路经济带和 21 世纪海上丝绸之路的愿景和行动》。

（二）经济环境分析

（1）2014 年，中国跨境电商交易规模为 4.2 万亿元，同比增长 3.3%。

（2）2014 年，我国电子商务网上零售交易额超过 2.78 万亿元，相当于全社会零售品消费总额的 10.63%，网上零售交易额比 2013 年增长 49.7%。

（三）社会和文化分析

（1）2014 年年末我国互联网上网人数达 6.49 亿，互联网普及率达到 47.9%。

（2）对海外商品的需求增加，2014 年，我国居民个人跨境网购热情高涨，全年境外网上购物支付超过 15 亿美元。

（3）出境游市场不断扩大，2014 年中国（不包含港澳台地区）出境游人次超过 1 亿，海外交易总额达 1 648 亿美元。

（4）留学市场规模不断扩大，2014 年中国出国留学人数为 45.98 万，同比增长 11.09%。

（四）技术分析

（1）互联网技术、物流的发展为跨境购物带来便利。

（2）人民币跨境支付系统（Cross–border Inter–bank Payment System）一期上线运营。

（3）跨境电商一站式服务平台解决货物快件在跨境电商中出现的通关、结汇、退税、产品安全等一系列问题。

四、我国跨境电商支付存在的问题

随着全球经济一体化的发展，在线跨境购物以及跨境电商交易为人们的生活带来了便利，而跨境电商支付行业也在不断发展，出现了不同形式的交易方式。但由于跨境电商支付是个正在不断发展的新兴市场，在相关管理制度上没有规范的要求，所以在支付交易方面会出现很多漏洞，不利于跨境电商的进一步发展。

（一）跨境电子商务支付业务的交易风险

1. 用户非法交易概率增加

在线支付交易有快速性和虚拟性的特点，资金能够及时地在网上转账使其成为非法资金流通的渠道。而跨境电商业务都是通过网络操作进行的，交易双方没有真实性的接触，这无疑增加了交易支付的信用风险。目前，由于支付机构对客户没有严格的审查过程，以致监管部门无法得知大量的交易金额真正的流向，而国外的支付平台同样无法监管钱款的流向，所以使得跨境电商非法交易数量逐渐增加。

2. 企业利用平台进行非法洗钱

目前，跨境电商在各国间没有统一的法律判定标准，银行机构和跨境支付平台无法实时监控钱款的来源及流向，因此很多不法企业及个人利用支付体系的这个缺陷，将非法所得转入支付平台当中，再将钱款转移到银行中，使其成为合法收益，进行非法洗钱活动。此外，很多第三方支付平台还具有充值功能，用户可以利用银行信用卡充值后将钱款转入借记卡中套现，这也为一些贪污受贿和洗钱行为提供了便利。

（二）跨境电子商务支付业务的管理缺陷

1. 国家立法不健全

我国对于跨境支付没有较为统一的管理制度及法律规定，有关部门监管不到位，支付结算的潜在风险很高，一些不法分子利用此缺陷对消费者进行欺诈，严重阻碍和限制了跨境电商的快速成长。此外，跨国在线支付存在风险监管漏洞，一旦跨境电商支付中出现冲突，解决时对于适用哪国法律规范体系存在着很大的争议。当商户与消费者出现支付纠纷时，交易双方无法利用明文法律规范来维护自己的权益，如果解决结果无法使双方满意，将会为之后的交易带来更大隐患。

2.　外汇管理受到挑战

当前跨境电商交易额占跨境消费总交易额的比重较大，而每个国家和地区的币种及汇率不同，并且汇率实时变化，在交易时双方无法具体得知实时的金融情况。同时，商户和消费者的信息不完善，导致支付平台无法为双方提供准确信息以及外汇监管部门不能准确掌握跨境电商支付钱款情况及流向。外汇管理的缺陷还在于部分第三方支付平台未与各大银行建立合作关系，从而导致在交易平台上无法公布出实时的汇率变化情况，双方在交易时无法明确知晓当前成交价格，在最终成交时可能会出现价格不一致的情况。除此之外，境内支付机构以个人名义通过虚拟交易的方式购汇并以服务贸易款的形式汇出，以此来逃避税收和外汇管理局的监管。这些都对外汇管理构成挑战。

3. 系统故障导致信息泄露

近年来，我国涌现出众多支付平台，但一些平台正处于发展的初期阶段，相应的体系不够完善，支付系统会出现很多状况，有些还会因为系统故障或者用户操作不当等导致支付信息丢失，个别平台甚至还会存在欺诈和违法违规的现象。钓鱼网站在消费者支付环节盗取个人信息及密码，最终造成用户钱财两空；网络木马病毒和黑客的攻击导致交易双方信息泄露、账号和账户资金被盗等问题，这都会给跨境支付交易的发展带来阻碍作用。

（三）跨境电子商务支付业务的政策缺陷

1. 电子商务交易归属问题

从电子商务交易形式方面分析，纯粹的电子交易属于服务贸易的范畴，国际普遍认为可归于服务贸易总协定（GATS）的规则中并按照服务贸易进行管理。对于只是按照电子商务形式完成交易、签约等，但要通过传统的运输方式将货物运至购货人所在地，则将交易归于货物贸易的范畴，适用 GATT 管理。此外，对于特殊的电子商务种类，其既非明显的服务贸易也非明显的货物贸易，国际上对于此类交易的归属尚存在较大争议。

2. 交易主体市场准入问题

跨境电商及支付业务能够突破时空限制，将商务辐射到世界的每个角落，使经济金融信息和资金链日益集中于数据平台。一旦交易主体缺乏足够的资金实力或者出现违规经营、信用危机和系统故障等问题，便会引发客户的外汇资金风险。

因此，对跨境电商及其支付业务参与主体进行市场准入规范管理极其重要和迫切。

五、完善我国跨境电商支付的对策分析

随着跨境电商的迅速发展，我国有关部门批准了一批第三方支付平台开展跨境支付业务，伴随着相关法律监管措施的出台，第三方支付平台凭借其便利和安全性的优势，成为了更多用户的选择。除此之外，就上述跨境电商支付存在的问题，以下提出针对的解决办法。

（一）跨境支付环境的优化对策

1. 建立良好信用环境

跨境电商支付中，可能因为交易双方没有按照事先的约定履行承诺，同时网上交易存在的虚拟性使得商户和消费者都有可能不遵守信用原则。因此建立良好的信用环境是首要任务。其一，应该建立风险监管法律制度来防范跨境电商支付信用安全及资金流动的风险，加强与各大银行的合作，利用银行系统控制资金的流动，并随着行业的发展不断进行改善。其二，各大主要的跨境电商企业应该与政府机关协作，并配合建立规范全面的信用体系，增加信用透明度，强化信用意识，加强监管的力度。其三，第三方支付企业应该建立用户信息核对系统，所有用户都必须进行实名制登记，对于一些利用虚假信息注册的用户不允许开户，并且定期核实用户信息，及时更正用户的个人信息，降低安全威胁的可能性。其四，我国应该与其他国家或地区加强协商合作，针对之前出现的冲突和具有争议的部分建立一套完整的跨境信用体系。其五，提高用户的防盗防骗意识，从根源上降低非法者利用漏洞来骗取消费者钱财的可能性。拥有了良好的信用环境，就能取得客户更多的信任，消费者群体才会增多，相关企业的收益才能提高。

2. 优化支付交易环境

进一步优化支付环境，使更多的用户和消费者放心地使用在线支付平台。因此，针对以上所出现的问题提出相应的解决办法：首先，加强监管部门的监察力度，同时企业自身应就用户反映出的在支付环节存在的问题和漏洞进行不断完善，

使用户在交易的过程中可以放心支付钱款。其次，跨境支付平台成立专门的部门来解决在支付环节出现的问题。用户在受骗或是账号被盗以后应及时与支付平台联系后冻结账户，之后用法律规范来维护自身的合法权益。最后，明确要求跨境支付企业严格履行交易审核的真实性原则，禁止境内机构和个人以虚假的交易形式来转移非法的外汇资金，并且不能以拆分等方式逃避外汇管理局的监管。此外，之前政府公布了已经获得牌照的第三方支付企业，对于这些企业，在支付限额、合作银行数量以及信息申报等几方面，应尽量减少对其的严格管理，对未获得牌照的加强监管力度，对多次出现问题的企业进行警告，问题严重的企业取消资格。此举对跨境电商支付的发展意义重大，它不仅增强了跨境电商及跨境购物用户支付的安全性，也在不同程度上打击了不法海外代购，保证了平台使用的安全性。

（二）加强跨境电商电子支付系统建设

1. 鼓励开展跨境电子支付，推进跨境外汇支付试点

支付和结汇问题是当下发展跨境电商应解决的重要问题。“我国的第三方支付工具，例如支付宝、财付通等在国外应用并不普遍。”李广乾认为，在电子支付上，各个国家的支付方式各不相同，国内外通用的支付工具不多，因此我国的跨境电商不如国内电商发展得快。

2. 在国外大型支付工具先入为主的情况下，有效促进我国的电子支付工具“走出去”

我国的电子商务平台在国际上影响很大，因为中国是制造大国，是世界产品生产制造基地，我国的电子商务平台在国际上也有很大的发展潜力。李广乾建议，一是我国在结算等环节中要为企业提供优惠措施，并促进我国支付工具在国外的应用；二是国外的支付手段在当地已经形成市场的，我国可以通过与货币金融等有关部门签订协议安排，让我国第三方支付工具尽快与其对接发展。

总之，各国的消费方式不同，加之涉及国际交易中的货币兑换等问题，我国还需加强电子支付工具的建设，扩大国内支付工具的影响力，并努力在国际电子支付中占据重要份额。

（三）跨境支付的监督对策

1. 颁布针对性的法律监管政策

我国当前法律监管体系的不健全以及政策支持的不完善，使得在跨境电商支付环节有很多安全隐患。我国跨境电商具有起步晚、增速快的特点，在交易形式、支付结算等方面与传统贸易方式有很大的差别。

除此之外，由于用户的习惯问题，消费者和商户都把目光放在国内交易市场，还没有跟上电子商务全球化发展的潮流，因此需要政府的鼓励和引领。但相应的法律政策及监管力度较为欠缺。跨境电商支付从安全方面考虑，应该加强支付结算交易方面的立法。可以参考其他国家较为完善的法律条款中关于跨境电商支付交易方面权利、义务及责任的划分内容，针对我国当前跨境支付交易的实际情况，制定相关的法律法规，来规范电子支付服务中参与交易双方间的权利义务关系，切实做到让相关监督有法可依。

在第一批跨境支付试点企业名录公布之前，我国跨境电商的支付环节被取得国内支付业务许可证的外资支付机构垄断，这是因为我国的相关法律政策还没有跟上市场发展。此外，跨境支付业务的法律政策和监管约束迟迟得不到落实。大部分国内第三方支付业务虽然早已涉足跨境支付领域，但其中多数是通过和银行或者境外第三方支付企业合作，这样的支付流程复杂且时间较长，在一些环节中会逃脱我国的法律监管范围，使得一些支付企业钻法律空子，所以应制定国际间跨境支付企业的明文法律规范，来界定双方的权利和责任豁免的范围。这样我国的跨境支付才能长久、健康地发展下去。

2. 鼓励政府和企业对跨境支付实施监督

针对上述的外汇管理缺陷，跨境支付企业应向外汇管理局申请年度购付汇的额度，外汇管理局针对其所提出的额度申请进行相应的评估，确定最后的年度购付汇额度。银行在外汇管理局为跨境支付公司所规定的限度内办理收付汇业务，并发挥对其监督管理的作用。

首先，我国应鼓励银行机构和支付企业合作，为跨境电商提供支付服务，重中之重是解决支付服务配套环节薄弱的问题。当下，我国银行机构与第三方支付企业应该加大彼此间合作的力度，逐步加强我国跨境电商支付企业的全球化程度，进而可以被更多的海外买家认可，只有这样才能使我国的支付企业大量普及。其次，除了我国出台的新政策外，支付企业在办理电子商务外汇钱款或人民币资金跨境支付业务时，可向国家外汇管理局或是中国人民银行申请办理，并按照相关法律政策处理。最后，完善跨境电商支付清算服务体系，可以加大对银行机构和支付机构跨境支付业务的监管力度。

跨境电商企业和个人通过交易平台完成进出口商品交易，可以接受海关部门或其他相关企业对交易电子数据的监管。在企业管理层面应在跨境电商进口商品申报前，电子商务交易平台企业、支付企业据实向海关有关部门传输交易、支付等信息。针对进出境快件运营人，邮政企业可以受电子商务企业、支付企业委托，在委托企业对传输数据的真实性承担相应法律责任的前提下，向海关传输交易、支付等电子信息。电子商务企业应当对购买跨境电子商务零售进口商品的个人身份信息进行核实，并向海关提供由国家主管部门认证的有效身份信息。无法提供或者无法核实订购人身份信息的，订购人与支付人应当为同一人。此举能够加强对商户和消费者信息的监管，减少不必要的风险。

参考文献

［1］Marcia Kaplan.Cross border ecommerce booming［J］. Practical Ecommerce，2013（2）：191–210.

［2］严圣阳. 我国跨境电商支付现状与发展前景［J］. 经济论坛，2014（5）：31–34.

［3］朱恺. 我国跨境电商发展现状分析及相关建议［J］. 现代商业，2014（4）：65–66.

［4］黄永江，韦继强，韦念好. 关于构建中国跨境电子商务及支付外汇业务管理体系的研究［J］. 区域金融研究，2013（6）：44–49.

［5］谢雪莲. 完善我国跨境电子商务管理体系的研究——基于电子支付外汇视角［J］. 福建教育学院学报，2014（4）：37–38.

［6］王外连，王明宇，刘淑珍. 中国跨境电子商务现状分析及建议［J］. 电子商务，2013（9）：23–24.

[7] 徐松，张艳艳. 应将跨境电商建成“中国制造”出口的新通道[J]. 经济纵横，2015：27–30.

[8] 叶纯青. 电商界的“黑马”——跨境电商 [J]. 金融科技时代，2014（3）：25–32.

[9] 鄂立彬，黄永稳. 国际贸易新方式：跨境电子商务的最新研究 [J]. 东北财经大学学报，2014（2）：25–28.

[10] 张卉. 跨境电商发展的 SWOT 分析及对策 [J]. 山东工商学院学报，2015（3）：91–92.

[11] 王杏平. 快速发展的跨境电子商务与第三方支付管理探究[J]. 区域金融研究，2013（12）：67–70.

[12] 王明宇，廖蓁. 跨境电商的主要问题和对策研究 [J]. 中国商贸，2014（3）：77–80.

[13] 刘洋，熊超，许昊，等. 跨境电子商务的安全问题和监管建议 [J]. 电子商务，2014（11）：80–85.

[14] 孙蕾，王芳. 中国跨境电商发展现状及对策 [J]. 中国流通经济，2015（3）：39–40.

[15] 董鹏，刘翠，桑杰. 2014 中国跨境电商迎来“黄金时代”[J]. 产业聚焦，2014（9）：40–41.

[16] 任志新，李婉香. 中国跨境电子商务助推外贸转型升级的策略探析 [J]. 国际商务论坛，2014（4）：27–28.

[17] 孟祥铭，汤倩慧. 中国跨境贸易电子商务发展现状与对策分析 [J]. 沈阳工业大学学报，2014（2）：122–123.

[18] 孙艳艳. 我国跨境电子商务的发展现状分析 [J]. 经贸论坛，2014（9）：170–173.

[19] 陈曲，林铠燊. 第三方支付企业跨境发展初探——以支付宝为例[J]. 特区经济，2013（9）：208–210.

[20] 周嘉娣. 我国跨境电子商务的现状分析及建议 [J]. 中国商贸，2013（10）：102–103.

[21] 叶华文，旷彦昌. 第三方跨境支付存在的问题及对策研究[J]. 电子商务，2014（9）：37–40.

[22] 梁春丽. 第三方支付有望“持证”跨境结算 [J]. 金融科技时代，2013（6）：18–26.

[23] 宋连. 第三方支付跨境电子商务外汇管理问题探讨 [J]. 中国信用卡，2014（7）：62–67.

[24] 汪文进. 第三方支付机构跨境外汇支付管理问题研究 [J]. 西部金融，2013（3）：44–47.

[25] 郭景荣. 第三方支付机构跨境支付业务监管探讨 [J]. 金融科技时代，2014（6）：69–73.

[26] 邢越，朱本桂，符合. 第三方支付跨境业务外汇监管探析[J]. 金融监管，2013（2）：64–67.

[27] 程宇，陈明森. 福建跨境电商发展机遇与对策 [J]. 亚太经济，2014（5）：119–121.

[28] 杨松，郭金良. 跨境电子支付服务风险监管法律问题研究[J]. 法治研究，2013（2）：64–70.

中美自由贸易区原产地规则比较研究

刘旻昱①

摘　要：中美两国都在积极推动自由贸易区（FTA）战略，原产地规则是FTA中的重要规则，是利用FTA优惠政策的重要前提。在原产地规则的组成方面，美国和中国基本类似；在认定标准的使用范畴上则有较大差别；在制度性安排和补充规则应用程度上来说中国相对较弱。通过中美原产地规则比较可得出我国在自贸区规则发展上的不足：起步晚，缺乏实践经验；自我调节能力较弱；缺乏对补充规则的利用。在这一条件下，我国必须利用好原产地规则来促进贸易发展，丰富实质性改变标准的内容，才能良性引导本国产业转型。同时，借鉴发达国家成熟经验，制定完善而灵活的原产地规则，充分利用各种"制度性规则"和"补充规则"来加强自身规则建设。

关键词：FTA；原产地规则；中国；美国；比较

引言

FTA（Free Trade Agreement）即自由贸易区，也称自贸区，指区域内成员彼此取消货品的产品关税并减少非关税贸易壁垒。近年来，随着贸易环境与市场的变化，自贸区包含的内容不断增加，现在已经发展到服务业、外资吸引、商品采购、工业标准化、自主产权等多个项目，发展成了广义的FTA，这种广义的FTA也被称

① 刘旻昱，北京联合大学商务学院国际经济与贸易专业2013级学生。本文获2017年北京联合大学校级优秀毕业论文，指导教师：梁瑞。

为“经济合作协定”（Economic Partnership Agreement，EPA）。目前，全球范围内都逐步重视区域密切合作对于各方的经济促进作用，而本文所研究的 FTA 就是一种最佳的区域合作模式，在世界贸易组织（WTO）发挥的作用逐步削弱的今天，FTA 成为经济全球化下多数国家为保护本国经济贸易而广泛采取的措施。

随着 WTO 发挥的作用逐步削弱，各个国家逐渐把关注的重点转向了区域间的密切合作，通过削减或消除国家间的保护主义，并且通过自贸区的建设不断地促进成员之间利益最大化。随着市场的进一步开放，科技、运输的进一步发展，产品的生产形成了全球生产链，即产品的不同生产阶段倾向于在不同的低成本国家或地区进行。例如美国苹果公司 iPhone 手机的生产，聚集了美国的核心设计、日本的芯片、韩国的屏幕和中国的组装。因此，国际贸易中货物的国籍问题变得尤为突出。所以说在 FTA 进一步完善的过程中，应该注重原产地对于 FTA 发展完善的影响并积极应对风险。

近几年，中美两国都将自贸区建设上升为国家战略，FTA 的发展，不论在全球贸易产业发展方面，还是对于本国产业结构升级层面，都具有重要意义。中美两国目前各自都有 20 个以上的 FTA 贸易伙伴，但这些总和都远不及未来中美 FTA 所涉及的贸易规模和经济规模。我国作为最大的发展中国家、最具有活力的经济体，在利用 FTA 原产地规则的制定促进本国贸易发展方面尚有不足。在 FTA 原产地规则的利用方面，文章以中国和美国的差异为切入点，总结我国现今原产地规则的薄弱与劣势，学习借鉴发达国家利用 FTA 原产地规则为本国产业发展服务的经验，争取在全球贸易中占领更大的市场。

一、FTA 原产地规则基本概述

原产地规则是 FTA 相关协定的必要组成，这一规则能够在现今货物产地复杂的背景下确定产品的“国籍”，这可以看作是自贸区的“贸易自由度”的体现。下文先分析相关的概念以便于继续研究。

（一）FTA 概述

FTA（Free Trade Agreement）即自由贸易区，自由贸易区根据涉及的国家数量、区域范围等因素的不同，可以分成广义的自由贸易区和狭义的自由贸易区。自由贸易区与关税同盟的区别在于：前者指成员之间内部消除关税和非关税贸易壁垒，但对外保持不变；后者指在自贸区的基础上对外实施共同关税。FTA 有时也指自由贸易协定，是指两个或两个以上国家通过自愿结合的方式，就消除关税和非关税壁垒等贸易自由化问题达成的协定。如果从狭义上讲，这种概念是国家在国内的某一范围内不征缴关税，并放松对该区域的行政管制，最终在国内形成的富有活力的自贸区，例如上海自贸区。

各个国家都会在参与的自贸区内结合本国的产业优势与生产要素配置制定适合本国的一些规则，而且各个参与国家都会依照通用 FTA 规则免除关税，促进贸易活动实现较大的自由度，从这点也能看出参加了自贸区的国家相较于没有参加的国家具备很大优势。

（二）FTA 原产地规则基本界定

FTA 原产地规则是一种优惠性原产地规则，其将原产地规则界定为各国或各地区为规定货物的原产地而采取的法规。一般来说分为两方面内容：一是关于产品原产地认定标准的实体规则；二是关于原产地规则实施程序的程序性规则。

（三）FTA 原产地规则主要内容

FTA 原产地规则主要内容包括原产地规则判定标准、一般制度性原产地规则和程序性规则三部分。

1. 原产地规则判定标准

原产地规则有多种类型，但是不同类型的原产地规则所包含的原产地标准是大致相同的，即完全生产品标准和非完全获得产品判定标准。

（1）完全生产品标准。完全生产品是指某一货物在一个国家完成生产制造的全过程，并且生产该货物所使用的原材料完全来自该国。完全生产品的获得过程比较简单，并且原材料完全来自同一个国家，因此完全生产品标准执行起来比较简单。但是在实际的贸易活动中，这一标准难以得到满足，能够满足这种标准的商品种类又很少，因此对于这类标准的运用较少。

（2）非完全获得产品。非完全获得产品是指具有超过两个的国家参与生产，根据这一情况定义的标准。其定义是指在前期经过了其他国家的零部件提供或加工过程，但是最终必须要回到某一国家进行必要的生产步骤，让商品具备特殊的性质，从而确定这个进行必要生产步骤的国家为原产国。判定非完全获得产品的原产地时，情况则较为复杂，判定依据也更加多元化。所以，出现这种情况时，应该依据产品是否以真的产生了实质性改变来界定。这种界定通常能够应用下面所列出的三种条款，从而该出口国才被认为是该货物的原产国。

第一是税则变化标准（Change in Tariff Classification，CTC）及免除（Exception to CTC，ECTC），指终极商品的税号、原料和利用的加工产品的税号发生变化。CTC 变化形式有四种，分别是税目号在章（HS–2）、品目（HS–4）、子目（HS–6）和项（HS–8–10）中发生改动。根据总体情况来判断，要求变化的 HS 的税目号越少，那么原产地标准也更为严格，可概括为：章＞品目＞子目＞项。

第二是增值百分比标准（Value—added Criterion，VC），又称从价百分比标准，即货物在加工地区增加的价格不超过加工前原价值的某一限定的百分数，即视该国或该地区为产品的原产地。区域价值成分，即 RVC，应当根据下列公式计算：

$$RVC=(FOB-VNM)/FOB\times 100$$

其中，RVC 为区域价值成分，以百分比表示；FOB 为货物的离岸价格；VNM 为 CIF 价格中非原产地材料的价值。非原产地材料的价值应当为：（1）原料的价格；（2）在区域内认定的非原产材料的实际价值。如果不能被确定的材料是制造者在缔约国取得的，那么最终的价格不包括运输过程中产生的运费、保险费、包装费及任何其他费用，另外增值标准还包括：最高进口价值成分（Import Content，MC），即计算最终产品价格与进口投入的百分比；最低原产零件价格成分（Value of Parts，VP），即计算价格的组成部分。RVC 和 MC 的具体计算方法如表 1 所示。

表 1　　RVC 和 MC 标准计算公式

<table>
<tr><th></th><th></th><th>价格要素</th><th>计算公式</th></tr>
<tr><td rowspan="3">RVC</td><td>排除法</td><td>产品价格；
出口 FOB 价格；
非原产材料价格；
境外生产原料价格；
产品价格</td><td>（产品价格–非原产材料价格）/产品价格×100%</td></tr>
<tr><td>组合法</td><td>原产材料价格；
境内生产原料价格；
产品价格；
出口 FOB 价格</td><td>原产材料价格/
产品价格×100%</td></tr>
<tr><td>净成本法</td><td>净成本；
费用（营销费、运输费、包装费等）；
非原产材料价格；
境外生产原料价格；
产品价格</td><td>（净成本–非原产材料价格）/产品价格×100%</td></tr>
<tr><td>MC</td><td></td><td>非原产材料价格；
境外生产原料价格；
产品价格</td><td>非原产材料价格/
产品价格×100%</td></tr>
</table>

资料来源：根据中国自由贸易网站各自由贸易协定整理，网址为 http://fta.mofcom.gov.cn。

第三是加工工序标准（Technical Requirement，TR），又称为技术要求标准，它说明在商品的制造流程中，只要有一定的制造流程或制造工段是在某一国（地区）内进行，该国（地区）就被认定符合商品原产地要求。这里主要讨论两种标准：积极标准和消极标准。积极标准指能够对产品原产地的生产或采购产生改变的标准，消极标准指对产品原产地的生产和采购不能产生改变的标准。一般来说，消极标准不予采纳。积极标准对特殊的程序进行限定，是对制造业实施更加严格的保护，这在纺织品行业成为一种保护手段。

以上讨论的三种标准在各国的实际运用中很少单独使用，大多数采用组合使用的方法。

2. 一般制度性原产地规则

一般制度性是通常情况下的认定辅助手段，也是补充认定的重要内容。

（1）微量标准。微量标准（容忍规则）通常指某一商品中可利用且不改变其原生产区域的非原始材质的固定最大比重。因此在这一比率以下也可认定为产品原产地，其主要应用于纺织行业。

（2）吸收原则。吸收原则是指当非产地原材质在满足制造流程需求加入最后产品并获得生产许可后，可以认定商品完全从属于该国生产，而且不考虑其他不在本国的材质的利用。

（3）累积规则。累积规则指自由贸易主体的制造商在制造产品时被许可添加自贸区里他国提供的原料，仍然按制造商所在国国籍确定。完全累积、对角累积和双边累积是常见的三种方式。常用的累计规则是双边累计，即允许缔约国之间在货物出口时，可以认定来自缔约方的原料。完全累积指允许产品在共同的区域内由缔约方一同完成，不要求只有一个区域满足要求，可以由缔约方共同满足，其中可包含非原产的部分。对角累积需同时满足以下四个条件：累积在两个以上的国家之间进行；国家之间签订有自由贸易协定；协定中使用了相同的原产地规则；只有原产的货物可以累积。

（4）微小加工及处理。对货物的本质有微小影响的加工都认定为微小加工，不能认定为原产地标准。这里主要指不需要仪器和设施进行的加工。原产地规则在这一限定下更加严格。

（5）出口退税。生产商将获得原产资格的最终产品出口至区内其他成员时免征或退还其对进口中间产品所征的关税。

另外一般制度性规则还包括中性成分、可互换材料、包装条款、成套货品等。

3. 程序性规则

（1）直接运输原则。即只认定出口国直接运输到进口国的产品符合原产地认定标准，包括以下两种情况：进口的产品从出口国直接运到进口国，过程中没有经过任何第三方境内；运输过程中如经过第三方，在符合一定条件的前提下，即使更换了交通工具或者在海关监管下于第三方境内暂存都可以认定为符合原产地规则。

（2）原产地认证。原产地认证主要有进口商、出口商或生产商的自我认证、出口国政府机构或经政府授权机构认证、政府机构和私人机构联合认证。一般来说，政府机构参与认证程序越多，出口商成本越高。

二、美国和中国 FTA 现状

（一）美国 FTA 现状

FTA 的不断发展是美国开放国外市场的最佳途径之一。FTA 原产地规则减少了出口贸易壁垒，保护了美国的利益，并加强了成员方的法治。贸易壁垒的减少使得美国企业将其产品和服务出口到贸易伙伴市场的成本大大降低。根据美国海关机构 2015 年的数据记录，全国 47%的商品流转到了自贸区伙伴国家。美国对 20 个自由贸易协定合作伙伴的商品出口额达到 7 100 亿美元。从表 2 可以看出，截至 2015 年 12 月 31 日，美国有 14 个已经签署的 FTA，涉及 20 个国家，首先是建立了北美自由贸易区（NAFTA），然后完成了与以色列、约旦、新加坡、智利的 FTA 谈判，推动建立了中美洲自贸区（CAFTA–DR），之后与韩国、印度、新加坡、沙特阿拉伯、非洲、希腊、莫纳多瓦、澳大利亚、加拿大相继签署了 FTA。

表 2　　美国自由贸易协定一览表

地区分布	完成签订的 FTA	正在谈判的 FTA	正在研究的 FTA
亚洲	美国—新加坡 美国—韩国 美国—以色列 美国—约旦 美国—阿曼 美国—巴林	美国—泰国 美国—印度 美国—海合会	美国—东盟

续表

地区分布	完成签订的 FTA	正在谈判的 FTA	正在研究的 FTA
美洲	美国—智利 北美自由贸易区（NAFTA） 美国—巴拿马 美国—秘鲁 美国—哥伦比亚 中美洲自由贸易协定	美国—厄瓜多尔 美国—乌拉圭	
大洋洲	美国—澳大利亚	美国—新西兰	—
非洲	美国—摩洛哥	美国—埃及 美国—南非	

资料来源：根据美国自由贸易网站各自由贸易协定整理得出，网址为 http://trade.gov/fta/。

（二）中国 FTA 现状

根据中国自由贸易区网 2016 年的数据统计，中国截至 2016 年 12 月 31 日有 14 个已经签署的 FTA，涉及 22 个国家；正在谈判的 FTA 有 9 个，正在研究的有 6 个国家。具体涉及国家如表 3 所示。

表 3　　中国自由贸易协定一览表

地区分布	签订完成的 FTA	正在谈判的 FTA	正在研究的 FTA
亚洲	中国—东盟 中国—新加坡 中国—东盟（“10+1”）升级 中国—韩国 中国—巴基斯坦 内地与香港、澳门的更紧密经贸关系安排	区域全面经济伙伴关系（RCEP） 中国—海合会 中日韩 中国—斯里兰卡 中国—巴基斯坦自贸协定第二阶段谈判 中国—马尔代夫 中国—格鲁吉亚 中国—以色列	中国—印度 中国—尼泊尔
欧洲	中国—瑞士 中国—冰岛	中国—挪威	中国—摩尔多瓦
美洲	中国—智利 中国—秘鲁 中国—哥斯达黎加	—	中国—哥伦比亚

续表

地区分布	签订完成的 FTA	正在谈判的 FTA	正在研究的 FTA
大洋洲	中国—澳大利亚 中国—新西兰		中国—斐济
非洲			中国—毛里求斯

资料来源：根据中国自由贸易网站各自由贸易协定整理得出，网址为 http://fta.mofcom.gov.cn。

由上述分析可知，中美两国各自建立的自由贸易区的缔约方主要分布在亚洲、美洲以及大洋洲等地区。亚太地区分布集中，其余地域分布相对分散一些。其中，同时与两国建立自由贸易区的参与国亚太地区有新加坡和韩国，美洲有智利和秘鲁，大洋洲有澳大利亚。

三、美国和中国 FTA 原产地规则比较分析

（一）美国和中国 FTA 原产地规则分析

1. 美国 FTA 原产地规则体系分析

美国 FTA 原产地规则的主要内容包括两方面：一是关于原产货物的判定；二是关于非完全原产货物的判定。内容中针对完全获得的判定大致相同，而实质性改变和制度性安排方面存在差异。

（1）原产地判定标准。在完全获得的定义方面大致相同：通常指完全在一国生产的货物即为该货物的原产地，同时允许在多个缔约方内实现“完全获得”。例如，在成员方内繁殖的鱼苗，输入到另一方进行饲养后可以在该饲养国获得原产地认证。

在实质性改变标准方面，需满足以下条件：产品完全采用缔约方原材料并完全在缔约方境内生产；利用非缔约方的材料改变使用税则归类和 RVC 标准等来确认原产地。美国常用的判断方法有“税目归类标准”“增值百分比标准”，以及“税则归类标准及例外、税目改变标准加增值百分比标准、税目改变标准加技术标准、税目改变标准及例外加技术标准”等组合标准。从表 4 的分析可知，美国原产地

规则主要特点总结如下：（1）税目改变标准一般是规定产品最后生产环节与中间环节中章、品目或子目发生改变，个别辅以额外的要求。如表 4 所示，北美自由贸易区、美国—澳大利亚、美国—新加坡、美国—智利等采用 CTC（2，4，6）标准，但美国—韩国则增加了 ECTC 标准。（2）价值增值标准采用 RVC 标准居多，不同的自由贸易协定下有不同的具体百分比要求，针对不同产品也有差异，但以 35%、40%居多，个别产业会添加 MC 标准。例如，北美自由贸易区 RVC 为 50%～60%，标准较高，其他 FTA 原产地规则下的 RVC 以 35%和 40%为主。（3）加工工序标准一般要求主要加工工序或最后加工工序在成员方境内完成。除美国—澳大利亚、美国—新加坡、美国—智利为最后加工工序外，其余均采用了主要加工工序。

表 4　　美国主要 FTA 原产地规则比较

自贸协定	实质性改变标准				制度性安排	
	税则分类改变	增值百分比标准		加工工序标准	累计制度	微量标准
		MC	RVC			
北美自由贸易区	CTC（2，4，6）		50% 60%	主要加工工序	双边	7%
美国—以色列		—	35%	主要加工工序	双边	
美国—约旦			35%	主要加工工序	双边	
美国—澳大利亚	CTC（2，4，6）		50%	最后加工工序	双边	7%
美国—新加坡	CTC（2，4，6）		30%	最后加工工序	双边	7%
美国—智利	CTC（2，4，6）		50%	最后加工工序	双边	7%
美国—秘鲁	CTC（2，4，6）		45% 55%	主要加工工序	双边	7%
美国—韩国	CTC（2，4，6），ECTC	—	35% 50% 40%	主要加工工序	双边	10%；7%
美国—巴拿马	CTC（2，4，6）		50%	主要加工工序	双边	7%

资料来源：根据美国自由贸易网站各自由贸易协定整理得出，网址为 http://trade.gov/fta/。

（2）制度性安排。在制度性安排方面，主要标准有累积制度和微量标准：

① 累积制度一般采用双边累积，美国主要 FTA 原产地规则均采用了双边累积。② 多数协定有容忍原则，允许的非原产材料的百分比以 10%和 7%较为常见。除美国—韩国采用了 7%和 10%两种微量标准外，其余北美自由贸易区、美国—以色列、美国—澳大利亚、美国—新加坡等均为 7%。

（3）直接运输。美国各 FTA 原产地规则对运输的要求大致相同，即货物在运输过程中进入第三方境内或进行了重新包装均视为不符合原产地规则。

（4）原产地认证。在原产地证书的签发方式上，美国允许使用出口商自我认证的方式。

（5）特殊行业规定。美国对一些商品有着特殊的要求。例如，只有以 NAFTA 成员方生产的纱为原料制作的纺织品和服装品才可享受优惠关税，用 NAFTA 成员方生产的纤维生产的产品也属于优惠范围。在原料不足的情况下，经组织的成员许可，可使用进口原料（如绸类、棉布和其余适用原料等）。同时对汽车产业也有限定。在汽车生产以及装配中进行的最后价格核算，依据已经获得了组织许可的资质后利用的原材料或者零构件体现的组织内的与非组织内的地区产值进行综合评价。

总体来看，美国大部分原产地规则都是以 NAFTA 为蓝本制定的，经过分析可得出以下特点：① 美国的税目改变组合标准比较高。规则变动依据章、目、子目和项的改变而变化，一般来说，要求章的改变比目的改变严格，要求目的改变比子目的改变严格。② 许多产品还要结合地区价值含量和技术要求，而美国的 RVC 通常较高。③ 对特殊行业的规定更为严格，例如对纺织行业的“从纱认定”。④ 美国与美洲地区之外的国家或地区订立的自贸协定一般比较灵活。例如，和中东的一些国家在贸易中签订的自贸协定并不含税则归类的约定，只规定了价值含量。

2. 中国 FTA 原产地规则体系分析

中国 FTA 原产地规则主要包括两方面内容：一是关于原产货物的判定；二是关于非完全原产货物的判定。从表 5 可以看出中国主要的 FTA 原产地规则的构成基本类似，但在原产地认定标准适用范围上有较大差异，制度性安排应用程度也不同。

表 5　　中国主要 FTA 原产地规则比较

自贸协定	实质性改变标准				制度性安排		
	税则归类改变	增值百分比标准		加工工序标准	累计制度	微量标准	吸收条款
		MC	RVC				
中国—韩国	CTC（2，4，6）		40%～60%	主要加工	双边	10%	不适用
中国—新加坡	—	—	40%	—	双边	10%	不适用
中国—澳大利亚	CTC（2）		40%～50%	主要加工	双边	10%	不适用
中国—智利	CTC（2，4，6）		40%～50%		双边	8%	不适用
中国—东盟			40%	主要加工	完全		不适用
中国—新西兰	CTC（2，4，6），ECTC	—	30%～50%	主要加工	双边	10%	不适用
中国—瑞士	CTC（2，4，6）	—	40%～70%	最后加工	双边	10%	不适用
中国—秘鲁	CTC（2，4，6）	—	40%～60%	最后加工	双边	10%	不适用
中国—巴基斯坦		60%	40%		双边		不适用
中国—哥斯达黎加	CTC（2，4，6）		40%～60%	最后加工	双边	10%	不适用

资料来源：根据中国自由贸易网站各自由贸易协定整理得出，网址为 http://fta.mofcom.gov.cn。

（1）原产地标准。在完全获得方面的定义大致相同，完全生产品标准（以水产品为例）主要分为三类，分别为满足船旗国条件（悬挂该方国旗）、满足船旗国条件或注册条件和同时满足船旗国条件和注册条件。近年来，水产品完全生产品标准变得更加严格，在中国—新加坡自由贸易协定中，只要满足船旗国条件和注册条件的一种就可以获得原产地资格，而从中国—哥斯达黎加自由贸易协定开始，两个条件须同时满足。

在实质性改变标准方面，中国常用的判断方法有“税目归类标准”“增值百分比标准”，以及“税则归类标准及例外、税目改变标准加增值百分比标准、税目改变标准加技术标准、税目改变标准及例外加技术标准”等组合标准。根据表 5 的分析，中国原产地认定标准的变化趋势由采用单一认定标准到组合认定标准。早期签订的一些原产地规则，例如中国与东盟、巴基斯坦等先期均使用了增值百分比标准，后期签订的中国与澳大利亚、中国与秘鲁、中国与哥斯达黎加的原产地规则以税则改变为依据，以增值百分比守则为辅。在中国与他国签订的一些前期条约中没有加工工序守则，例如中国—智利、中国—新加坡、中国—巴基斯坦。

（2）制度性安排。制度性安排主要标准有累积制度和微量标准：① 累积制度均采用双边累积。从现阶段签订的 FTA 看，除极个别的合约适用完全制度外，大部分使用双边制度，并且获得了长期的执行。另外，虽然极个别的合约适用完全制度，但是一般会较为严苛地限制。例如，中国—东盟 FTA 采用的完全累积制度中，对产品限定比较严格；② 多数协定有微量标准，允许的非原产材料的百分比以 10%和 8%较为常见。不包含前期签订的一些贸易条款，如除中国—东盟和中国—巴基斯坦外，现在中国签订的准则一般都适用于微量标准。其中，中国—智利的微量标准较低，为 8%，其余都是 10%。

（3）直接运输。中国大部分使用了直接运输，包含以下两种情况：进口的产品从出口国直接运到进口国，过程中没有经过任何第三方境内；运输过程中如经过第三方，但满足一定条件。例如，中国各 FTA 对货品在第三方境内的停留期限进行了规定：中国—智利、中国—新加坡、中国—秘鲁和中国—哥斯达黎加都限制为 3 个月。

（4）原产地认证。在原产地证书的签发方式上，中国规定普通产地证有三种方法：制造商自行签发、进出口商品检验局签发以及中国贸促会签发。除中国—东盟协定中规定必须由国家官方机构签发外，其余的均可由出口方授权机构证明。

总体来看，中国 FTA 原产地规则是在不断完善的，相关的追认具体细节持续增长，制度性守则也越来越丰富。例如，中国—新西兰增加了组合标准，中国—智利提高了微量标准，并将增值百分比提高至 50%。

（二）中国和美国 FTA 原产地规则比较

1. 中美 FTA 原产地规则共同点

中美两国在规则上还是存在一定相似性的，两国一般都是基于两种标准。以下对中美两国实行的两种标准进行探讨。

在完全获得标准上，中美两国大致相同。针对完全获得产品，相关的标准主要包括：产品能够保证相关的制造环节全部在特定国家内完成，生产使用的资料也由本国提供。完全在一国生产的产品包括：完全在本国境内领海等开发得到的矿物；在本国境内种植的植物、养殖的动物或替代品；在本国内渔猎所获的产品；在本国的领海上使用本国船艇获得的海产品以及在船艇上实现了初步加工的替代物；包含在以上的二次加工中产生的剩余物质和残余次品；完全用以上物品在该国内生产的商品。

判定非完全获得产品的原产地时，情况则较为复杂，判定依据也更加多元化。所以说出现这种情况应该依据产品是否真的产生了实质性改变来界定。

在实质性改变标准上，采用的税则归类为重点，增值百分比为补充。美国大部分采用 CTC 标准，特别是美国和韩国的合作中还采取了 ECTC 标准。中国近年来的原产地规则文本中也体现了由早期单一标准判定到组合标准判定的演变趋势。例如，早期中国与东盟、智利和巴基斯坦的贸易协定均使用了从价百分比标准，而后期签订的中国—新西兰、中国—秘鲁、中国—哥斯达黎加等的贸易协定则采用了以税目改变为主，从价百分比和补充标准为辅。

制度性安排大致相同。中美两国均采用了微量标准、累积原则等。在中美两国各协议文本中均可体现。

2. 中美 FTA 原产地规则不同点

（1）在完全获得标准中，中国实行不严格的追认体系。在完全获得的标准上，中国实行不严格的追认体系。如中国—秘鲁、中国—智利在决定船舶国籍时只需达到船旗国条件，中国—东盟、中国—新加坡等只需要船旗国或登记流程两者选一即可。而美国的各协定中规定必须同时满足船旗国条件和注册条件。

（2）对于实质性改变标准，美国 FTA 原产地规则相关内容更丰富。在实质性改变标准这方面，美国 FTA 中原产地认定标准的内容更加丰富，对于组合标准和选择标准的运用更加充分。① 早期签订的一些原产地规则，例如中国与东亚、巴基斯坦等国贸易中均使用了从价比率准则，虽然说后期签署的自贸区相关规定上使用了一些西方国家通行的较为完善的准则，但是距离美国等先进国家使用的差异化规则的制定策略还有很大距离，这些不同的准则能够灵活地依照行业的不同进行自由结合使用。② 在增值百分比标准上，美国设置比例较高，例如 NAFTA 协定中规定增值百分比标准为 50%～60%，美国和韩国的自由贸易协定中规定增值百分比标准为 40%～50%；而中国各自由贸易协定中规定的增值百分比标准均为 40%，相对较低且不具有灵活性。③ 在加工工序标准方面使用程度不同，美国大部分为主要加工工序标准，例如 NAFTA、美韩自由贸易协定等。中国—新加坡、中国—巴基斯坦则无加工工序标准；中国—秘鲁，中国—瑞士，中国—哥斯达黎加原产地规则中规定加工工序准则为最后加工工序准则；其余为主要加工工序标准。④ 对微量标准的使用不同。美国各原产地规则中均有对微量标准的运用，且标准比较低，为 7%。在最先建立的自贸区相关准则中没有添加这一标准，其余中国施行的相关规定中的微量标准均为 10%。这一数值应该降低以创造区域内更大的贸易利益。

在程序性规则方面，美国的规则更灵活，企业具有更大的自主性。中国的原产地证明的签发机构都是授权机构，并且在原产地证书的免除条款下，出口商还需要准备原产地声明，这一文件近年来才免交。而美国签订的 FTA 协定中都规定原产地证书由出口商或生产商自主签发，给予了企业更大的自主性。

（3）对于敏感行业的原产地规则不同。美国对特殊行业制定的相关要求尤为严苛。比如，NAFTA 下美国对纺织行业规定十分严格：只有当商品的全部制造流程以及加工是在所在地时，才能享受自由贸易待遇。而美国—新加坡、美国—智利以及美国—澳大利亚等自由贸易协定都相继采用了与这种自贸区极为相似的规则。中国早期各相关的规则协议文本中尚缺乏对这种行业方面的更严格的规范。

由以上资料分析可得出中国规则制定中存在的缺陷：

（1）起步晚，相关的规则制定缺乏实践经验。中国早期仍然停留在相对简单的规则制定上。这种做法显然不能适应现今贸易多样性与差异化对相关规则完善的需求。所以，下一步需要完善针对不同产品的多元化规则制定。

（2）FTA 相关的规定不能根据贸易的实际进行调整。在发生贸易纠纷时需要使用更细致、更多元化的规则进行调节。例如，中国没有像美国一样设定较高的增值百分比标准，在中国—东亚、中国—智利和中国—印度尼西亚等早期签署的自贸区协定中设定的相关征缴标准较低。

（3）缺乏对吸收条款等补充规则的利用。在中国各原产地规则的制定中无任一原产地规则协议使用吸收条款。对微量标准的使用也很欠缺，例如在中国和东亚自贸协定中没有微量标准的运用。

四、借鉴美国经验完善中国 FTA 原产地规则的启示

通过上述中美原产地规则比较可得出中国自贸区规则发展的不足：起步晚缺乏实践经验；自我调节能力较弱；缺乏对补充规则的利用。这些不足不利于中国充分利用 FTA 促进本国贸易发展，进而在产业升级中推动经济发展。现借鉴美国的经验，对未来 FTA 原产地规则制定提出几点建议。

（一）善于综合利用各种 FTA 原产地规则

美国在相关准则的制定上善于利用实质性变动准则与制度性安排相结合。一方面以税则改变标准为基础，几乎所有的原产地规则协定中都采用了 CTC 税则归类标准，甚至有些添加了更为严格的 ECTC 标准。另一方面，美国善于利用各种制度性规则和补充标准，例如累积规则、微量标准和吸收条款等。中国应该借鉴先进经验逐步细化 FTA 的相关准则。

1. 改变以往使用增值百分比的评价模式

中国在早期没有运用如今普遍运用的新体系，利用单一的标准较多，在增值百分比的制定上大多为 40%。从美国的经验看，首先应统一实行以 CTC 为主的标准。CTC 规则与 WTO 原产地规则保持了一致，且该标准最大的优点在于客观，对于每一个税目的原产地都有透明、明确的界定。另外，应该提高增值百分比标准。

2. 充分利用各种“制度性规则”和“补充规则”

（1）降低微量标准。微量准则是针对税目归类改变和价格增值准则制定的更宽松的政策，降低了认定标准的严苛性，为自贸区内成员提供了一定的便利。但

微量标准内的非原产地构件还是应记录到价值含量中。而中国的 CEPA 和中国与东亚的自贸协定等都未规定微量标准。根据美国的经验，大多数协定的微量标准都制定在 7%。因此，中国可以借鉴美国的经验，将微量标准制定得更低些，以此保护区内贸易利益。

（2）扩大累积条款的使用。美国均实行双边累积规则。中国应借鉴美国经验，针对不同的情况灵活利用累积规则，以此促进成员之间进行较为分散的加工活动，降低区内加工成本，加强区内经贸联系。

（3）中国可适当引进吸收条款，这能够增加资本的流通性。其好处在于使生产商在使用中间投入品或决定在哪个国家投放生产设备时有了更大的自由选择权。

3. 按敏感度的不同合理区分产业间的政策宽容度

可以参照美国对于敏感产业较为严格的政策制定，例如汽车和纺织服装业。美国与其他国家建立的自贸协定做出了具体规定，提高了行业增值比例上限，也有个别的自贸组织提升比例到 62.5%，就是为了保护本国的产业不被以日本为首的汽车行业侵蚀；在服装行业，这种对于敏感产业的严格规定没有体现在原产国原料的限制上，而是通过严格限制产品在关键制造工艺步骤中的加工地来确定产品的原产地。自此之后也提出了一些其他的附加条款对这些敏感行业进行进出口限制。所以说中国也应该立足当前自身贸易现实，适当考虑引进类似的方案。

（二）实质性改变标准的内容需要更加丰富

中国 FTA 原产地规则的内容正在变得丰富，例如在中国—新加坡 FTA 协定中加入了化学品原产地规则和提纯原产地规则等，但是与美国相比，中国明显做得还不够。中国的原产地认定标准包含 ECTC 标准，实质性改变包含了三种标准——选择标准、组合标准和单独标准，但是选择标准和组合标准结合使用的情况很少，中国可以结合产品特点和产业特点借鉴美国的经验，使中国的原产地认定标准更细致、更准确，从而更好地发挥作用。

（三）大力推动与欧美发达国家的自贸区建设

中国、美国和欧盟都是世界上大的经济体，中国与美国和欧盟的贸易量也远超世界上绝大多数国家，如果中国能够分别与这两个经济体签订自由贸易协定，并且制定出合理的协定内容，很有可能会形成多赢的局面。所以，中国应加快与欧美等发达国家的谈判进程。

目前，中国与欧美等国之间在自由贸易区建设方面未有实质性突破，加上参与 FTA 起步晚，美国和欧盟与中国相比对于签订自由贸易协定有更成熟的经验，如果中国在与其签订自由贸易协定时忽视了某些条款，很有可能给中国的企业和整个国民经济带来巨大的损失。经济全球化不断推进，与发达国家签署自由贸易协定是大势所趋，所以，在签署协定之前，中国有必要加大人员、资金等的投入力度，提高谈判能力，为与发达国家的谈判做好充足的准备，不断推动与各国的 FTA 战略和谈判进程是中国必须坚持的道路。

参 考 文 献

［1］Falvey，Rod，Reed，et al. Rules of origin as commercial policy instruments［R］. University of Nottinghum，Acknowledges Financial Support from the Leverhulme Trust under Programmer Grant F114/BF，2000.

［2］Estevadeordal，Antoni，Kati Suominen. Rules of origin in FTAs in Europe and in the Americas: issues and implications for the EU–Mercosur–Inter–Regional Association Agreement［J］. BID–Intal，2004（2）：1–6.

［3］Brenton P. Preferential rules of origin［J］. World Economy，2003（7）：3–4.

［4］Howard J Wall. Be Japan been left out in the cold by regional integration？［J］. Monetary and Economic Studies/april，2001（11）：1–5.

［5］Kala Krishna. Understanding rules of origin［J］. NBER Working Paper 11150，2005.

［6］董雪. 自由贸易协定中原产地规则的经济效应研究［D］. 沈阳：沈阳工业大学，2010：5.

［7］赵钰. 美韩自由贸易协定的影响与效应——基于原产地规则的研究［J］. 世界经济，2013

（2）：7–9.

［8］朱颖. 论“优惠原产地规则”［J］. 世界经济研究，2004（8）：72.

［9］陈昊颖. 自由贸易区原产地规则及其作用研究［D］. 上海：上海外国语大学，2009.

［10］董雅洁. FTA 原产地规则的贸易阻碍效应研究［D］. 兰州：兰州商学院，2014.

［11］边莹. 我国 FTA 原产地规则研究［D］. 大连：东北财经大学，2011.

［12］高杉. 中国涉外双边自由贸易协定的评价［J］. 知识经济，2012（3）：110–111.

［13］胡昕. 自贸区原产地规则的比较及对贸易的影响研究［D］. 天津：天津财经大学，2014.

［14］杨晓桐. 自贸区原产地规则比较研究［D］. 天津：天津财经大学，2015.

［15］徐源亨. 中韩原产地规则比较研究［D］. 青岛：青岛科技大学，2014.

［16］朴荣镐. 中韩 FTA 原产地规则构建与核查方法研究［D］. 青岛：青岛科技大学，2015.

［17］武青青. 中国—新西兰自由贸易协定原产地规则法律问题研究［D］. 广州：广东商学院，2011.

［18］王岩，高鹤. 中国与新西兰 FTA 建立前后双边货物贸易比较［J］. 商业研究，2012（9）：190.

［19］徐世腾，周金燕. 东盟 FTA 原产地规则比较研究［J］. 亚太经济，2016（5）：57.

［20］李婧. 中国 FTA 实践的原产地规则评析［D］. 厦门：厦门大学，2009.

［21］孟国碧. 优惠性原产地规则中的累积规则研究［J］. 法学家，2008（3）：5.

［22］黄迎新. 外贸实践中的原产地规则研究［D］. 苏州：苏州大学，2013.

［23］武敬霞. 优惠原产地规则对东亚生产网络的影响研究［D］. 保定：河北大学，2013.

［24］姜晓. 美韩 FTA 对中国输美纺织品服装贸易的影响［D］. 济南：山东大学，2016.

［25］李韶燕. 关于中国和韩国已签订 FTA 原产地规则的比较研究［J］. 现代经济信息，2014（2）：108–109.

美德两国能源结构转型目标、路径与效果比较及启示

张书阔[①]

摘　要：20世纪90年代以来，围绕着能源安全、经济发展与美化环境的目标，美国和德国两个发达国家在能源结构转型的道路上取得了积极进展。本文采用对比分析的方法，深入探讨美德两国能源结构转型的目标、路径及效果。美国在目标选择上更加注重经济效益，相对于德国而言对环境的重视程度并不高；在路径方面，美国由于其资源禀赋优势使其能够充分利用好国内的能源资源而进行页岩气革命，而德国只能选择发展可再生能源来降低其对能源的进口依赖程度；在能源转型的效果方面，美国能够实现国内能源自给自足并有一部分出口，而德国对能源进口的依赖程度增加。基于此，提出中国应从自身资源禀赋实际出发，选择能源结构优化方向，处理好经济增长和能源转型成本提高的矛盾，以及完善法律法规建设，为能源结构转型提供制度支持等对策建议。

关键词：能源结构转型；经济发展；能源安全；能源强度；启示

---

① 张书阔，男，北京联合大学国际经济与贸易专业2017届毕业生，本文指导教师是北京联合大学郑春芳教授和中科院地理科学与资源研究所的王礼茂教授。本文是2016年北京市高水平人才交叉培养计划实培计划毕业设计（科研）项目的成果，被评为2017年北京联合大学校级优秀毕业论文。

引言

能源一直以来都被认为是重要的战略储备资源，能源结构的转型、能源的生产与能源终端消费方式的变化，这些都是影响社会发展的重要因素。尤其是在最近几年，气候变化和能源安全①等问题愈加严峻，而能源的不正当使用又是造成这些问题的主要原因之一，那么有关其结构转型的问题将会越来越引起社会的关注。从 20 世纪末至今，美国和德国两个发达国家在能源结构转型的道路上取得了积极进展。美国通过页岩气和可再生能源开发双管齐下的方式，提升能源安全，保持经济增长速度并同时保障了环境；德国则选择以可再生能源为核心、以提高能效为支撑的能源转型道路，以追求能源方面的安全，同时实现经济高速发展和环境的可持续发展。

美国和德国在能源结构优化的过程中采取了各自适用的方法，两国都达到了一定的预期结果。而对于中国而言，传统的以煤炭为核心的能源结构必定会受到来自多方面的压力，以能源结构优化为核心的能源革命已经到了十分紧迫的地步。虽然中国和美德两国在政治体制、各种资源禀赋方面有着或多或少的差异，而且还处于不一样的社会发展阶段，但中国和美德两国传统能源结构的发展历程在一定程度上具有共性，再加上美德两国在世界能源结构转型的路径中具有典型性，这对有着相似处境的中国来说在能源结构优化方面具有一定的参考意义。

一、美德两国能源结构转型的目标

美德两国在能源结构转型前有着各自的特点，美国的能源使用较为粗犷，美国不仅使用大排量的汽车，而且家用电器也是大功率、高能耗类型的，同时节能减排在居民的日常生活中也很难得到体现。而德国的能源结构相对来说体现了集约的特点，在日常用电用油方面，居民也都表现得很有规划。

① 能源安全是指以可支付得起的价格获得的充足的能源供应。

美德两国的能源结构转型目标主要在两国有关能源结构优化的政策中得到体现。事实上，两国在能源结构优化的目标选择上，由于传统的思维方式、国内所固有的资源丰富程度和与能源相关的政治制度背景存在着或多或少的差异，它们在所选择的能源结构优化的目标上也存在着较为明显的差别。在能源政策优化的目标选择上，美国更加偏重于能源安全方面，比德国更加关注经济发展，但是对环境保护的重视程度明显不高；相比之下，德国的能源政策目标则是注重社会经济的发展，同时也要保证能源方面的安全并且最大限度地实现环境的可持续。

（一）美国能源结构转型的目标

美国的能源政策目标主要经历了两个阶段。第一阶段主要是 19 世纪后期的 1860 年到 1890 年期间，而第二个阶段则是到了 21 世纪初期左右。两个阶段的能源政策目标各有其特点。

1. 第一阶段：以保障供给为能源政策目标

在 19 世纪后期，美国的能源结构优化政策形成了一个具有美国特色的模式：其一，为了保证个别能源在国内的使用不受储量限制，允许采取进口少量稀缺能源的方式，但此时美国国内的自给程度还是很高的；其二，美国希望能源的价格能够保持在一个相对稳定而合理的范围内，不希望看到能源价格出现较大幅度波动，因为这样不仅会影响社会的稳定，同时还会给少数的投机者带来机会；其三，美国通常也会限制能源领域的大型企业在能源市场中形成垄断地位，以防止垄断企业操纵能源市场的价格变化方向；其四，美国还鼓励各种一次能源和可再生能源在能源市场中的竞争，从而形成一个多元的能源使用结构；其五，美国在国内鼓励使用常规能源，如燃煤和天然气等；其六，美国联邦和州可以制定各自适用的能源法案，州政府可以根据各自不同的资源禀赋和交通运输状况来制定适合自己的能源政策。从美国的这些能源政策可以看出美国能源政策的目标取向，即偏向于用相对稳定的价格来保障能源的供应，同时实现了经济和环境的可持续发展。

2. 第二阶段：以结构调整为能源政策目标

美国早在 1992 年就颁布了《1992 年能源政策法》，这个能源法案改变了美国以往的以传统化石燃料为主导的格局，并注重通过提高能源的使用效率，同时发展国内有优势的可再生能源来缓解燃料给环境带来的压力。从 21 世纪初到现在，美国联邦政府在短短的几年内连续颁布了《2005 年能源政策法案》、针对能源进出口的《能源独立和安全法案》和针对可再生能源使用和开发的《美国清洁能源与安全法》等。这些能源法案所体现的转型目标与传统的模式有着细微的区别。2004 年颁布的《美国能源法》确认美国能源政策目标是能源安全和经济目标优先发展，兼顾环境目标，具体内容如下。

在能源安全方面，国内能源消费市场不再过度依赖传统的化石燃料如燃煤、石油、天然气等，而是通过转向可再生能源的开发与发展来解决能源安全问题，逐渐摆脱对中东的能源依赖，从而实现能源独立。

在经济发展方面，不再依靠稳定的能源价格来保证能源的供应，同时针对可再生能源开发而进行的投资活动会创造相当可观的就业机会，这不仅缓解了美国日趋严峻的就业压力，同时也为美国日后社会经济的复苏和可持续发展打下坚实的基础。

在保护国内的生态和环境方面，美国的新能源政策与以往相比更加重视环境的保护，传统的以牺牲环境来发展经济的发展模式已经不再适用，美国开始慢慢注重节能减排和环境保护。

同时，美国也开始关注能源结构的优化与调整，除此之外，美国还关注能源需求侧的优化管理和可再生能源的发展，这些转变是由 20 世纪 90 年代国际油价的频繁波动和日趋严峻的环境问题决定的。

如图 1 所示，1986 年，国际油价曾一度跌落至 10 美元/桶。在 1990 年 9—10 月，油价出现短时间内的大幅度涨跌，最高时曾突破 40 美元/桶，但 2 个月后又跌落至 20 美元/桶之下。在这期间，国际油价频繁波动，在 1 个月内油价就曾达到 300%的波动幅度。油价大幅度波动使得美国的用油成本也相应大幅波动，这在很大程度上影响了美国经济的发展，还影响了社会的安定。

1997 年，有关气候和生态保护的联合国气候变化大会在日本东京召开，参加会议的 149 个国家和地区的代表通过了《京都议定书》，此议定书的重点在于限制发达国家温室气体的排放量以延缓全球逐渐变暖的局势。到2005年2月16日，《京都议定书》正式生效。在如今对二氧化碳排放量、气候变化和环境日益关注的背景下，美国作为主要碳排放国家势必要做出能源结构调整。

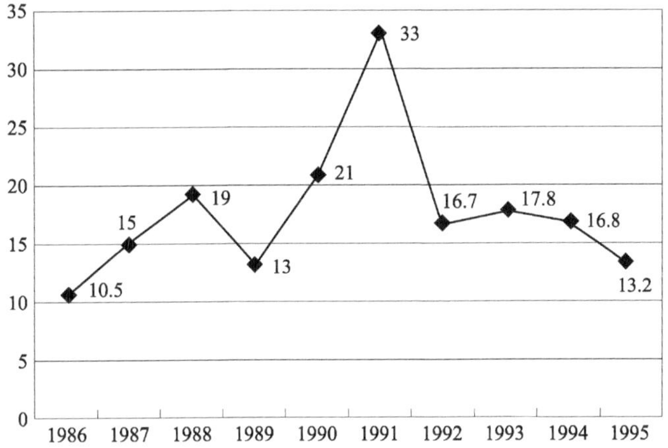

图1 1986—1995年国际原油价格变化图（单位：名义美元/桶）

资料来源：美国贸易网站美国贸易代表办公室，网址为http://www. ustr. Gov。

（二）德国能源结构转型的目标

1. 德国面临的能源困境

在20世纪70年代的石油危机时期，德国由于国内的资源禀赋缺陷，国内的能源储备非常有限，这难以支撑德国工业的巨大能源消耗，90%以上的石油和天然气供给还需要依靠进口来实现，而且超过60%的煤炭资源也需要从国外进口。世界上绝大部分的化石能源如石油和天然气都储藏在欧洲以外的少数几个国家和地区，如东非、中东和俄罗斯等地，然而这些地区往往充满了地缘政治冲突的风险，曾经发生的乌克兰危机更是让德国人意识到了政治冲突完全能够给能源的供应带来巨大的风险。用煤炭来发电虽然成本可能会很低，但是因此而带来的环境污染问题却是非常严重的，而且煤炭资源属于不可再生资源，加之目前世界各地的煤炭可开采储量日趋衰竭，种种原因都注定煤炭不可能成为未来能源发展的主流；核能虽然干净清洁，但是目前核能安全问题不断，比如之前发生的日本福岛核泄漏事件就让德国人意识到在核能的利用过程中仍然具有巨大的不确定因素，不仅在设备的安全性和协调性上，而且在人工操作过程中也存在很大的不可控风险。为此，德国走上了能源结构优化的道路。

20 世纪末发生了严重的石油危机，德国国内的能源供应受到了很大的影响，从此德国政府便开始了对原有能源结构优化政策的调整：一方面德国通过追加燃油税来提高用油者的用油成本，以此来鼓励用油者节约能源；另一方面，德国对能源结构也进行了积极的调整，加速开发传统化石能源的替代能源如风能、太阳能及生物质能等可再生能源，以此来增加可再生能源的发电量进而降低对石油进口的依赖程度，提高能源安全。

2. 德国的能源政策目标

21 世纪，德国对原来的能源政策进行了调整，选择了一条以科技创新为重点的可持续发展之路。在 1991 年的 10 月，德国政府制定了旨在规划入网电力结构的《电力入网法》，这在制度层面开始了对可再生能源的发电市场的规划，提倡以可再生能源为原料对全国供电；10 年后的 2000 年，德国政府又颁布了旨在规划可再生能源在国内的阶段发展策略的《可再生能源法》，该法案为可再生能源在国内的发展规划了一条全面而又详细的道路，这是继《电力入网法》之后德国又一部提倡使用可再生能源的法律；著名的德国联邦经济技术部在 2010 年的 9 月颁布了一套系统、全面的能源结构优化方案——《能源方案》，这部法案对德国中长期的能源结构发展途径做出了详细的规划：在能源政策上，经济高效发展、保障能源绝对安全和生态环境的可持续发展被定为德国目前能源结构优化政策的三大标准，表 1 给出了德国能源发展的相应期望，具体在温室气体排放、能源使用效率和可再生能源使用的普及程度方面给出相关的目标规划。预计到 2050 年，德国将以发展可再生能源如风能、潮汐能等作为国内能源结构优化调整的重点，同时以提高能源的使用效率、降低能源的损耗为实现这一目标的支撑，从而走上经济发展和环境友好统筹兼顾的未来能源发展道路。从德国颁布的相关能源政策中，我们可以将德国的能源战略简单地理解为供应安全、经济合理、环境友好三者的高度统一。

表1　德国的能源结构优化目标　单位：%

目类		每十年的预期目标值			
		2020年	2030年	2040年	2050年
主要温室气体的排放	同1990年相比的排放量降低百分比	–40	–55	–70	–80～–95
能源的效率	与2008年相比一次能源消费的降低比率	–20	–30	–40	–50
	与2008年相比电力需求量的降低百分比	–10	–15	–20	–25
	用于住宅取暖所消耗的能源降低百分比	–20	–15	–10	–5
	与2008年相比用于城市交通的能源降低百分比	–10	–20	–30	–40
可再生能源	电力消费的比重的预期值	≥35	≥50	≥65	≥80
	在终端能源消费的比重的预期值	18	30	45	60

资料来源：德国《能源方案》。

二、美德能源结构转型的路径

（一）美国能源结构转型的路径

众所周知，美国的资源禀赋是十分丰富的，尤其是其常规油气资源，还有较为清洁的页岩油和页岩气等石油资源的储备量都十分可观。在2013年，美国的能源信息署就对美国的页岩气和页岩油的储备量做出了初步的预测，评估结果显示：页岩气的储备量预计在18.83万亿立方米左右，仅次于俄罗斯和两个中东国家，此外页岩油的储备量也达到了580亿桶，仅次于俄罗斯，在世界排名第二位。美国不仅化石能源的储量十分丰富，而且其可再生能源资源也十分丰富，美国能源信息署在2010年对国内的可再生资源做出了初步的估算，结果显示，在靠近东海岸的平原地区，5级以上风能的可开发量每年就有将近5万亿千瓦时。美国的资源禀赋优势为美国的能源结构转型带来了巨大的便利。

1. 降低能源消费强度①

美国利用先进的科学技术对能源从生产到消费的各个环节进行优化从而达到节能的目的，并且将能耗较高的重工业转移到发展中国家，同时服务业迅速发展还能实现结构性节能。根据美国能源署的资料，如表 2 所示，以 1990 年的美元为基础价格计算出美国 1990 年和 2000 年的能源强度②分别为 2.35 吨标准油/万美元、1.60 吨标准油/万美元，2000 年的能源强度是 1990 年能源强度的 68.1%；同一时期世界的上述三个数据均值分别为 1990 年的 2.48 吨标准油/万美元，2000 年的 1.89 吨标准油/万美元，后者占前者的 76.2%。若从 1990 年开始，以对应年份的能源强度来对比，1990 年美国的石油强度为世界的 94.8%，到了 2000 年则为世界的 84.7%。如果以 2000 年的美元为基础价格计算，美国 2000 年、2010 年的能源强度分别为 2.3 吨标准油/万美元、1.9 吨标准油/万美元，后者占前者的 82.6%。同一时期世界对应的均值分别为 3.9 吨标准油/万美元、3.1 吨标准油/万美元和 79.5%。从以上数据分析中我们可以看出，美国的节能指标在世界上是处于先进水平之列的，并且美国的能源强度相对于世界水平发展速度更快，这说明美国的节能取得了一定的进步。

表 2　　1990 年、2000 年和 2010 年美国的能源消费强度与石油消费强度以及与世界的比较　　单位：吨标准油/万美元

目类		以 1990 年美元为基础价格		以 2000 年美元为基础价格	
		1990 年	2000 年	2000 年	2010 年
石油消费强度	美国	1.3	0.9	0.9	0.7
	世界	1.5	1.1	1.1	1.0
能源消费强度	美国	2.35	1.6	2.3	1.9
	世界	2.48	1.89	3.9	3.1

数据来源：国家能源局《能源数据手册》。

① 能源的消费强度是国家用来衡量使用效率的指标之一，它指的是生产单位经济量所需要消耗的能源量，能源消费强度越高，能源的使用效率就越低。

② 能源强度是能源利用与经济或物力产出之比，现行常用的对能源强度的计算方法主要包括两种：第一种是得到每单位的国内生产总值所需要耗费的能源数量；第二种是单位产值所需要耗费的能源的数量。

美国通过降低能源消费强度来改善能源结构的效果是明显的。之前美国的能源消费总量一直都呈现上升趋势，但自从美国实施节能措施后，这一趋势逐渐变得缓和，到后来慢慢下降。而在 20 世纪的最后 5 年里，美国的一次性能源的消耗量就下降到了年平均的 1.71%，而到了 21 世纪，如图 2 所示，在 2001—2005 年这五年间一次能源总量的年平均增长率下降为 1.0%；2005 年之后一次性能源消费总量开始逐年降低，这一数据分别变为2005—2008 年的–0.44%和2008—2011 年的–0.74%。从表 3 的数据可以看出，美国的节能政策使得其每年的能源消费量逐渐降低，其中主要包括一次能源、石油和天然气等化石燃料能源，2001—2015 年，能源消费增长率总体来说呈现下降的趋势。这说明美国的节能政策还是有积极作用的。

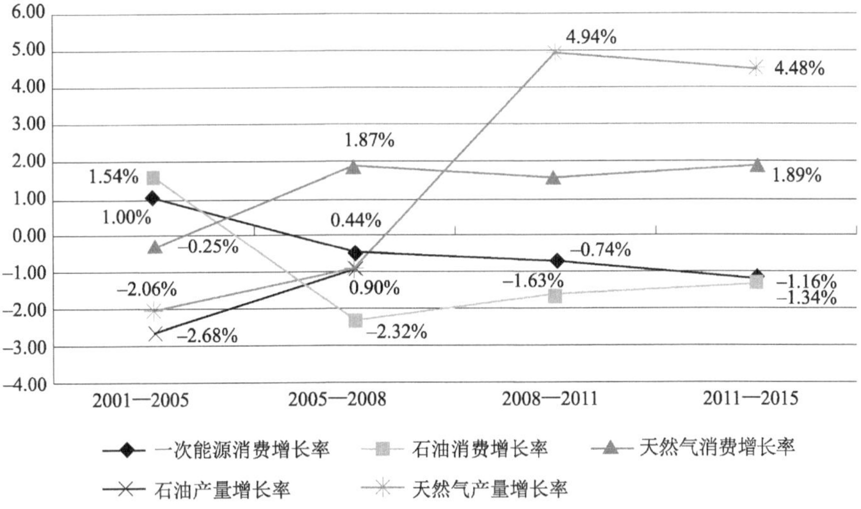

图 2　2001—2015 年美国能源消费量及生产量增长率（单位：%）

数据来源：BP 世界能源统计年鉴。

表 3　　2001—2015 年美国的能源消费量及能源产量

目　类		2001 年	2005 年	2008 年	2011 年	2015 年
能源的消费量	一次能源/百万吨标油	2 259.7	2 351.2	2 320.2	2 269.3	2 163.7
	石油/百万吨标油	884.1	939.8	875.8	833.6	789
	天然气/亿立方米	6 297	6 234	6 591	6 901	7 423
能源的产量	石油/百万吨标油	349.2	313.3	304.9	352.3	415.5
	天然气/亿立方米	5 555	51 111	5 708	6 513	7 323

数据来源：BP 世界能源统计年鉴。

2. 扶持页岩气资源的开发

页岩气是一种比石油、煤炭等传统化石燃料更加清洁的非常规天然气燃料，采收率低。早在 20 世纪末，非常规油气的开发工作就在美国慢慢展开了。从 20 世纪末到现在，将近 60 亿美元的投资就已经被投入到非常规油气的勘探开发活动中。除此之外，非常规油气资源研究基金也因为非常规油气资源的勘探开采等活动而单独设立，并以此来鼓励和支持对非常规天然气的勘测和开采工作。而对于开采年限较长的老油田来说，新技术和加大投资力度对提高老油田的油气采集效率有着很大的帮助，美国政府以此来减缓油气产量下降的速度，基本保证油气田的辐射范围能够实现石油的充沛供给，同时美国政府还用优惠的政策安排和资金方面的补助来鼓励低产油田的开发和相关科研工作。《2005 年能源政策法案》就曾指出过，45 亿美元将陆续投入到非常规油气的相关技术开发工作当中。45 亿美元的研发基金主要用于页岩气的前期勘探、石油的分布规律查找和石油资源潜力评估等方面的工作，这些基础的技术性工作为页岩气的开发和管理提供了可靠的保障，同时也能为能源的日后管理和规划提供参考依据。

经过一系列的努力，美国的石油、天然气的产量得到了稳步提升，这不仅满足了相当部分的国内能源消费需求，同时也为后续保持较高的能源产量打下了坚实的基础。美国对油气田所做出的努力，和早年苏联的西西伯利亚油气田产量达到峰值后便迅速下降的状况形成了较为明显的对比，这在一定程度上说明了美国油田战术接替是具有重要意义的。同时，通过利用国家的政策扶持，各大企业也都积极投入到了对页岩气的勘探开发技术的改进和创新之中。很多的能源公司在传统的水平钻井技术开凿出油孔洞的基础上，成功研发出了多项页岩气开发开采技术，如平井同步压裂、多段压裂、水力压裂以及地下深层爆破等，这实现了页岩气开采从根本上的突破性发展，这些技术的开发大大降低了页岩气和页岩油的开采成本，同时也在很大程度上提高了页岩气和页岩油的开采量，最终美国实现了闻名世界的“页岩气革命”。

3. 重视可再生能源的开发

美国早在 20 世纪 70 年代就开始了对可再生能源的开发工作，美国政府高度关注对可再生能源的投资，直接资金方面的资助和贷款担保等方式也被用于可再生能源如风能和太阳能等的研发工作，以促进可再生能源的研发工作。同时美国的联邦和州政府以立法的手段促进以可再生能源为原料来发电的产能方式，为乙醇、地热能、风能和生物质能等可再生能源的开发提供便利。

美国是一个农业大国，美国的粮食产量在世界范围内名列前茅，尤其是美国的玉米等粮食作物，同时美国的大豆等油料作物的产量也非常大。基于美国的资源现状，美国目前主要以玉米等农产品来生产乙醇等生物质燃料，并且政府已经允许生物质燃料的大量生产并将其用于汽车等交通工具的燃料，目前很多的汽车都已经以酒精为主要的燃料，有的还将酒精等清洁燃料加入到传统的汽油中形成混合燃料，从而降低燃料整体的碳含量，最终达到环保的目的。表 4 给出了美国新能源消费量和生物质燃料的产量，除此之外，美国的生物柴油也开始了小批量的生产，同时用纤维素等大分子有机物来生产的液体燃料也开始小规模地向工业化生产转变。

表 4　　2001—2015 年美国新能源消费量和生物质燃料产量

目类	2001 年	2007 年	2011 年	2015 年
新能源的消费总量/百万吨标油	16.8	24.9	45.3	75.9
生物质燃料的总产量/千吨标油	3 289	13 457	28 257	47 461

数据来源：BP 世界能源统计年鉴。

经过前期技术和经验的积累，加之美国丰富的风能资源，美国的风电发展也明显加快，目前美国的风电市场已经成为世界上市场范围最广，同时也是产量增速最快的市场之一。由于国内通过风能来发电的技术水平和风电设备的国产化程度逐步提高，在种类繁多的供电市场上，风电的价格已经具备了一定的市场竞争力，2014 年风电的合同采购价格就比上年降低了 40%左右。风电的快速增长不仅使美国降低了对以燃煤和石油等化石燃料来发电的国内总需求，而且还提供了可观的就业机会，解决了当地相当大一部分失业人群的就业问题。此外，风电设备需求巨大，带动了国内制造业的发展，对缓解经济衰退起到了一定的积极作用。

（二）德国能源结构转型的路径

德国的能源资源十分匮乏，化石能源主要依靠进口，同时日本福岛的核泄漏事件又让德国对核能的使用十分谨慎，而新型的可再生能源因为其碳含量比传统化石能源低，并且可以无限生产的优点而受到了德国政府的分外关注，并且因此成为德国能源结构优化调整的重点。同时，由于前期的技术开发和创新难度大，德国可再生能源的研发和生产成本一直处于较高的水平，这给德国的经济带来了一定的压力，因此，德国将节约能源、提高能效作为能源转型的重要支撑。据预计，最迟到 2050 年，德国要将每年的能源生产率至少提高 2.1 个百分点，此外电力损耗、热力损耗和原油损耗都将较之前的高能耗模式大范围降低，同时 2050 年与 2008 年相比，一次能源的损耗计划要降低 50%左右。

1. 发展可再生能源

2000 年，德国通过了《可再生能源法》，此法案对有关能源结构转型的几项政策做出了明确的规定，这其中包括两大重点内容：首先，通过可再生能源生产的电量需要优先入网以供居民和企业使用；其次，规定可再生能源的上网电价为 20 年不变的固定价格，其间不能随意提高上网的电能价格，对可再生能源的电价补贴费用由居民和企业电力用户共同分担。这一针对电价的规定为可再生能源电价系统的有效运行提供了保障。此外，德国的《可再生能源法》还是世界上第一部对可再生能源上网电价做出明确规定的法律，对德国未来能源转型战略的实施起到了支撑的作用，同时也为其他国家的法律制定提供了重要的借鉴。

2011 年，德国的联邦内阁做出最终决议：德国最迟将在 2022 年以前逐步停止目前正在运转供电的 9 座核电站。同时根据决议内容，德国将加速用清洁的可再生能源发电的进程，到 2020 年，德国使用清洁的可再生能源发电的比例将从现在的 16.5%提升到 34%。同时，由于德国国内能源资源并不丰富，德国也必定会根据本国实际情况对本国新能源的开发与研究进行不断的调整与改进。首先，德国将加大对本国风能的利用力度，充分发挥本国风能的资源优势。其次，光能发电由于其本身的技术缺陷从而导致发电效率低下，所以德国也会根据实际情况减少对光伏产业的资金补助。

2. 节约能源，提高能源使用效率

能源转型成功的关键在于能源的使用效率能够达到突破性的提高，德国更加注重能源使用效率的提高是在石油危机发生之后，德国为此形成了一整套的促进节能减排的法律规范体系。《建筑节能法》和《家电用能标定法》等法律的实施，也对传统建筑物、大排量汽车、高能耗家用电器等的能耗水平做出了明确的规定。

在根本上提高能源使用效率的关键在于合理的激励制度的设计，德国政府通过立法，将能源使用效率定为公共项目招标的重要指标，并据此来选择合理的招标文件和合适的投标商。在传统的建筑领域，建筑物的节能标准也会慢慢提高，由政府出资设立了总量高达 1.8 亿欧元的高能耗建筑物的低能耗改造基金，以保障节能标准政策的顺利实施。此外，政府还为不合格建筑物的节能改造和最新节能设备的采办与安设提供低息贷款。在国内的重工业和轻工业领域，政府将通过为节能标准更先进的企业提供减税优惠的政策安排，促使企业为提高经济效益而主动采取相关的节能措施，对一些高能耗、高污染的企业采取外迁和高额罚款等措施来优化能源结构。在城市的交通领域，大力发展电动汽车，目前已经有很多的出租车在使用电力驱动，混合动力汽车也开始慢慢普及，目前常见的主要有油电两用汽车。同时，还通过税收制度对化石燃料的使用进行调解，对高能耗的汽车征收更高的使用税等，以此来减少污染程度较高的化石燃料在城市交通领域中的使用。

3. 加快电网建设，提高电力系统灵活性

（1）德国加快对国内电网设施的建设。德国通过建设大范围的电力通道，把北部区域的风电资源输送到西部和南部等电力资源相对匮乏的区域；同时德国对《能源工业法》做出了必要的修改，又陆续出台了《联邦需求规划法》和《加快电网扩张法》等一系列的补充法案，这为电网建设的发展提供了重要的保证。此外，发展智能电网，将原来的配电网络改为辐射式结构，这样电网的供电范围将大大增大，电网也将拥有大量居民和企业用户，最终形成一种拥有众多分布式电源的、供给和需求互动的格局，这时需求侧可以有效地响应电力市场的价格信号。

（2）改善原先电力系统僵硬低效的结构。在原先用于发电的环节，通过一些高新技术手段来增加火电机发电组合装置的用电调峰能力，通过增加储热设施等方式将热量储存在用电高峰能做到稳定供电。在电网环节，加强电网建设，并且扩大电网的互联范围，充分发挥互联网间接储能系统的作用。德国政府还通过可再生能源基金来分担部分电网改造所产生的额外开支，此外还通过提高超高压电网的回报率等方式，来保护电网投资商和技术维护人员的基本权益不受伤害。在最终用户的用电环节上，德国通过综合运用热泵、储能、电动汽车、智能电表等技术手段，提高电网负荷的调节性，保证居民的基本用电需求。

三、美德能源结构转型的效果比较

美德两国选择了十分相似但具体细节又有所区别的能源结构转型路径。和美国的路径相比，德国更加关注以低碳清洁的方式进行能源结构转型，其能源转型路径主要是发展几种可再生能源，逐渐淘汰国内的 9 家核能发电厂并且逐步减少对煤炭的使用；相比较之下美国的能源结构转型不仅注重通过低碳清洁的方式优化调整，此外也关注国家能源的自给程度，因此美国的能源转型路径不仅包括非常规油气的大范围勘探采收，同时还包括对风能和潮汐能等可再生能源的前期研发工作。

（一）美德两国能源结构的变化

1. 美国能源结构的变化

从 20 世纪末到现在，和之前相比，美国的能源结构变得更加合理，其中几个比较明显的变化如图 3 所示。

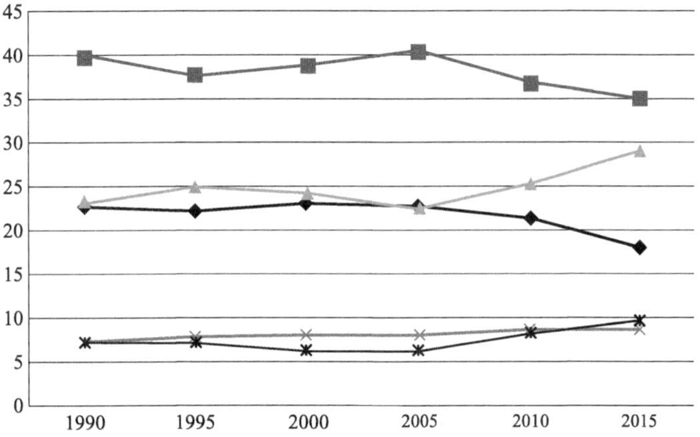

	1990	1995	2000	2005	2010	2015
煤炭	22.7	22.1	22.9	22.7	21.3	17.9
石油	39.7	37.8	38.7	40.3	36.7	35
天然气	23.2	24.9	24.1	22.5	25.1	28.9
电力	7.2	7.8	8	8.1	8.6	8.5
可再生能源	7.2	7.2	6.2	6.2	8.2	9.5

图 3　1990—2015 年美国一次能源消费结构（单位：%）

资料来源：美国能源信息署数据，http://www.eia.gov/ totalenergy/data/annual/index。

首先，美国国内一次能源的消费结构变得更加多元化。1990—2015 年，三种主要的化石能源占总能源消费的比重由原来的 85.6%降低到 81.9%，而可再生能源在总能源消费中的比重不断升高，从 1990 年的 7.2%升高到 2015 年的 9.2%。其中化石能源的结构也得到了优化，燃煤占总能源消费的比重由 1990 年的 22.7%降低到 2015 年的 18.5%。相比之下，碳含量相对较低，而热值相对更高的天然气的比重却在不断地上升，由 1990 年的 23.2%升高到 2015 年的 28.9%。能源的使用结构开始变得更加合理。其次，图 4 给出了美国的终端能源消费结构，而终端的能源消费结构也开始向着更清洁的方向发展。其中，原油产品、天然气和燃煤在终端消费结构中的比例分别从 1990 年的 52.39%、23.4%和 4.3%降低到 2015 年的 50%、20.7%和 1.5%。在消费结构中电力所占的比重呈现不断上升的趋势，到 2015 年这一数值上升到 22.4%，占比接近 1/4。

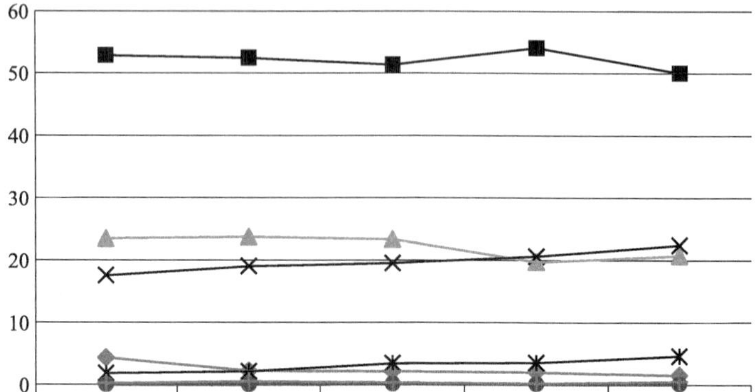

	1995	2000	2005	2010	2015
煤炭	4.3	2.2	2.1	2	1.5
石油	52.8	52.4	51.3	54	50
天然气	23.4	23.7	23.3	19.7	20.7
电气	17.5	19	19.5	20.6	22.4
生物质能	1.8	2.1	3.4	3.5	4.6
地热、太阳能	0	0	0.1	0.1	0.1
热力	0.2	0.5	0.3	0.2	0.5

图 4　1990—2015 年美国的终端能源消费结构（单位：%）

资料来源：国际能源署（IEA），http://www.iea.org/statisticssearch/report/。

2. 德国能源结构的变化

能源结构转型后，德国的能源结构在很大程度上得到了优化。如图 5 所示，在一次能源的供给结构中，可再生能源所占的比重逐渐上升，而传统的高污染的化石能源和核能在消费结构中的地位越来越低。1990—2015 年，三种主要的化石燃料——煤炭、石油和天然气在消费结构中占比由原来的 86.9%降低到 80.3%，而核能在能源结构中的比重在由原来的 11.3%下降到 8.3%的同时，新兴的可再生能源得到了突破性的发展，从 1.8%发展到了 11.9%。按照此发展方向，德国的能源结构势必会更加合理。

德国的能源消费结构也在朝着清洁化的方向发展。如图 6 所示，1990—2015 年，传统的化石燃料如燃煤、石油和天然气在一次和最终能源消费结构中所占的比重由 1990 年的 78.7%降低到 2015 年的 68.5%；电力在消费结构中的比重也越来越重要，由原来的 16.3%上升到了 20.5%；地热能、生物质能等可再生能源在消费结构中的比重从 1990 年的 1.2%上升到 2015 年的 6.4%左右。在当前的电力供应结构中，以可再生能源为原料发电的比重由 3.4%上升到 23.5%，逐渐形成了以风能发电为首、多种可再生能源发电齐头并进的局面。

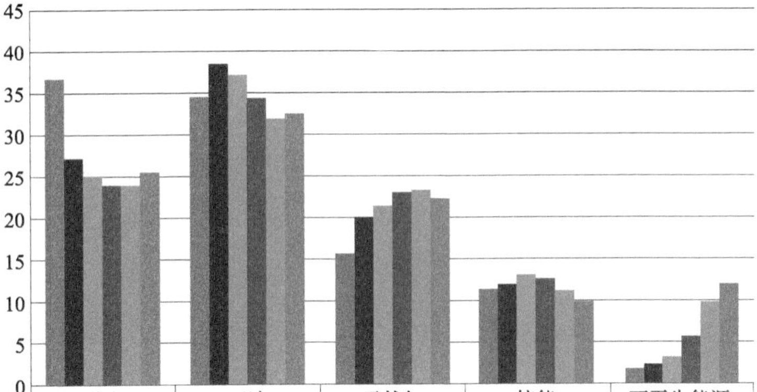

	煤炭	石油	天然气	核能	可再生能源
1990	36.6	34.6	15.7	11.3	1.8
1995	27.2	38.6	20	11.9	2.2
2000	25.2	37.1	21.4	13.1	3.2
2005	24.3	34.5	23.1	12.6	5.6
2010	24.1	32.1	23.2	11.2	9.8
2015	25.6	32.4	22.3	8.3	11.9

图 5　1990—2015 年德国一次能源消费结构（单位：%）

注：根据国际能源署德国的能源平衡表计算，http://www.iea.org /statistics/statistics search/report/。

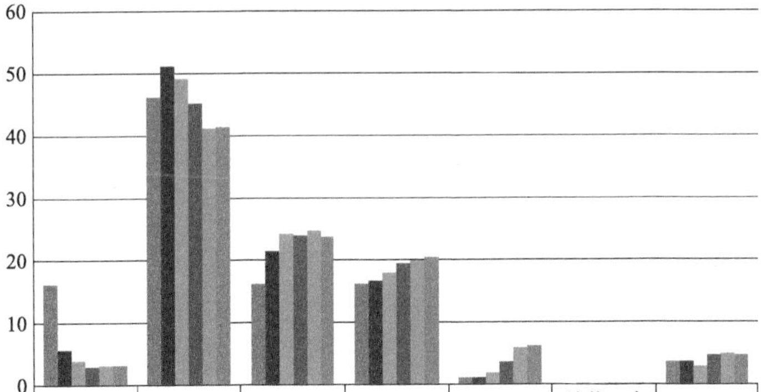

	煤炭	石油	天然气	电力	生物质能	地热、太阳能	热力
1990	16.3	46.2	16.2	16.3	1.2	0	3.8
1995	5.8	51.2	21.4	16.6	1.2	0.02	3.7
2000	3.9	49.3	24.2	18	2	0.05	3
2005	3	45.1	23.9	19.5	3.8	0.13	4.7
2010	3.1	41.2	24.6	19.9	6	0.23	4.9
2015	3.3	41.5	23.7	20.5	6.1	0.29	4.7

图 6　1990—2015 年德国终端能源消费结构（单位：%）

注：根据国际能源署网站德国的能源数据计算所得，网址为 http://www.iea.org /statistics/statistics search/report/。

（二）美德两国的能源安全变化

美国的“页岩气革命”使得美国能源实现了自给自足，在 2009 年，天然气产量就达到了 5 840 亿立方米，超过了原先页岩气产量居世界第一位的俄罗斯，成为目前世界上最大的天然气生产国。在“页岩气革命”背景下，同样呈增长状态的还有美国的国内石油产量，美国在 2011 年成为石油的净输出国，此外，由于石油等能源的产量逐渐上升，其能源的自给率也逐渐提高，如图 7 所示，到 2014 年自给率已经提高到了 90.8%。在长达数年的“页岩气革命”的推动下，天然气逐渐代替煤炭和石油的主导地位，在美国的能源结构中也慢慢占据越来越大的比重，在比重方面位列第二，仅比石油少 10 个百分点，天然气有望在未来的几年内取代天然气成为主要的可用能源。21 世纪以来，这一趋势也越来越明显，2008 年，传统的三种化石燃料——石油、煤炭和天然气在美国能源总供给中的比重更是达到了 85%，仅天然气的供给量就占总供给的将近 1/4，同时，90%的国内能源需求能够通过国内自己开采的天然气得到满足。经过对页岩气几年的勘探和开采，美国的天然气产量得到了大幅提高。但是，能源的结构优化调整过程并不是一个能在短时间内实现的过程，往往需要数十年的时间积累才能实现。

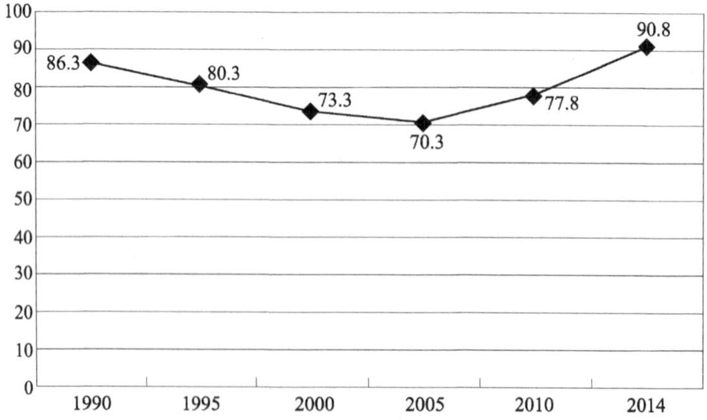

图 7　1990—2014 年美国能源自给率变化趋势（单位：%）

注：根据国际能源署网站美国的能源统计数据中所给能源数据计算，网址为 http://www.iea.org /statistics/statistics search/report/。

相比之下，能源结构转型对德国能源安全的影响并没有美国那么显著，德国因为自身资源禀赋的原因，化石能源储量并不足以使其进行和美国一样的能源革命，因此，德国的对外依存度依然很大。近年来，德国虽然对可再生能源加大了开发的力度，但是由于德国正逐步关闭原先国内的九座核能发电厂，并且在一定程度上减少了煤炭的使用，为了弥补国内的能源空缺，德国不得不通过进口相关化石能源来解决这一问题。根据国际能源署对德国的能源数据的统计，德国从 2005 年到 2012 年对石油等化石能源进口的依存度反而从 96.5%上升到了 97.3%，而天然气进口的依存度更是从原来的 69.6%上升到了 85.7%。

德国由于本身资源禀赋的劣势，在能源结构转型的前期势必会增加其能源的对外依存度，在 1990 年时德国有一半的能源还能依靠自己提供，随着能源结构转型过程的进一步深化，德国逐渐放弃核能的使用，但是可再生能源的开发并没有及时弥补新出现的能源空缺，以至于到了 2014 年德国只能满足国内 39.1%的能源需求（见图 8）。但情况并没有越变越糟，德国能源自给率变化的趋势越来越缓和，当德国完全放弃核能时，自给率也有望提高。

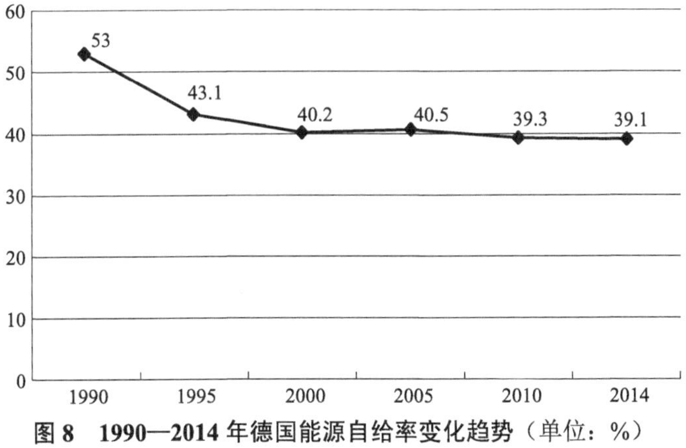

图 8　1990—2014 年德国能源自给率变化趋势（单位：%）

注：根据国际能源署网站德国的能源统计数据中所给能源数据计算，网址为 http://www.iea.org /statistics/statistics search/report/。

（三）美德两国能源成本的变化

得益于对北部和西部油气田大范围的勘探和开发，美国的能源价格在国内波动的范围变窄，通常都在一个相对稳定的范围内。国际能源署给出的数据显示，从 21 世纪初的 2000 年到 2014 年这 14 年里，居民的平均用电价格从 21 世纪初的 8.6 美分/千瓦时提高到 12.5 美分/千瓦时。而对于天然气来说，居民的平均用电价格也从 21 世纪初的 12.7 美元/千立方英尺降低到现在的年平均 11 美元/千立方英尺，天然气在工业使用上的价格也下降了一定的幅度。

可再生能源日益走进大众的视野范围内，但是由于前期对可再生能源的开发和研究难度大，技术改进和创新的成本也相对较高，种种原因导致了德国的能源价格居高不下。同欧洲的大部分国家相比，德国的能源价格也一直处于较高的水平。从 21 世纪初到现在，通过平价计算后德国居民用于电力的成本就上升了一倍之多，上网电价从 2000 年的 13.9 欧分/千瓦时上升到 2012 年的 25.8 欧分/千瓦时，上网电力总额和终端消费总额的差额从 2000 年的 9 亿欧元提高到 2011 年的 130 亿欧元。这在一定程度上保护了电力提供者和管理者的积极性。从数据来看，德国能源结构的优化势必会给德国的社会稳定和经济高速发展带来一定的压力。

（四）美德两国的碳排放变化

美德两国对能源结构的调整与优化都或多或少地给两国的生态和居住环境带来了积极的影响，相对于美国而言，德国在环境优化方面取得了更大的成就。美国石油公司就对这一数据做出了调查和整理，对于节能减排、环境优化标准的指标——碳排放量，美国在 2007 年达到最高值 65.2 亿吨后，近年来碳排放总量一直呈现逐年降低的趋势，美国的节能减排指标也越来越高，国内企业不得不据此来达到国家规定的标准，2015 年碳排放量数值低到了 59.9 亿吨左右。

如图 9 所示，碳含量较低的新兴可再生能源在能源结构中所占的比重越来越高，单位能源的碳排放量也呈现下降的趋势，美国的单位能源碳排放量在 20 世纪末达到峰值 61.3 吨/万亿焦耳，随后的几年一直都呈现逐年降低的趋势，到 2014 年单位能源碳排放量下降到 48.6 吨/万亿焦耳。

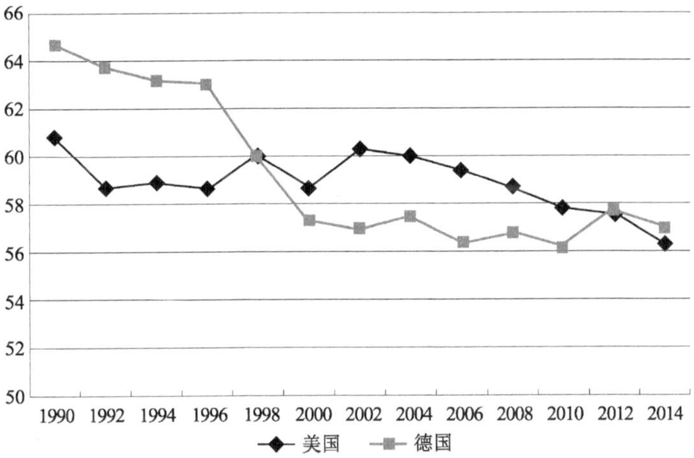

图 9　1990—2014 年单位能源的碳排放强度（单位：吨/万亿焦耳）

数据来源：International Energy Agency，CO_2 Emissions from Combustion（2014），http://www.iea.org/bookshop/648-CO_2 Emissions from Fuel Combustion。

对于两国单位 GDP 的碳排放强度，这一数值和单位能源的碳排放大致呈现一样的趋势。从 20 世纪末到现在的十几年里，如图 10 所示，美国的这一数据从 20 世纪末的 0.59 千克二氧化碳/美元降低到 2014 年的 0.32 千克二氧化碳/美元（此处都是年平均值）。和美国相比，20 世纪末德国的单位 GDP 碳排放强度仅为 0.43 千克二氧化碳/美元，到了 2014 年更是下降到 0.23 千克二氧化碳/美元。

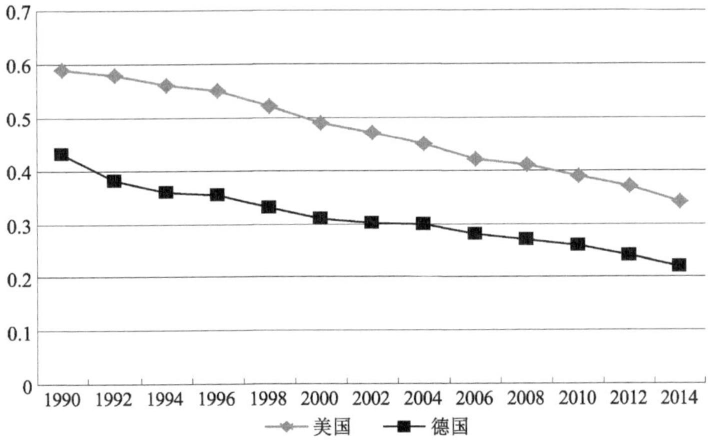

图 10　1990—2014 年的单位 GDP 所达到的碳排放强度

（单位：千克二氧化碳/美元，以 2005 年的美元为基础价格不变）

数据来源：International Energy Agency，CO_2 Emissions from Combustion（2014），http://www.iea.org/bookshop/649–CO_2 Emission from Fuel Combustions。

从美德两国开始能源结构转型到现在，无论是美国还是德国，都在一定程度上达到了预期的效果，但是两国所取得的成就还是有限的，德国在能源结构转型的过程中还出现了一些问题，因为能源结构改革是一个漫长而曲折的过程，不可能一蹴而就，为了能够彻底完成改革，还需要长时间的努力。

四、美德能源结构转型对中国的启示

美国和德国在能源结构优化的过程中采取了各自适用的方法，两国都达到了一定的预期结果。而中国传统的以煤炭为核心的能源结构受到了来自多方面的压力，以能源结构优化为核心的能源革命已经到了十分紧迫的地步。虽然中国和美德两国在社会的政治体制、大自然所赋予的各种资源禀赋上有着或多或少的差异，而且我们还处于不一样的社会发展阶段，但是中国和美德两国在传统的能源结构发展的历程上具有共性，再加上美德两国在世界能源结构转型的路径中具有典型性，这对有着相似处境的中国的能源结构优化具有一定的参考意义。

（一）从自身资源禀赋实际出发，选择能源结构优化方向

美国的油气资源储备量在世界范围内排名前列，同时由于传统的能源结构根深蒂固，至少在短时间内美国还不得不依靠石油和天然气来满足国内的能源需求，所以美国在能源结构转型的道路上选择了页岩气的开发、可再生资源的研发、降低国内能源和石油消费量的途径。美国所采取的这一系列措施不仅保证了美国的国内能源供应安全，还为国内提供了非常可观的就业机会。相对于美国而言，德国由于其传统资源禀赋的劣势，不得不将发展可再生能源作为能源结构优化的重点，同时以更高的能效作为转型的支撑，加快国内的电网建设和电网的灵活性，放弃核能发电，这是德国从社会责任和可持续发展角度选择的转型道路。

中国的主要能源还是煤炭，石油和天然气的储量并不丰富，同时中国在能源使用过程中的技术还不成熟，对煤炭的脱硫普及程度还不高，山西和内蒙古的部分煤窑还属于私人煤窑，国内能源结构的复杂性使得中国在能源结构优化的过程中需要综合考虑多方面的因素，最好从根本上找到问题的源头。在化石能源方面，

中国要对现有技术进行修正改进，对传统煤炭进行处理，降低煤炭中的硫和氮等元素的含量，以煤炭的洁净使用为重点，充分利用好中国的能源资源禀赋优势。此外，中国的疆域面积辽阔，同时拥有海风和来自西伯利亚的大陆风，同时平原和部分高原的采光效果较好，太阳能资源也相对丰富，在传统化石能源的替代能源选择上，中国要利用好本身的资源禀赋，同时发展和保障好可再生能源在能源安全和环境保护方面的优势地位。

（二）处理好经济增长和能源转型成本提高的矛盾

虽然 21 世纪以来，美国和德国在可再生能源的研发上做出了长期而艰巨的努力，但是由于组织结构的惰性，传统的可再生能源在国内能源消费中的比重依然巨大。其中，近几年美国一次能源的消耗量在国内总能源消耗量中的比重依然达到了 80%左右，而德国相对应的比例在 80.3%。虽然经过了数十年的努力，但现今美国能源结构的主体依然是传统的能源结构，新兴的可再生能源没能发挥其替代性作用，美国正在开发对传统燃煤处理的新技术，形成低硫少碳的便于携带的液体燃料。美国国内大排量汽车十分普及，高能耗的企业依然很多，美国试图转变国民的传统观念，提倡使用低排量汽车，为高能耗企业设置节能减排的指标，这些措施为可再生能源在国内大范围的使用提供了必要的准备，可以避免能源结构迅速转型给社会带来的负面影响。相应地，德国的能源结构转型已经出现了能源成本大幅上升给经济发展和居民生活带来剧烈冲击的问题。德国正在通过新能源的技术开发、调整能源使用结构来提高使用效率，慢慢实现新能源的国产化和市场化以降低新能源的市场价格，这在一定程度上可以缓解德国能源结构转型过程中的矛盾和问题。中国作为最大的发展中国家，居民对于与生活息息相关的物品价格的变化敏感程度较高，所以在能源结构优化调整的过程中，应当充分利用好现有的资源，学习能源结构优化的技术经验和制度经验，同时分析各种路径在中国的可行性，尽可能降低开发可再生能源的成本，通过技术手段和政策制度提高能源的使用效率，从而最终步入能源结构优化调整的高效之路。

（三）完善法律法规建设，为能源结构转型提供制度支持

从美国和德国的能源结构优化调整的过程中可以看出，能源结构的优化和调整不是由市场的价格机制可以改变的，市场价格在能源结构调整中的作用并不能发挥得特别好，能源结构调整的方向还有调整过程中的政策制度问题也需要政府部门来把关。美德两国针对能源结构的优化工作皆设立了相关的法规制度，为能源技术开发和新能源发展提供相关的优惠政策安排，主要体现在税收、信贷、价格支持等方面。

现在中国的能源结构转型需要完善的法律体系作为支撑，要修订和完善《中华人民共和国可再生能源法》《中华人民共和国电力法》等主要法律。在法律制定上要充分考虑相关法律的可操作性，不能不切实际地盲目立法。在转型过程中要实现“有法可依”“有法必依”，同时在法律的执行过程中实现“执法必严”，最大限度地发挥法律的作用，为实施转型制定行为准则。

结论

美国和德国在能源结构转型的道路上各辟蹊径，在一定程度上都取得了一定的成就。美国在目标选择上更加注重经济效益，相对于德国而言对环境的重视程度并不高。在路径方面，美国由于其资源禀赋优势因而能够充分利用好国内的能源资源进行页岩气革命，而德国只能选择发展可再生能源来降低其对能源的进口依赖程度。在两国能源转型的效果方面，美国由于其页岩气革命发展顺利，其非常规油气的开采量已经能够满足国内的能源消费需求，并且还能有一部分用于出口；而德国由于其转型速度过快，可再生能源还不足以顶替原来核能发电的产电量，从而导致其在一定程度上加深了对能源进口的依赖程度。

而对于中国来说，中国传统的以煤炭为核心的能源结构受到了来自多方面的压力，以能源结构优化为核心的能源革命已经到了十分紧迫的地步。虽然中国和美德两国在社会的政治体制、大自然所赋予的各种资源禀赋方面有着或多或少的差异，而且还处于不一样的社会发展阶段，但中国和美德两国在传统的能源结构

发展的历程上具有共性，再加上美德两国在世界能源结构转型的路径中具有典型性，这对有着相似处境的中国的能源结构优化具有一定的参考意义。

参 考 文 献

［1］德国环境、自然保护和核安全部.Renewable energy sources in figures：national and international development［DB/OL］. 2013：14. （2015–10–10）. http://www.bmub.bund.de/fileadmin/Daten BUM/Pools/Broschueren/ee in zahlen en bf. Pdf.

［2］BP statistical review of world energy 2015［DB/OL］.（2015–10–12）. http://www.bp.com/content/dam/bp/pdf/Energy-economics/statistical-review-2015/bp-statistical-review-of-world-energy-2015-full-report.pdf.

［3］U.S. Department of Energy，Office of Fossil Energy and National Energy Technology Laboratory. Model shale gas development in the United States［M］. Cambridge：Harvard University Press，2009：30.

［4］Stephen P A Brown，Steven A Gabriel，Ruud Egging. Abundant shale gas resources some implications for energy policy［R］. Resources for the Future/ National Energy Policy Institute，2010：50.

［5］德国联邦经济与技术部. 德国的能源转型［DB/OL］.（2015–10–15）. http://www.china.diplo.de/contentblob/ 3723908/Daten/2816916/1211.6energiewendedd.pdf.

［6］BMWi. Energy concept-for an environmentally sound，reliable and affordable energy supply［R］. BMWi，2010.

［7］Agora Energiewende. 12 Insights on Germany’s energiewende［R］. Berlin：Agora Energiewende，2013.

［8］金乐琴. 能源结构转型的目标与路径：美国、德国的比较及启示［J］. 经济问题探索，2013（2）：166–167.

［9］宋力山. 从 80%到 80%德国能源转型［J］. 德国工业智库，2016（3）：166.

［10］黄碧斌，李琼慧，蒋莉萍. 德国分布式电源的发展经验及其启示［J］. 中外能源，2013，18（6）：26–30.

［11］ 罗涛. 德国新能源和可再生能源立法模式及其对我国的启示［J］. 中外能源，2010，15（1）：34–45.

［12］ 中国国际经济交流中心. 中国能源生产与消费革命［M］. 北京：社会科学文献出版社，2014：25.

［13］ 中国科学院，美国国家科学院，等. 可再生能源发电：中美两国面临的机遇和挑战［M］. 北京：科学出版社，2012：21，30.

［14］ 金辉. 美国：为页岩气勘探开发创造有利环境［N］. 经济参考报，2012–12–07（4）.

［15］ 胡文海，陈冬晴. 美国油气田分布规律和勘探经验［M］. 北京：石油工业出版社，1995：7–510.

［16］ 张抗，董立，温友建. 俄罗斯—前苏联石油产区的战略接替及其启示［J］. 石油与天然气地质，2012，33（1）：148–158.

［17］ 张抗. 油气田的生命周期和战术战略接替［M］. 北京：地质出版社，2001：81–138.

［18］ 刘满平. 美欧开发差异大 页岩气产业发展需重视风险［N］. 中国经济导报，2011–08–05（4）.

［19］ 宫春博. 我国可再生能源发展战略与政策研究［D］. 济南：山东大学，2012.

［20］ 徐如浓. 美国可再生能源政策体系及对我国的启示［J］. 绿色经济，2013（1）：102–150.

［21］ 李佳慧. 德国能源结构如何清洁转型？［J］. 环境经济，2013（5）：23–25.

［22］ 高翔. 德国低碳转型的进展和经验［J］. 德国研究，2014（6）：12–14.

［23］ 雷鸣. 日本与德国新能源产业转型的比较分析［J］. 能源经济，2013（1）：80–85.

［24］ 张斌. 德国能源转型战略及其启示［N］. 中国能源报，2010–10–02（9）.

［25］ 李佳慧. 德国能源结构的“清洁转型”［J］. 环境经济 • 新环境，2015（11）：34.

［26］ 董娟. 国际能源结构转型趋势及典型路径比较分析［J］. 能源战略与政策研究，2014（10）：8–18.

［27］ 富景筠. 东北亚天然气格局的演变逻辑——市场结构与权力结构的分析［J］. 东北亚论坛，2014（2）：10–12.

［28］ 刘长松. 国际能源转型进展及其对中国的启示和借鉴［J］. 生态智库，2016（3）：102–117.

［29］ 李建军、袁明敏. 德国绿色能源城镇建设：思路、策略与经验［J］. 关于自然科学技术工

程的跨学科研究，2015（6）：10–11.

［30］李杏茹. 美国页岩气研发的经验与启示［J］. 国际研究，2016（4）：150–151.

［31］潜旭明. 美国独立能源的影响及对我国的启示［J］. 国际视野，2014（14）.

［32］张抗. 从页岩气革命看中国资源勘探的战略方向［J］. 地质与资源，2013（4）：260–261.

［33］游声刚，郭茜，耿小烬，等. 关于我国页岩气产业的思考［J］. 金属矿山，2014（12）：1–8.

［34］刘坚，任东明. 欧盟能源转型的路径及对我国的启示［J］. 中国能源，2013（12）：9–10.

［35］陈清泰，吴敬琏，张永伟，等. 美国支持可再生能源发展的政策体系及启示［J］. 发展研究，2010（4）：32–57.

中国石油对外贸易依存度分析

王慧文①

摘　要：随着我国经济的飞速发展以及环境的制约，石油的供需缺口越来越大，为了满足日益增长的石油需求，我国从产油大国大量进口石油及制品，石油资源的对外贸易依存度持续攀升，越来越受到关注。本文从我国石油进出口量及需求量着手，分析我国石油及制品的对外贸易依存度现状，与主要发达国家或经济体的石油资源对外贸易依存度进行比较，探究我国对外贸易依存度持续升高的原因，解析其对于我国经济发展、政治安全的影响。基于上述的分析与研究，对我国石油资源对外贸易依存度持续升高的现状提出针对性的意见：首先，我国应提高石油利用率，加快石油勘察力度；其次，在加强石油战略储备基础建设的同时也要加强不同国家之间的合作，建立石油期货，争取石油定价权；最后，调整能源结构，开发新能源。

关键词：石油；对外贸易依存度；石油安全；中国

引言

我国是一个"富煤、少气、贫油"的能源分布不均衡的国家。随着我国经济的发展，工业及生活用油量剧增，国内开采的油田已进入产油的中晚期阶段，未经开采的海上油田勘测难度较大，我国自身储油量和产油量并不能满足日益增长

① 王慧文，女，北京联合大学国际经济与贸易专业 2017 届毕业生，本文指导教师是郑春芳教授，本文被评为 2017 年北京联合大学校级优秀毕业论文。

的消费需求，因此，在现阶段我国所用石油大量依赖进口。2017 年 1 月 12 日，中石油经济技术研究院《2016 年国内外油气行业发展报告》指出，2016 年世界能源行业经历着油价暴跌后带来的动荡与巨变，油气行业在再平衡进程中艰难前行。2017 年，油气市场将体现为“变”，市场不确定性增加，这给我国未来工业的蓬勃发展带来了无形的隐患。

目前，我国的石油对外贸易依存度较高，不利于我国经济稳定发展，大量从海外进口石油资源，也可能进一步影响我国的国防安全及与大国之间的政治关系。因此，在这种背景下，研究石油对外贸易的现状、石油对外贸易依存度高的原因及其对现代社会的影响，针对高石油贸易依存度的现状提出合适的措施是十分重要的。

一、中国石油对外贸易依存度的演化及现状

石油是我国重要的能源产品，在能源消费中占据极大的比重。作为一个大的能源科目，石油以很多种形式存在着，例如原油、汽油、煤油、柴油、燃料油、液化石油气等。根据近年来我国对各种类型的石油制品进出口状况分析，本文将选取对外贸易占比重较大的三种类型的石油制品，即原油、燃料油及液化石油气来进行分析研究。

石油对外贸易依存度=石油年度净进口量/石油年度需求总量×100%，其中，石油年度净进口量=石油年度进口量–石油年度出口量，石油年度需求总量=石油年度转化量（转化为中间产品的总量）+石油年度工业用量+石油年度终端消费量。

（一）历年来中国石油对外贸易依存度的演化

1. 石油

石油被称为“工业的血液”，是一种不可再生资源，在我国工业化进程中起着不可或缺的作用。我国在 2000—2016 年一直是石油净进口国家，除了在 21 世纪初期，我国的石油对外贸易依存度经过了两次波动和下降外，其余时期我国的石油对外贸易依存度数值一直在稳健上升。2000 年，我国石油资源的对外贸易依存

度仅为33.7%，2011年首破60%，并在近几年维持在60%左右；2016年，我国石油对外贸易依存度数值第一次突破65%的大关，达到67.3%。在短短的17年间，我国石油的对外贸易依存度呈现出一个翻倍增长的趋势（见图1）。综合国内现期产油量较少、需求量较大、供需缺口不断上升的情况，在今后很长的一段时间内，我国石油的对外贸易依存度会只增不减。

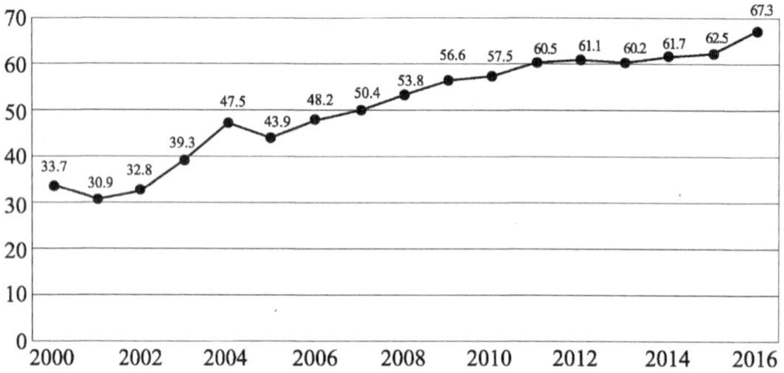

图1　2000—2016年中国石油对外贸易依存度演变（单位：%）

数据来源：2000—2015年数据来自国家统计局，2016年数据来自田春荣. 2016年中国石油进出口状况分析［J］. 国际石油经济，2016（3）。

2. 原油

原油是一种未经过任何加工处理的石油，其占据着中国石油对外贸易的最大份额。我们可以将原油对外贸易依存度的变化分为三个阶段。

第一个阶段：1990—1996年，由原油净出口阶段向原油净进口阶段转变，原油的对外贸易依存度从–18.30%波动增长至1.41%。在这个阶段，中国逐渐减少原油出口量，并迅速扩大原油进口量，转变过程加速，并在1996年成功转型为原油净进口国家。

第二个阶段：1997—2006年，成为原油净进口国家，但对外贸易依存度持续波动。2000年和2002年原油对外贸易依存度快速增加，接近30%，但在随后的一年中突然下降4%，2003—2005年又持续上升到超过40%，2006年又小幅下降一个百分点。在此阶段，我国虽然加大了原油进口量，但出口量减少缓慢，导致了原油对外贸易依存度数值持续波动的现象。

第三个阶段：2007—2015年，原油净进口贸易依存度持续攀升。在第三个阶段，我国再次增加了原油的进口量，年进口量迅速攀升至超过 2 亿吨，而出口量骤减到低于 500 万吨，形成了出口量减幅远远低于进口量增幅的现象，导致了对外贸易依存度持续攀升的局面，原油净进口对外贸易依存度自 2007 年的 41.05%平稳增长，直至 2015 年突破 60%的大关（见图 2）。

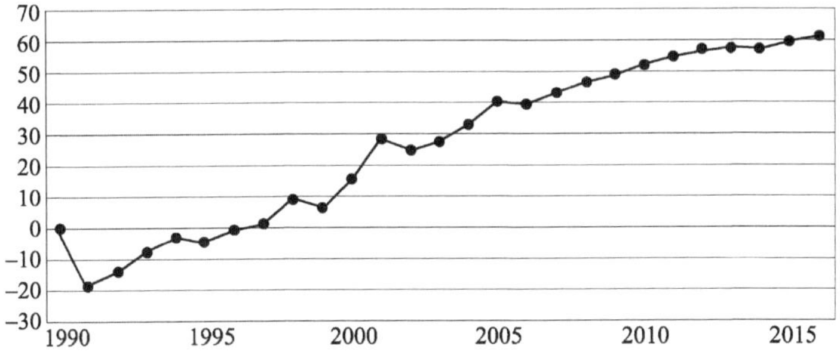

图 2　1990—2015 年中国原油对外贸易依存度演变（单位：%）

数据来源：IEA Statistics。

3. 燃料油

原油经过一定程序的加工便可制成燃料油，工业上用其发电，作为锅炉燃料或者其他工业炉燃料，占据着我国石油对外贸易的第二大份额。我国也由起始的燃料油净出口国家迅速转化为燃料油净进口国家。纵观 1990—2015 年这 20 多年的变化，燃料油的对外贸易依存度数值自 1990 年的−0.29%逐渐上升，但在 21 世纪初期也出现了一些轻微的波动，2012 年，燃料油对外依存度突破 100%后呈现下降的趋势。但总体来看，燃料油的对外贸易依存度依然呈现上升的趋势（见图 3）。

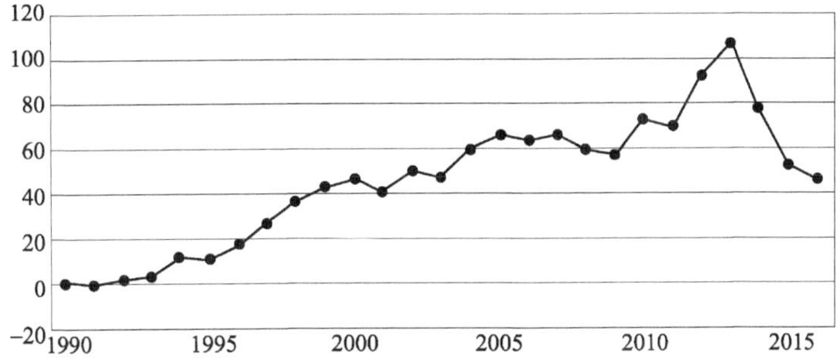

图 3　1990—2015 年中国燃料油对外贸易依存度演变（单位：%）

数据来源：IEA Statistics。

4. 液化石油气

液化石油气是原油经过催化裂解与热解后产生的一种副产品，该产品作为一种化工基本原料和新型燃料，在石油化工业迅速发展的同时，越来越受到科学家及工程师们的欢迎。整体来看，液化石油气的对外贸易也经历了从净出口到净进口阶段的转变，但其对外贸易依存度波动较大。1990 年，该资源的对外贸易依存度仅为–0.44%，但在 1996 年净进口对外贸易依存度达到峰值 34.62%后呈下降的趋势，随后其数值不断波动，在 2011 年之后，液化石油气的对外贸易依存度数值直线上升，到 2015 年突破 25%，可见，在今后的几年中，我国对液化石油气的需求会越来越大。见图 4。

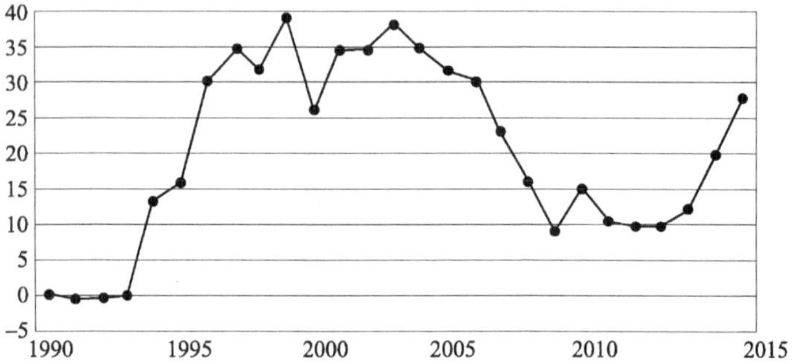

图 4　1990—2015 年中国液化石油气对外贸易依存度演变（单位：%）

数据来源：IEA Statistics。

（二）与主要发达经济体的对比

1. 美国石油对外贸易依存度

美国的原油一直处于净进口的状态，且对外贸易依存度持续维持在 50%左右，并随着时间的增长而平缓增长，在 2008 年，美国原油的对外贸易依存度数值达到峰值 69.47%之后，美国政府意识到高石油对外贸易依存度可能会对国家石油安全带来不利的影响，开始采取相关措施来降低原油的对外贸易依存度。由此，美国原油对外贸易依存度数值开始平缓下降，至 2014 年，原油对外贸易依存度为 44.12%，该数值小于其 1990 年 45.68%的起始数值，由此预见，美国石油的对外贸易依存度在今后的几年中会逐渐降低。

燃料油的对外贸易依存度波动较大，美国在燃料油的对外贸易上由原来的净进口国家转变为净出口国家。该国的燃料油对外贸易依存度在 1990—2005 年一直维持在 25%～50%，而后呈现向净出口国家转变的趋势，2015 年，美国燃料油对外贸易依存度为–200%。

然而，美国液化石油气的进出口较少，且在 20 世纪 90 年代及 21 世纪初对外贸易依存度一直为 0，且在现阶段，该数值在 0 到 3%之间波动（见图 5）。

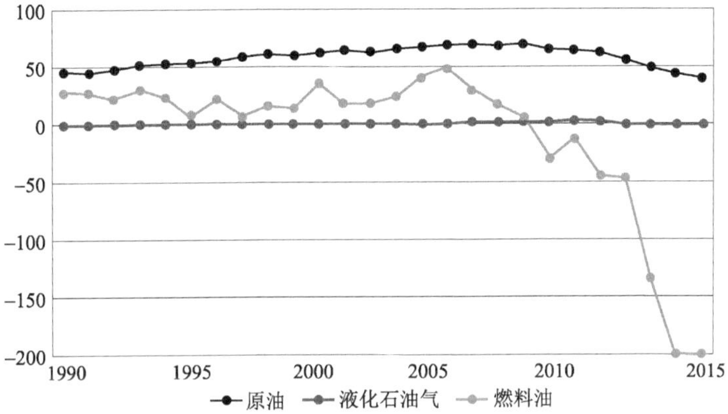

图 5 1990—2015 年美国部分石油资源对外贸易依存度演变（单位：%）

数据来源：IEA Statistics。

2. 日本石油对外贸易依存度

日本能源高度匮乏，该国能源消费始终依赖于进口，日本石油制品中的原油、液化石油气对外贸易依存度较大，一直在 100%徘徊。1990—2015 年，日本的原油全部依靠进口，原油出口量为 0，国内生产总值也持续少于 100 万吨。日本为液化石油气净进口国家，且对外贸易依存度在 70%到 90%之间波动。

相比于前两项石油制品，日本燃料油进出口贸易波动较大。先是由 20 世纪 90 年代初期的燃料油净进口国家向净出口国家转变，在之后的 15 年间，国家的燃料油对外贸易依存度数值维持在 10%左右，但持续在净出口及净进口国家之间波动，2010 年之后，日本成为燃料油的净进口国家，对外贸易依存度持续升高，在 2012 年达到峰值 22.38%后开始呈下降的趋势（见图 6）。

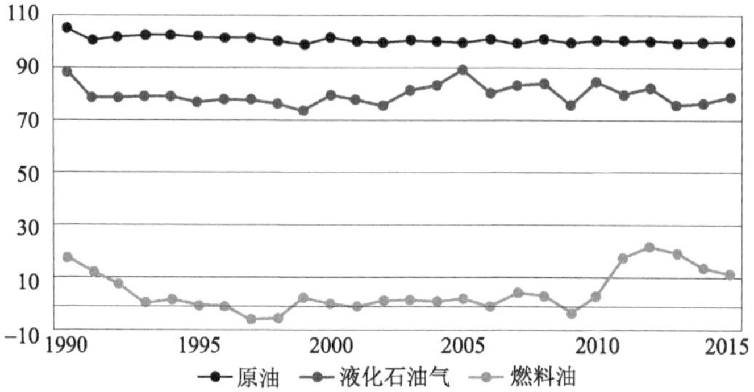

图 6　1990—2015 年日本部分石油资源对外贸易依存度演变（单位：%）

数据来源：IEA Statistics。

3. 欧盟石油对外贸易依存度

相对于液化石油气和燃料油的对外贸易依存度数值来说，欧盟的原油对外依存度较高，1990—2015 年一直维持在 80%左右，在经历了前期细微波动后，后期该数值平缓增长；液化石油气的对外贸易依存度也呈现出上升的趋势，由 20 世纪 90 年代初的 28%，经过小部分的波动，上升到 2015 年的 46%，变化明显；燃料油的对外贸易由初始的净进口变为最终的净出口，且净出口贸易依存度较大，接近 60%（见图 7）。

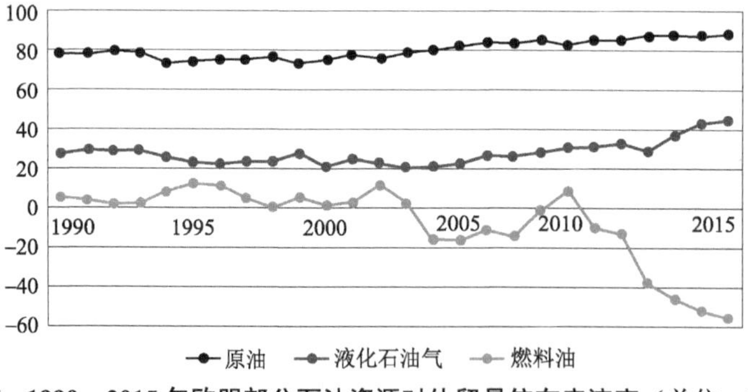

图 7　1990—2015 年欧盟部分石油资源对外贸易依存度演变（单位：%）

数据来源：IEA Statistics。

（三）中国石油对外贸易依存度特点

我国在 20 世纪 90 年代初为主要石油制品——原油、燃料油及液化石油气的净出口国家，但经历了短暂的十年，我国迅速向净进口国家转型：原油的净进口对外贸易依存度逐年攀升；燃料油的依存度也在波动中总体呈上升的趋势；液化石油气的对外贸易依存度在21世纪初期出现了逐渐下降的趋势，然而在近年来，该石油制品的受重视程度越来越高，导致这种新型的化工燃料越来越流行，本国产量供不应求，只得依赖从海外大量进口。因此，我国仍然是国内主要消费石油制品的净进口国，过度依赖从产油大国进口大量的石油产品来满足日益增长的消费需求。

1. 石油对外贸易依存度持续攀升

即使我国的主要石油制品——燃料油和液化石油气的对外贸易依存度数值处于下降或波动阶段，原油的对外贸易依存度依然增幅明显，这在很大程度上导致了我国总体石油制品的对外贸易依存度数值持续上升。由此可见，相较于其他石油制品，原油对我国工业或经济的发展而言更为广泛和重要。可以预见的是，在未来几年内，我国的石油资源对外贸易依存度仍然会呈上升的趋势。虽然有关专家并没有为石油对外贸易依存度界定一个安全值，但相较于其他发达国家或经济体依存度数值保持稳定或逐渐下降的趋势，持续上升的对外贸易依存度数值也应为我国石油市场的发展敲响警钟。

2. 原油进口依存度增长较快

与主要发达经济体相比较，美国在减少原油量进口的同时略微增加了原油的出口，从而有效降低了国家原油对外贸易依存度；欧盟有28个成员国，各国对原油的需求量不同，但综合来看，欧盟的原油对外贸易依存度几乎维持在70%～90%，并没有太大的增幅。我国由原来的原油净出口国家逐渐向净进口国家转型，虽然减少了原油出口量，但原油的进口数量持续攀升，原油出口量的减幅远远不及进口量的增幅，导致对外贸易依存度持续逐年快速上升。

3. 燃料油对外贸易依存度开始下降

我国燃料油的对外依存度在经历了稳健的升高后开始剧烈下降。美国、日本和欧盟的燃料油对外贸易依存度数值较低，美国也在近几年来迅速转型成为燃料油的净出口国家。与这些国家相比，我国燃料油进口依存度数值虽然呈现逐年下降的趋势，但依存度仍然较高。

4. 液化石油气的对外贸易依存度波动明显

我国在 20 世纪 90 年代初由液化石油气的净出口国家向净进口国家转变，但在之后的转变过程中，对外贸易依存度较大，且在持续波动，变化明显。美国对液化石油气的使用量较少，因此国内产量可以满足消费需求，不需要大量进口或出口，对世界上液化石油气的依存程度较低；虽然日本对该石油产品依存度较高，但也维持在 70%～90%的平衡水平；欧盟对该石油制品的依存度不高，波动也不明显。因此与发达国家相比，我国液化石油气的对外贸易依存度数值时高时低，有很大的不稳定性。

二、中国石油对外贸易依存度高的原因

（一）石油需求快速增加

1. 经济发展使石油消费总量上升

随着社会的进步和科技的发展，国家大力倡导环保能源的使用，但由于我国企业的生产和人民的生活仍以石油和煤炭为主要燃料和能源，所以在短时间内难以降低对石油的利用程度。随着经济的快速发展，我国在 21 世纪初期对石油能源的需求量持续增长，石油的需求量由 2000 年的 22 496 万吨迅速攀升到 2016 年的 56 211 万吨，石油能源的需求量在 17 年间增长了 1.5 倍，石油制品的需求量逐年快速增加，且增幅变快，见图 8。

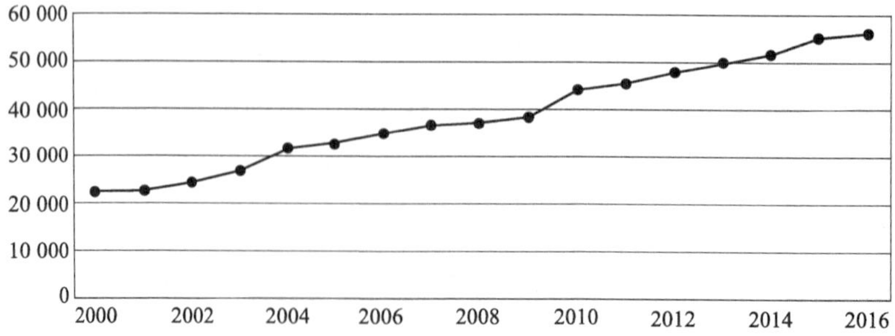

图 8　2000—2016 年中国石油能源消费总量（单位：万吨）

数据来源：2000—2015 年数据来自国家统计局，2016 年数据来自田春荣. 2016 年中国石油进出口状况分析［J］. 国际石油经济，2016（3）。

2. 工业化进程的加快

工业用油一直在我国的石油消费中占主导地位，2000—2015 年，虽然我国工业用油的比重在逐渐减少，但仍然维持在 30%到 40%之间，仍然是一个较高的石油占比。此外，即使工业用油在 2011—2013 年经历了用油量的减少，但在 2014—2015 年，工业用油量大幅上升。近年来，即使工业用油占总体石油消费的比重减少，但从消费数量来看，工业石油用量在逐年增加，且涨幅也在逐年缓慢增加（见图 9）。

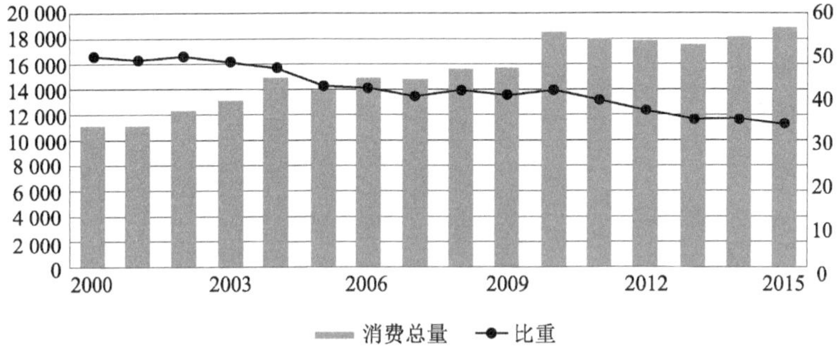

图 9　2000—2015 中国工业石油消费总量及其占石油消费总量比重（单位：万吨，%）

数据来源：国家统计局。

工业在我国的经济发展中仍占很大的比重，因此，在短时间内，我国工业用油量不会得到很明显的减少，为了追求产量和销量，企业越来越需要大量的石油产品。可以预见的是，如果我国不寻求更好的方法解决工业用油需求量高的问题，长期内不采取更好的能源消费观，那么工业发展会导致更高的石油需求。

3. 交通运输、物流行业的迅速发展

随着人们平均薪资的提高，家庭消费水平也随之增高，更多的人为了出行便捷选择购买私家车，公众对私家车的需求程度促进了我国汽车制造业的迅速发展。据相关报道，我国年度汽车生产数量排在世界第三位，仅位于美国和日本之后。同时，大量的汽车供给刺激了公众对汽车消费的需求，导致汽车用油的消费需求也在不断增加。

网购成为我国购物的主流趋势，大部分青年人选择了这样一种“足不出户就能买遍全世界”的购物方式。为了降低生产成本，很多商家选择把仓库建在交通便利的郊区，因此，从短途的快递揽件到长途的运输及派送，这些多样化的买卖方式无疑增加了物流行业的用油规模及数量。

不管是交通运输、物流行业的用油总量还是该行业的用油占总石油消费量的比重都在快速增长，在 21 世纪初期，该行业的用油比例已接近工业用油的比例。直至 2016 年，我国交通运输、物流业石油消费量突破 20 000 万吨，占石油消费总量的比重为 37%，超过当年工业用油（35%）的比重（见图 10）。可见，在未来几年的发展中，交通运输、物流行业的用油需求将会不断上升，该行业用油将会继续赶超工业用油，成为消耗石油制品最多的行业之一。

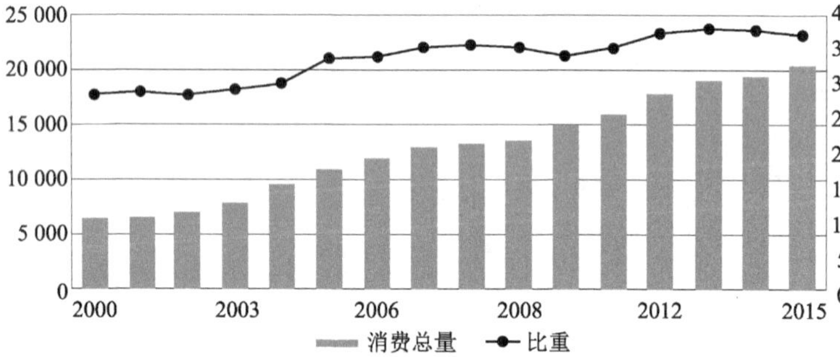

图 10　2000—2015 年中国交通运输、物流业石油消费总量及其占石油消费总量比重（单位：万吨，%）

数据来源：国家统计局。

（二）石油供给增加缓慢

1. 现存油田产量不能满足消费需求

21 世纪初期，我国石油生产量在 20 000 万吨左右徘徊，产量增长缓慢，我国陆地油田开发已进入中后期阶段，虽然我国可勉强从日益老化的油田中获取微薄的利益，但缺乏可开采的新油田以促进产量的增长。与此同时，石油需求量飞速增长，2013—2015 年，我国石油生产量增幅仅为每年 1%，而这三年的石油需求量增幅均高于 4%，且 2015 年我国石油需求量较 2014 年增加了 6%，石油供需缺口逐年加大，因此，我国需从海外进口大量石油及其制品，这无疑导致了我国石油制品的对外贸易依存度持续上升，见图 11。

2. 未来石油勘探难度增大

虽然石油开采技术在不断发展，开采效率也在不断提升，但是这些也不能满足当前市场对于石油的需求。易被开采的油田已经陆续被开采，且已进入开采的中后期，其余油田的开采变得很困难。尽管除了陆地上的油田，我国也存在着很多海上油田待科学家们发现，但这种油田的勘测及开采难度非常大，导致我国石油产量的增加乏力。

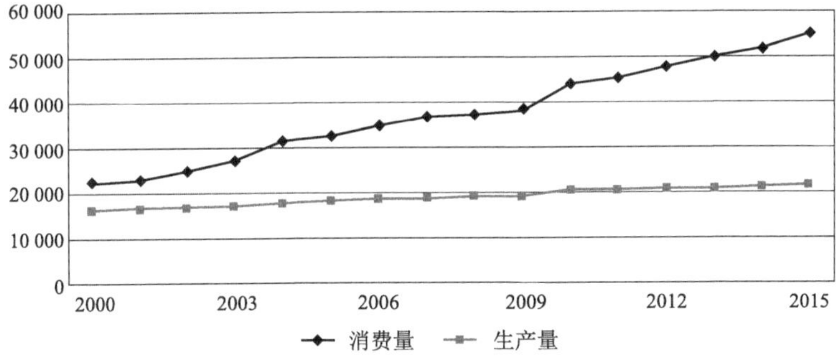

图 11　2000—2015 年中国石油生产量和消费量（单位：万吨）

注：石油生产量为原油产量。

数据来源：国家统计局。

（三）中国能源结构调整难度大

虽然我国能源结构逐渐向清洁能源转型，但“稳油兴气”仍是国家能源发展的重中之重，各行业的能源消费还是以传统能源——石油、煤炭为主，国民在石油方面的消费和需求在稳定增长。为了改善空气质量，我国积极发展高难度的能源转型：首先，加大了对能源产业的投资；其次，平衡能源的安全、环保和经济问题。但是对于普通的民营企业来说，使用新能源或者引进一批新型环保设备生产成本较高，即便是国家给予了相应的补贴，新设备安装成功投入生产之后也需要一段漫长的适应期。因此，各企业还是坚持以传统能源作为生产燃料，能源结构调整进程难度大，国家仍需大量进口石油，从而造成石油对外贸易依存程度高的局面。

三、石油对外贸易依存度高的影响分析

（一）国内影响

1. 石油进口价格上涨导致进口产品成本增加

我国进口石油及石油制品及其有关原料的价格在 12 年间不断波动，在整体

上一直呈上涨趋势。在 2008 年世界金融危机及 2012—2015 年国际石油市场石油供大于求的影响下，我国石油的进口价格大幅度下跌，但经历过前几年油价低迷期，跌幅大于 20%之后，2016 年 12 月，我国石油进口价格涨幅超过 4%，见图 12。

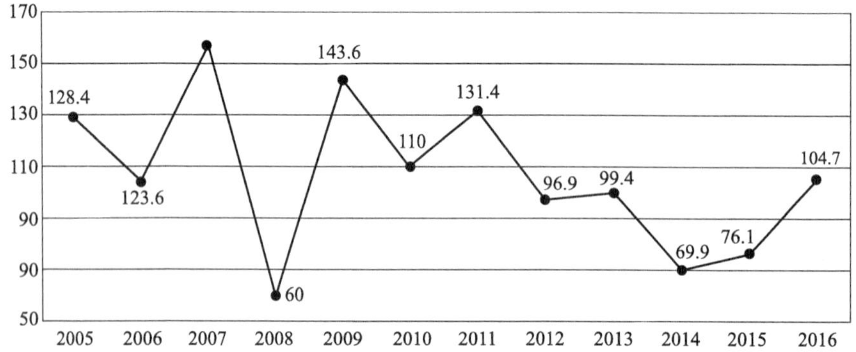

图 12　2005—2016 年 12 月我国进口石油价格指数趋势图（单位：较上一年%）

数据来源：海关信息网。①

我国石油进口依存度高，油价剧烈波动时，用油量高的石油化工企业的生产或运营成本势必会增加，如果企业生产的商品不涨价，企业利润就会相应地减少，企业不得不减少产品的生产及供应；反之，如果企业进行了相应的提价，下游经销商的成本也会增加，如果由此转嫁，居民以更高的价格购入产品，势必会减少购买的频率及次数，从而影响企业产品生产和销售规模的扩大。

此外，网购在我国发展得越来越快，这促进了交通仓储及邮政业的飞速发展，当油价波动剧烈时，该行业的运输成本上升，很多人便会选择实体店购物甚至不购物以节省更多的预算来满足增加的出行成本，这些行为势必会影响物流业和网上购物业的发展。甚至，如果因为种种原因无法进口石油产品，运输业在短时间内无法获得交通用油，这将对整个行业造成不可磨灭的恶劣影响。

由此可见，当石油价格上涨时，我国需投入大量的资金从海外购买石油，消

① 图中数据统计口径：SITC 分类，33 石油、石油产品及有关原料，同比指数。网址为 http://www.haiguan.info/NewData/NewDateList.aspx？d=4。

耗过量的外汇储备，无疑会减少我国在其他方面的投资，从而会对我国的经济带来巨大的冲击，不利于我国经济的平稳发展。

2. 对居民消费的影响

我国石油的对外贸易依存度仍然较高，在这种情况下，很容易对居民的消费产生较大影响，甚至抑制居民的石油消费。当进口的石油价格上升时，国内相应的石油产品或者用到石油的企业生产的产品也会相应地调高产品价格，进而降低了人们对这种产品的需求，影响了石油消费需求的提升。

21 世纪之后，我国大力发展汽车制造业，经济的增长也使得人们有更多的预算去购买私家车，这促进了车用燃油的消费需求。天然气作为一种相对便宜的清洁替代能源越来越受到公众的欢迎，但由于加气站数量少且分布不均，导致车用燃油仍在汽车行业中占较大比重。当价格上涨时，人们直接购买汽油、柴油的费用也会增加，从而减少对私家车的使用，很多消费者面临着“买得起车但养不起车”的进退两难的局面。这不仅会对我国的汽车制造业产生不利的影响，而且公众经历了汽车消费从无到有再到无的过程，在很大程度上会影响他们的生活质量。

在油价过高的时代，消费者其他与石油相关的支出也会增加，会间接影响到居民在旅游、交通出行及房地产方面的消费。如油价的上升对旅游业产生了不利影响，致使航空、铁路、公路运输的成本上升，家庭的旅行预算也相应提高。因此，很多人为了节省金钱，选择减少出行的次数，甚至选择不出行，这无疑对旅游业产生了负面影响；当然，与之相反，当油价较低时，为了减少购房成本，消费者可选择在离工作地点较远，但房价相对便宜的地方购房；油价上升也对交通运输产生了影响，油价高的时候，很多人为了节省预算，选择公共交通出行，虽然这种做法对汽车制造业产生了不利影响，但这种举措在空气质量愈差的时代提供了一种很好的改善空气的方法，也缓解了主要大城市的交通拥堵问题，为居民提供了良好的生存环境，可看作是一种积极的影响。

3. 对国家对外贸易的影响

在石油的对外贸易依存度比较高的时候，国际油价上涨对我国的外贸产生了负面影响。首先，当油价上升时，国家以石油为主要燃料能源的产品的价格也会增长，这会增加外国进口商选购产品的成本，进而影响国内产品的出口，同时降低其在世界市场上同期同种产品的竞争力，阻碍了出口贸易的良好进行。其次，飙升的油价还会影响我国的进口能力。升高的国际油价也影响了世界上其他以石油作为主要生产燃料的企业，使它们生产产品的价格偏高。在同种产品价格突然上升的情况下，我国需从国际上进口商品的商家会持观望态度，大部分商家会等待商品价格的回落，也有一部分商家采取减少进口甚至不进口的方式，这无疑影响了国家对外贸易的稳定发展。

4. 对石油供给安全的影响

为了满足现有的石油消费需求，我国需从海外大量进口石油，且我国从海外进口的石油存在着来源地集中和石油运输方式单一的弊端。在我国石油的对外贸易依存度低的情况下，来源地与运输方式并不会影响我国的石油供给；反之，当我国的石油产量增长率缓慢，只有依赖进口才能满足大量的石油消费需求时，只要在进口过程中，来源地或运输方式任何一个出现问题，就会威胁到我国石油的供给安全。

我国石油的进口来源地比较集中，且大多分布在非洲、中东等地区，中东和非洲航线也是使石油顺利运抵我国的必经之路。从我国 2000—2016 年进口的石油量来看，共有 17%的进口量来自沙特阿拉伯，14%来自安哥拉，10%来自伊朗，这些国家一直处于政治动荡之中，这对我国的石油供应产生了潜在的危机。虽然我国在逐渐减少过度集中地从一个地区进口的石油量，但是近三年来，我国从沙特阿拉伯进口的石油仍然维持在 15%左右，安哥拉占 12%左右，进口来源地仍然比较集中。

2003 年 3 月 20 日，伊拉克战争爆发，由于战乱的影响，当年我国从伊拉克进口的石油量为 0，可见军事安全对石油大国的石油进出口乃至对外贸易都有重大的影响。伊拉克战争短暂中断了对我国的石油出口，我国面临着石油供不应求的情况。石油作为紧缺资源，面临着诸如此类的动乱不安，导致我国极可能出现石油突然中断供给的现象。

我国石油的进口主要以海上运输为主，以石油管道运输为辅。当前我国在石油运输方面存在的主要问题是通道问题，我国石油的海上运输路线（见表 1）主要经过好望角和马六甲海峡等，其中马六甲海峡是近 70%的进出口石油运输的必经之地，而石油顺利运抵我国也必须经过中国南海及台湾海峡，因此，这些节点是石油顺利运至我国的重要战略要塞，一旦其中一个或几个海峡发生了战争或者其他不利于我国石油进口的情况，将是我国石油行业发展所难以承受的。

表 1　　我国石油进口主要海上航线

<table>
<tr><th colspan="2">航线名称</th><th>目的国家</th><th>重要节点</th><th>类型</th></tr>
<tr><td colspan="2">东南亚航线</td><td>印度尼西亚、马来西亚</td><td>马六甲海峡—南海—中国沿海</td><td>煤炭
天然气</td></tr>
<tr><td colspan="2" rowspan="2">拉美航线</td><td rowspan="2">委内瑞拉、多巴哥、巴西</td><td>巴拿马—太平洋—中国港口</td><td rowspan="2">石油
天然气</td></tr>
<tr><td>好望角—马六甲海峡—南海—中国</td></tr>
<tr><td colspan="2">中东航线</td><td>沙特阿拉伯、阿曼、伊拉克、伊朗、科威特、阿拉伯联合酋长国</td><td>中东—波斯湾—霍尔木兹海峡—马六甲海峡—南海—中国沿海</td><td>石油
天然气</td></tr>
<tr><td rowspan="4">非洲
航线</td><td>西非</td><td>安哥拉、尼日利亚</td><td>好望角—马六甲海峡—南海—中国</td><td rowspan="4">石油
天然气</td></tr>
<tr><td rowspan="2">北非</td><td rowspan="2">利比亚、苏丹、埃及</td><td>直布罗陀海峡—好望角—马六甲海峡—南海—中国港口</td></tr>
<tr><td>苏伊士运河—亚丁湾—马六甲海峡—南海—中国港口</td></tr>
<tr><td>南非</td><td>安哥拉、尼日利亚</td><td>马六甲海峡—南海—中国沿海</td></tr>
</table>

（二）国际影响

1. 对中国与石油消费大国竞争关系的影响

随着我国石油对外贸易依存度的不断攀升，我国与其他原油进口贸易依存度较高的国家的竞争愈加激烈，如美国、日本及欧盟的部分国家都是石油的净进口国，石油供应远远满足不了日益增长的消费需求。美国虽然在采取一系列的措施降低原油的净进口依存度，近几年保持在 50%左右，但仍处在一个较高的水平；而日本，从始至终没有对外出口过原油，原油的净进口依存度年年维持在 100%，这也就意味着日本的国内石油消费几乎全部来自进口。美国主要从中东、非洲和几内亚湾进口石油，日本因其独特的地理位置，主要从中东进口石油。中东成为石油出口的热点地区，面对着国内不断攀升的石油需求，我国不得不与日本、美国等传统的石油消费大国在国际石油市场上竞争一定量的石油。由此可见，随着我国石油消费需求的增加，石油的对外贸易依存度不断攀升，我国与石油消费大国之间的竞争只会越来越激烈。

2. 对中国与主要石油出口国家政治关系的影响

为了满足大量的石油消费需求，我国不得不从其他石油出口大国进口大量石油，因此，我国积极地与其他石油大国建立良好的合作机制，这其中必然会牵涉到国家之间甚至国际政治关系。为了更好地获取石油资源，我国主动与沙特阿拉伯建立良好的贸易联系，各石油进口大国也纷纷向产油大国抛出了橄榄枝。例如，美国主动满足沙特阿拉伯的军事需求，积极与其建立良好的政治关系，帮助其武装和训练部队，并管理物流服务，虽然美国和沙特阿拉伯的关系在近年来有所恶化，但美国在沙特阿拉伯的地位还是强悍而不可动摇的，当然这在另一方面为中国和沙特阿拉伯关系的更进一步提供了良好的条件。

2000—2015 年，在中国的石油进口国中，沙特阿拉伯一直居第一位，是我国重要的供油合作伙伴，因此，与该国建立良好的双边贸易关系十分重要。我国为沙特阿拉伯提供了武器和军事设备，并在产生巨额亏损的情况下帮助其建立麦加轻轨铁路。这些措施不仅有助于建立双边友好的交流关系，更有助于其继续大比重地发展石油产业，而不是投资工业和农业或者其他行业。沙特阿拉伯一直是世界上的产油大国，采取这些措施无疑确保了我国长期的石油供应安全。

中国也积极与其他国家建立良好的双边贸易关系，例如，通过为其他国家提供援助、宽松的国家债务以及帮助修建公路、桥梁、体育馆和海港来建立友好的双边贸易关系。作为回报，中国先后获得了重要资源的购买许可权，例如厄瓜多尔的石油、玻利维亚的黄金、菲律宾的煤炭及澳大利亚的天然气等。

四、改善中国石油高对外贸易依存度的措施

（一）提高石油的利用率

与世界上其他用油大国的企业相比，我国的石油生产和利用效率仍具有很大的差距，就炼油综合能耗而言，世界领先水平是小于 40 千克标油/吨原油，中国石油企业中石油和中石化的该数值仍在 60 千克标油/吨原油徘徊，甚至在地方石油企业达到近 90 千克标油/吨原油；就轻油[①]回收率来说，世界上的领先水平一般维持在 85%左右，但我国产油企业中石油和中石化的回收率不到 80%，地方石油企业则不足 50%。

由于工业化进程的加快，在未来几年内，我国对石油的消费需求只会只增不减，工业化收入已然是我国的主要经济发展来源。目前从总体上来看，我国一些以石油为主要燃料能源的企业尚未摆脱粗放的经营方式，还是以大规模的扩张和过度的能源消费来提高生产效率。这种低效率的石油利用率不仅会造成短暂的资源短缺，还会严重浪费稀缺的不可再生资源。

因此，节约用油潜力很大，当前我国不应该盲目地把目光放到勘探和发展新油田上，而是应当节油和产油并重，在不断探寻新油矿的同时把节约也放到重要位置上。

（二）加快石油勘察力度

我国拥有绵长的海岸线，里边蕴含着丰富的油气资源，但是因为缺少相应的开采技术加之以往的不重视，蕴藏在海洋内部的油矿并没有得到全面、有效的勘测和利用。在近海海域存在的大量沉积盆地有利于形成优质的石油资源，随着科技的发展，海洋油矿产油量将不容小觑，这对我国减少对国外石油的依赖，满足各行业用油指标有着重要的意义。

加强国内新油矿的勘查与开发是降低石油对外贸易依存度的根本方法。我国

① 轻油，又称石脑油、白电油，英文名：Naphtha。是石油提炼后的一种油质的产物。主要用作裂解、催化重整和制氨原料，也可作为化工原料及一般溶剂。

进口石油的主要原因是缓慢的国内石油生产速度满足不了日益增长的石油消费需求，所以需要大量从国外进口。当发现新油田并加以有效开采后，在短期内可以弥补石油的供需缺口，缓解石油的供给压力，从而提高石油供应系统的安全系数。

（三）加强石油战略储备基础建设

当宏观调控不能降低石油价格时，使用石油储备是减缓供需矛盾增长的重要手段。在今后的很长时间内，石油仍是一种相对稀缺的能源，对于像中国、日本、美国这种严重依赖进口石油的国家来说，建立有效的石油储备机制，保护能源的安全发展，是在海外石油资源供给突然中断后，维持经济健康持续发展的重要前提条件。因此，经济合作与发展组织（OECD）成员决定承担相当于 90 天净进口量的石油储备义务。

美国石油储备政策为“政府主导型”，即所有的战略石油储备都以政府管理为主导，所有与石油存储相关的开支均由联邦财政拨款，采取公开透明的石油储备销售招标形式，目前美国已在路易斯安那州和得克萨斯州的岩层洞穴中建立多处石油储备库，可维持 155 天的净进口量。

日本的国内原油消费几乎全部来源于进口，1975 年 12 月，日本颁布《石油储备法》，规定采取“混合制”的石油储备法，即政府必须储备够 90 天消费的石油，民间企业储备供 70 天消费的石油。在政府和民间企业的共同努力下，截至 2016 年 9 月底，日本已有 8 家公司和 10 个储油基地，在日本全国 10 个地方的国家石油储备基地以及从民间石油公司租借的油罐中，储备了大约 4 782 万千升（约合 2.97 亿桶）原油。日本民间大约储备了 3 288 万千升（约合 2.04 亿桶）原油。欧盟的荷兰、德国和法国也相继建立了“政策主导型”的战略石油储备体系，虽然具体储备石油的措施仍有专业的机构，如石油销售商、石油进出口商和炼油厂执行，但这些机构必须遵循政府颁布的相关政策和法令，并接受有关部门的监督和管理，一旦国家石油供不应求，政府会颁布法律使供应商按当时价格出售，而且德国已具备 96 天的石油储备。

我国应积极向同为石油净进口国的发达国家或组织学习先进的石油储备经

验，完善我国的石油战略储备体系，这是平抑油价、稳定石油供需关系、解决突发事件及保障国家经济安全的有效措施。至 2016 年年中，我国石油储备建设取得重要进展，已建成镇海、舟山、黄岛及天津等地共 9 个国家石油储备基地，通过上述储备库及部分社会企业库，原油储备量达到了 3 325 万吨，约占 2015 年石油净进口量的 1/10。[①]此外，我国还应采取“混合制”的石油储备战略，即政府和企业相互支持，以国家储备为主、企业储备为支撑建立“油田+油库”的双重储备模式，在此阶段尽可能地减少石油资源的出口，从而实现我国的能源转型。

（四）加强不同国家之间的合作

我国应构建多元化的石油进出口贸易格局，这不仅是运输方式的多样化，更是进口方式的多样化。首先，我国与中东地区的石油大国保持着友好的双边贸易关系，可以利用原有的石油合作解决现有的能源需求问题；其次，积极发展与欧洲、西非等原油出口国之间的联系，这些国家蕴藏着丰富的资源，石油出口能力较强，同时政治局势也比较稳定，通过进口这些国家的石油，我国石油战略储备可以得到大量的补充；最后，努力开拓俄罗斯和南美市场，尽量多签订长期石油贸易合同，将石油采购作为降低我国石油对外贸易依存度的有效手段。由图 14 可知，2016 年，我国从俄罗斯进口的石油占总量的 14%，而我国从沙特阿拉伯进口的石油仅占 13%，由此可见，俄罗斯超过沙特阿拉伯成为我国第一大石油供给国，这是因为俄罗斯的“向东看”战略为双方建立友好的双边贸易关系，为两国石油贸易的发展奠定了基础。这一系列的贸易合作，不仅能使我国在石油方面获利，也可以使在该地区进行大规模投资的项目实现共赢，这将大幅度提升石油供应的安全性。

（五）建立石油期货，争夺石油定价权

目前，我国对世界石油市场上的原油价格还没有形成一定的影响力，我国仍需被动接受国际市场上的石油现货与期货的价格，缺乏议价能力。因此，我国不

---

① 周锐. 中国建成九大石油储备基地，已储原油 3 325 万吨［EB/OL］.（2017-04-28）［2017-05-26］. https://www.chinanews.com/cj/2017/04-28/8211745.shtml.

应该只把目光集中在实体石油资源的对外贸易上，更应该积极主动地改变单一的贸易模式，全方面地参与到国际上与石油相关的贸易措施中。

我国应该努力筹建并发展石油期货，积极参与国际上的各项石油协作，争取国家话语权，从而获得一定的石油定价权，提高我国在国际石油市场的地位。国际市场上的石油贸易是世界各国共同参与发展的，不能被极少数强权主义与霸权主义国家操纵，也不能由此导致世界上其他国家失去对石油贸易市场的话语权。我国努力争取话语权，不仅仅是为了满足我国日益增长的石油消费需求，更是为了维护世界石油贸易市场的平稳发展。

（六）调整能源结构，开发新能源

石油仍是我国现代化工业发展的主要能源材料，但是现阶段，石油的使用成本较高，且过于简单的能源结构也不能保证国家的能源使用安全，所以发展可替代的能源是现阶段的主要目标。比如，天然气就是一种廉价的替代能源，在现代社会中，科学家们已经为此提供了技术支撑，研制出新型的高科技的节能汽车和使用天然气的汽车，这些先进的科技产品减少了我国日益增长的用油负担。

此外，大量盲目地使用这些不可再生资源不仅增加了石油资源储备的损耗，还对我国的自然环境与空气质量产生了不可忽视的负面影响。我国也应该大力发展和推行便宜的可替代的新清洁能源，如太阳能、潮汐能及风能等。除了上述能源可被开发运用外，我国地大物博，拥有其他丰富的自然能源，如超重油和油砂，只要相关人员予以重视，研究出高科技的新技术，减少能源的生产与利用成本，我国新能源市场的蓬勃发展指日可待。

结论

石油对外贸易的发展关乎我国经济发展的命脉。对我国石油进出口现状及国内石油资源的消费量进行的分析，证实我国处于石油高对外贸易依存度的现状，当前我国的石油消费严重依赖于石油的进口，可以预见的是这种高依存度的状态将会维持或者持续攀升。这种高依存度的现状不仅会影响我国国内的经济发展，而且会影响国家军事安全和国际政治关系。

石油资源关乎未来我国经济的发展，针对我国石油贸易目前所面临的严峻形势，应采取有针对性的措施来优化当前的石油供应系统，同时与其他产油大国建立良好的合作关系，相关石油技术人员积极发展节油用油新举措，加大勘察新油矿的力度，发展与推行新能源与节油用油并重，以此来调整能源结构，完善自身能源供给体系，满足我国日益增长的石油消费需求，促进我国经济良好、持续发展。

参 考 文 献

［1］ Wang Zhen，Zhang An，Liu Mingming. China crude oil imports and oil market–oriented reform［J］. China Oil & Gas，2016（2）：9–15.

［2］ Steve A Yetiv. Crude awakenings：global oil security and American foreign policy［M］. Ithaca，NY：Cornell University Press，2004.

［3］ Juan C Reboredo，Miguel A Rivera–Castro. A wavelet decomposition approach to crude oil price and exchange rate dependence［J］. Economic Modelling，2013（2）：42–57.

［4］ Nguyena C C，Bhattib M I. Copula model dependency between oil prices and stock markets：evidence from China and Vietnam［J］. Journal of International Financial Market Institutions and Money，2012，22（4）：758–773.

［5］ Daniel W Drezner. Oil dependence as virtue［J］. The National Interest，2008，98（3）：8–16.

［6］ Michael Klare，Daniel Volman. America，China & the Scramble for Africa's Oil［J］. Review of African Political Economy，2006，108（3）：297–309.

［7］ Charles Ziegler. The energy factor in China's foreign policy［J］. Journal of Chinese Political Science，2006（11）：1–23.

［8］ Zweig D，Bi J. China's global hunt for energy［J］. Foreign Affairs，2005，（5）：25–38.

［9］ 田春荣. 2015 年中国石油进出口状况分析［J］. 国际石油经济，2016（3）：44–53.

［10］ 吴鹏. 国际石油贸易国地位的演化及中国石油外部供应风险分析［D］. 镇江：江苏大学，2016.

［11］ 陈骁麟. 石油对外贸易现状［J］. 赤子（上中旬），2016（2）：134.
［12］ 钱兴坤，姜学峰. 2015 年国内外油气行业发展概述及 2016 年展望［J］. 国际石油经济，2016（1）：27–35.
［13］ 刘国林. 2014 年我国石油和化工行业进出口贸易分析［J］. 中国石油和化工经济分析，2015（3）：19–22.
［14］ 张祺. 中国石油进口依存度问题研究［D］. 武汉：武汉大学，2013.
［15］ 刘雯雯. 我国石油企业进出口贸易面临的障碍及排解策略［J］. 东方企业文化，2015（5）：232.
［16］ 翟立强，韩玉军. 中俄石油贸易中的障碍因素与策略选择［J］. 对外经贸实务，2015（1）：32–35.
［17］ 蔡周全，路燕涛，白磊，等. 我国石油安全现状分析与对策［J］. 安全与环境工程，2016（3）：102–106.
［18］ 夏侯健丹，黄昳昕. 国际石油贸易摩擦及与我国石油贸易的应对思路解析［J］. 品牌，2015（8）：105.
［19］ 程京川，董玉吉. 我国石油安全现状及应对策略［J］. 化工管理，2015（1）：127.
［20］ 熊军. 我国石油安全战略建议［J］. 合作经济与科技，2015（4）：15.
［21］ 杜欣蒙，李贞彩. 我国石油进出口贸易的现状、问题及对策［J］. 网友世界，2014（13）：95.
［22］ 宋文英. “一带一路”战略下我国油气产业面临的挑战及机遇［J］. 当代经济，2016（8）：20–21.
［23］ 董秀成. “一带一路”战略背景下中国油气国际合作的机遇、挑战与对策［J］. 价格理论与实践，2015（4）：14–16.
［24］ 李富兵，白国平，王志欣，等. “一带一路”油气资源潜力及合作前景［J］. 中国矿业，2015（10）：1–3.
［25］ 杨枝煌. 石油的战略物资地位长期不会动摇［N］. 中国石化报，2016–04–15（5）.
［26］ 陆军. 中国石油安全体系构建有效策略［J］. 石化技术，2016（3）：199.
［27］ 何召颖，陈怡男. 企业文化视野下我国石油安全战略探析［J］. 领导科学论坛，2015（9）：

46–47.

［28］ 张振怀. 浅谈我国的石油安全及对策分析［J］. 化工管理，2015（8）：251.

［29］ 刁莉，郃婷婷，蔡翊. 世界石油危机与中国石油贸易的战略发展（1973—1998）［J］. 中国经济史研究，2015（5）：136–142.

［30］ 陈永锋. 中国石油安全评价体系的构建研究［J］. 科技经济市场，2015（2）：90.

［31］ 杜继飞. 我国石油贸易现状分析及其发展策略研究［J］. 中国市场，2014（3）：111–112.

［32］ 王泽祎. 中国石油贸易的现状、存在问题及应对措施［J］. 中国市场，2014（10）：95–97.

［33］ 陈玉蓉. 国际石油贸易网络演化及中国石油贸易态势研究［D］. 北京：中国地质大学（北京），2013.

［34］ 张艺. 能源安全视域下我国石油贸易现状及改善对策［J］. 企业导报，2013（7）：121–122.

［35］ 郑明贵. 中国石油资源经济安全评价研究［J］. 国土与自然资源研究，2012（6）：7–9.